"十三五"普通高等教育规划教材
高职高专会计系列

企业成本核算与分析

史艳利　陈哲　主编
龚纯　刘洋　副主编

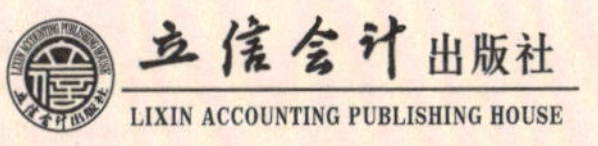

立信会计出版社
LIXIN ACCOUNTING PUBLISHING HOUSE

图书在版编目(CIP)数据

企业成本核算与分析/史艳利,陈哲主编. —上海:立信会计出版社,2019.1

ISBN 978-7-5429-5499-2

Ⅰ.①企… Ⅱ.①史… ②陈… Ⅲ.①企业管理—成本计算—教材②企业管理—成本分析—教材 Ⅳ.①F275.3

中国版本图书馆 CIP 数据核字(2018)第 301880 号

策划编辑　蔡伟莉
责任编辑　王斯龙
封面设计　南房间

企业成本核算与分析

Qiye Chengben Hesuan yu Fenxi

出版发行	立信会计出版社		
地　　址	上海市中山西路 2230 号	邮政编码	200235
电　　话	(021)64411389	传　　真	(021)64411325
网　　址	www.lixinaph.com	电子邮箱	lxaph@sh163.net
网上书店	www.shlx.net	电　　话	(021)64411071
经　　销	各地新华书店		

印　　刷	上海万卷印刷股份有限公司	
开　　本	787 毫米×1092 毫米	1/16
印　　张	19	
字　　数	425 千字	
版　　次	2019 年 1 月第 1 版	
印　　次	2019 年 1 月第 1 次	
印　　数	1—3100	
书　　号	ISBN 978-7-5429-5499-2/F	
定　　价	55.00 元	

前言

在“互联网+”信息化教学的趋势下，我院教师团队深入珠三角地区具有典型代表性的中小型工业制造企业、商品流通企业、会计中介机构等行业企业进行调研，并在原有教材的基础上重新整合，融入数字信息一体化教学内容，基于工作过程对教学内容进行整合、设计，最终编写了这本教材。本教材旨在传播高职教育基于工作过程系统化的最新理念和数字信息一体化教学，推广财会类专业课程体系改革的好经验和好方法，创新高职财会专业相关会计课程的体系和内容设置。

本教材具有以下特色。

1. 基于工作过程组织设计教材内容

本教材重新组织设计基于工作过程系统化的成本核算与分析，教学内容的设计与实际工作岗位所要完成的工作任务完全对接。教学过程就是完成工作任务的过程，以此实现教学向岗位的迁移，充分体现了工学结合的教学模式。

2. 围绕工作任务组织、提炼、补充和拓展基本知识

本教材的主线是建立在工作过程的基础之上的，所以在组织基本知识时突出够用、实用、适用的原则，并结合高职教育对资格证书的要求，对考证知识在自我测评部分进行了重新地组织、归类、提炼、补充和拓展。

3. 融“做、学、教”为一体

本教材将教师须教的、学生须学和须做的内容融为一体，与实际工作所需的知识和技能完全一致，学生学习的内容和完成的工作任务就是以后工作的内容，将完成工作任务所需的知识和技能与工作岗位进行全方位对接。

同时，本教材尝试将“教、学、做”改为“做、学、教”一体的教学模式，即学生在已学“企业会计核算与报告”等课程基础上，尝试先直接接触各项目中“任务实操”的

工作任务，在工作任务中遇到疑问后，可从“知识搜索”及教师所教中寻求答案。这一安排可使学生在先知晓“须做”的工作内容后，更加明确自己“须学”和掌握教师“所教”的知识。

4. 依据直观的工作项目划分教材内容

本教材先将成本核算的基础知识分为2个项目内容介绍，然后根据企业成本核算方式的不同设计4个工作项目，每个工作项目中又根据成本会计的工作过程开发相应工作任务，使学生在完成工作任务的同时得到实际工作岗位所需要的学习和工作能力，对学生有很大吸引力，以便调动学生的自主学习积极性。

5. 展示内容形式多样

本教材形式多样化，集任务描述、知识搜索、任务实操、任务小结和自我测评等于一身，丰富了教材内容，增强了其趣味性，有利于充分调动和激发学生的学习积极性和兴趣。

6. 数字信息一体化

本教材根据教学内容的重点和难点，加入了一些知识点的微课程，学生可以通过PC端和移动端直接实现随时线下预习和复习，突破传统课堂教学时间和空间的局限性。

本教材融基础知识与实务操作于一体，不仅注重岗位工作的过程化运作和实务化操作训练，同时也注重知识的提炼、补充和拓展。教材包括：“认识成本核算与分析”“产品成本构成要素的归集与分配”“生产费用在完工产品与在产品之间的分配”“利用品种法核算产品成本”“利用分批法核算产品成本”“利用分步法核算产品成本”“利用辅助方法核算产品成本”“成本报表的编制和分析”共8个工作项目，为学生设计紧扣学习内容的工作任务，在学习中体验工作的内容和过程。

例如，企业生产组织的特点如下图所示。

这些学习内容是以成本会计一线岗位的基本价值观念、基本知识、基本能力、基本方法、基本业务、基本操作等为主线来进行设计的，突出对学生职业能力的训练。本教材理论知识的选取紧紧围绕工作任务完成的需要来进行，同时又充分考虑了高等职业教育对理论知识学习的需要，融合了相关职业资格证书对知识和技能的要求。

负责编写本教材的教师既具备多年的实际工作经验，又具有丰富的教学经验，还有教学质量优秀的双师素质教师。参加本教材编写的有：史艳利、陈哲、龚纯、刘

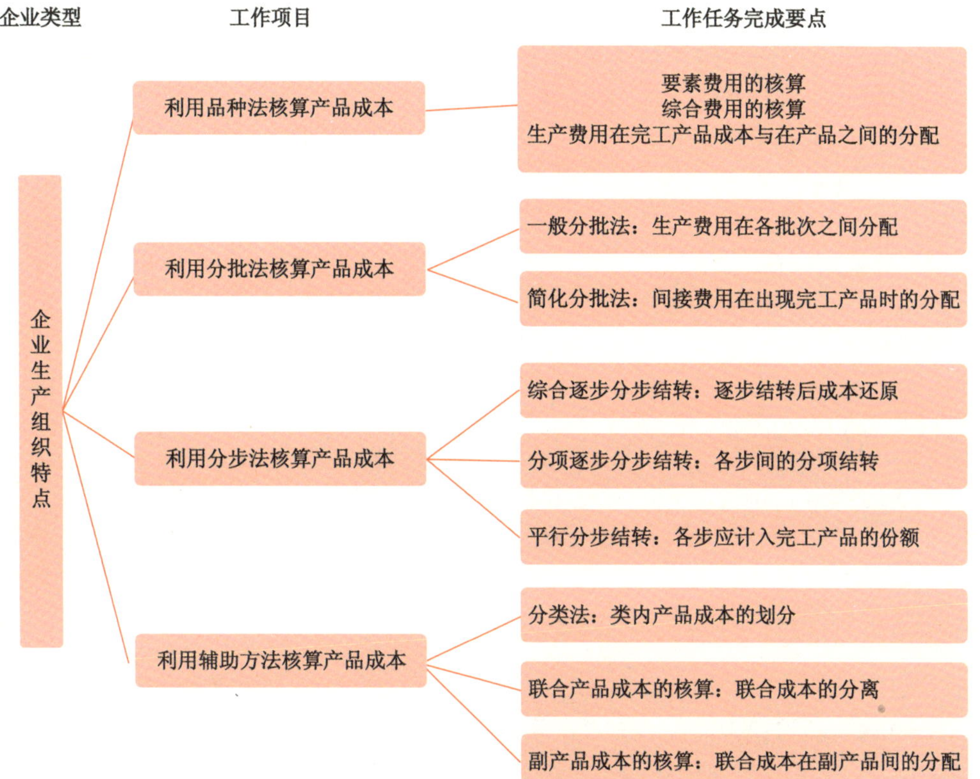

洋、刘捷萍、张俊杰和庄德俊。另外，珠海斗门超毅电子有限公司财务经理、注册会计师刘家莉对工作项目的设计、工作任务的开发等进行了专业指导。本教材由史艳利担任第一主编，负责主编、总纂定稿，并编写项目1、项目2、项目3、项目6、项目7及微课程建设；陈哲担任第二主编，负责主审；龚纯担任第一副主编，编写项目4和项目5；刘洋担任第二副主编，参与项目3实训部分内容编写；刘捷萍对教材内容设计进行了专业指导；张俊杰和庄德俊负责微课程设计技术指导。

本教材不仅适用于财会类专业、财经类专业、经济管理类专业高职高专的教学，也可作为应用型本科院校老师和学生的参考用书，还可以作为财务管理从业人员的参考用书。

由于编者时间和水平有限，书中难免存在疏漏之处，敬请读者批评指正，以使本教材日臻完善。

编者于珠海

2019年1月

目录 Contents

能够了解成本报表的分类，熟练掌握成本报表的编制和成本报表分析方法。

项目前言 认识成本核算与分析

企业成本核算与分析概述

什么是成本核算

产品的成本核算是企业按照一定的程序、标准和方法，对生产经营过程中实际发生的成本、费用进行归集和分配，从而计算出产品成本，并进行相应的账务处理。成本核算贯穿经济活动的全过程，要保证正确的成本核算，必须正确划分各种费用界限，做好各项成本核算的基础工作，并根据生产经营特点和管理要求采用适当的成本计算方法。

什么是成本分析

成本分析是根据成本核算提供的成本数据和其他相关资料，与本期计划成本、上年同期实际成本、本企业历史先进的成本水平，以及国内外先进企业的成本等进行比较，确定成本差异，进而查明成本变动的影响因素、成本差异产生的原因，以及成本超支的责任，并提出切实可行的措施，进一步降低成本，提高经济效益。

支出、费用和成本

支出是指企业为取得资产、劳务或清偿债务等所发生的资产的流出或负债的减少，也就是企业各项开支及耗费的总称。

费用是指企业在日常活动中发生的、会导致所有者权益减少的、与向所有者分配利润无关的经济利益的总流出。

成本对于工业企业来说，也就是产品的生产成本，是指在生产过程中制造产品所发生的生产费用。

【知识小提示】

如何区分支出、费用和成本？

支出
- 非费用支出：不影响利润（所有者权益）
- 费用支出（即费用）
  - 期间费用：影响当期损益（财务费用、管理费用、销售费用）
  - 生产费用（即生产成本）：影响若干期损益

成本核算的对象

成本核算的对象是指成本核算反映和监督的具体内容，工业企业在生产过程中各种生产费用的支出和产品生产成本的形成，就是工业企业成本核算要反映和监督的主要内容，即工业企业成本核算的对象包括产品的生产成本和期间费用。

成本核算的要求

1. 做好各项基础工作

为进行成本核算，企业应当建立健全各项原始记录，并做好各项材料物资的计量、收发、领退和盘点工作。同时，产品成本计算往往需要以产品原材料和工时的定额消耗量和定额费用作为分配标准，因此，也需要制定或修订材料、工时、费用的各项定额，使成本核算具有可靠的基础。

2. 正确划分各种费用支出的界限

为正确计算产品成本，必须正确划分以下五个方面费用的界限：

（1）正确划分收益性支出和资本性支出的界限。

（2）正确划分成本费用、期间费用和营业外支出的界限。

（3）正确划分本期费用与以后期间费用的界限。

（4）正确划分各种产品成本费用的界限。

（5）正确划分本期完工产品与期末在产品成本的界限。

以上五个方面费用的划分应当遵循受益原则，即谁受益谁负担、何时受益何时负担、负担费用应与受益程度呈正比。上述费用划分的过程，也是产品成本的计算过程。

产品成本计算方法的选择

产品成本计算方法的选择

1. 企业产品的生产类型

产品成本是在生产过程中形成的，生产耗费的形成过程与生产类型的特点有关，而生产类型的特点在很大程度上影响着成本计算方法。只有根据企业生产类型、生产特点和成本管理要求，选择适当的产品成本计算方法，才能正确计算产品成本。

企业按生产工艺过程可分为单步骤生产和多步骤生产。单步骤生产指生产工艺过程不能间断，不能分散在不同工作地点进行的生产，如发电、采煤等；多步骤生产指生产工艺可以间断，由若干个步骤组成的生产，如纺织、钢铁、机械、服装等；多步骤生产按产品加工方式不同又分为连续加工式生产和装配式生产两类。连续加工式生产是指按顺序经过若干加工步骤的生产，如钢铁企业要经过炼铁、炼钢、轧钢等步骤才能生产出钢材；装配式生产是指可同时分别在不同的车间加工，制成零部件，再将零部件装配成产品的生产，如机床、飞机、汽车制造等工业生产。

企业按生产组织特点可以分为大量生产、成批生产和单件生产三类。大量生产是指不断重复生产一种或几种相同产品的生产，如化肥、面粉、采掘等；成批生产是指按照预先确定的产品批别和数量，生产几种固定的产品，如服装；单件生产是指根据购货单位的要求，生产某种规格、型号、性能等特定产品的生产，如重型机器制造和船舶工业等。

2. 生产类型对产品成本计算对象的影响

对于单步骤连续式大量生产，由于无法分批，其成本计算对象为产品品种；在多步骤连续式大量生产企业，一般以每个步骤为成本计算对象；在多步骤装配式大量生产企业，不需要按步骤计算半成品成本，而是通常以产品品种为成本计算对象；在多步骤装配式小批、单件生产企业，则以单件或批次作为成本计算对象。

3. 生产类型对产品成本计算期的影响

在大量大批生产方式下，由于生产不间断地进行，成本计算只能定期按月进行，这样成本计算期与会计报告期一致，与产品生产周期不一致；单件小批生产则不同，产品成本只能在某件或某批产品完工后计算，因此成本计算期与会计报告期不一致，而与生产周期一致。

4. 产品成本计算方法

选择适当的成本计算方法必须考虑其生产工艺特点、生产组织特点和成本管理要求。产品成本计算对象、成本计算期和月末在产品成本的计算共同构成三种不同的成本计算基本方法：品种法、分批法和分步法，如表 0-1 所示。

表 0-1　产品成本计算的基本方法

计算方法	生产特点	生产工艺过程和成本管理要求	成本计算期	成本计算对象	适用企业
品种法	大量大批简单生产,大量大批多步骤生产	管理上不要求分步也不要求分批计算产品成本	每月月末定期计算成本	产品品种	发电、采掘、化肥、水泥、供水、面粉、砖瓦、食糖等
分批法	成批单步骤生产,单件小批多步骤生产	管理上不要求分步但要求分批计算产品成本	完工月份计算成本,不定期	产品批别、订单	船舶、重型机械、专用设备、试制新产品、服装、家具、修理作业、塑料制品等
分步法	大量大批多步骤生产	管理上要求分步计算产品成本	每月月末定期计算成本	各步骤的半成品和产成品	冶金、纺织、汽车、自行车、造纸、化工、钢铁生产等

品种法以产品品种为成本计算对象,归集产品在生产过程中发生的生产费用,计算产品成本;分批法以产品批别或订单为成本计算对象归集生产费用,计算产品成本;分步法则是按照产品的成本计算步骤来设置成本计算单,从而归集生产费用,计算产品成本。

在实际工作中,除基本计算方法外,还有一些成本计算的辅助方法,比较常用的如分类法。分类法是在产品品种及规格繁多,但可以按照一定标准将产品分为若干类时,为简化成本计算工作而采用的一种成本计算方法。

成本核算账户之间的对应关系如图 0-1 所示。

产品成本核算流程

成本核算账户之间的对应关系

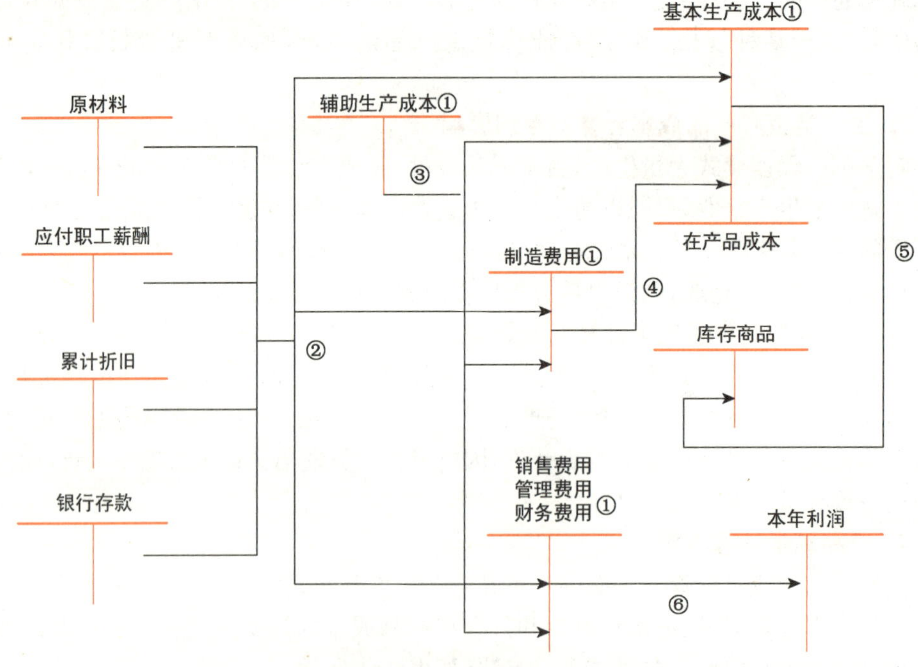

图 0-1　成本核算账户

注:①设置成本核算账户;②分配各项要素费用;③分配辅助生产费用;④分配制造费用;⑤结转完工产品成本;⑥结转各项期间费用。

【知识小提示】

在成本核算中涉及的账户比较简单，但对于初学者而言，“生产成本”账户一定要写到三级明细，如“生产成本——基本生产成本——甲产品”“生产成本——辅助生产成本——供电”。

千万不要嫌麻烦，这对于保证以后核算的清晰非常重要。

项目 1

产品成本构成要素的归集与分配

能力目标

专业能力：能够较熟练识别与生产相关的资料；熟悉各要素费用分配的方法和程序，熟练进行相关账务处理。

方法和学习能力：锻炼对复杂信息的分析和处理能力；提高对事务的逻辑分析能力，有利于培养耐心、细致、严谨的学习态度。

个人和社会能力：强化与相关方的沟通协调能力，培养团队合作意识。

技能要求

1. 能够识别并收集有关资料。
2. 会编制各种费用要素分配表。
3. 能进行要素费用归集与分配的账务处理。

工作任务 1-1　材料费用的归集与分配

为了完成与材料费用核算相关的工作任务，我们需要学习和掌握哪些基本知识和技能？

任务描述

本任务是对涉及材料的生产耗费进行核算，根据材料领用凭证等原始凭证采用合理的分配方法，编制材料费用分配表，并对材料费用的归集与分配进行账务处理。

知识搜索

1-1-1　材料领用凭证的种类和内容

企业在生产过程中领用的材料品种、规格、数量有很多，为明确各单位的经济责任，便于分配材料费用，生产单位或其他部门领用材料时，应由专人负责签字审核。在实际工作中，领料凭证一般有以下几种。

1. 领料单

领料单是一种一次性使用的领料凭证，可以一单一料，也可以一单多料，领料单的主要内容有领料部门、领用日期、用途及材料名称、规格、计量单位、数量、单价、金额等。领料单的格式如表 1-1 所示。

表 1-1

领　料　单

领料单位：生产车间　　　　　　　　　　　　　　　　编号：0066
用　　途：生产学生桌椅　　　2019 年 05 月 08 日　　　仓库：材料仓库

材料类别	材料名称	规格型号	单位	数量		单价（元）	金额（元）
				请领	实发		
主要材料	白松		立方米	40	40	810	32 400
备　注					合 计		32 400

发料人：孙帅　　　　　　领料人：王林　　　　　　记账：刘刚

2. 领料登记表

对于一些经常领用的消耗性材料，可以不必每次都填制领料单，只要每次领用时在领料登记表中登记即可。领料登记表是一种多次使用的领料凭证，通常在1个月内连续使用，到月末的时候汇总记账。领料登记表的格式如表1-2所示。

表1-2

领料登记表

领料单位：生产车间　　2019年06月01日　　仓库：材料仓库

材料类别	材料编号	材料名称	规格型号	计量单位
型钢	017	线材	09	千克
日期	领用数量	累计领用数量	领料人	发料人
6月1日	30	30	李治	张勇
6月2日	25	55	李治	张勇
⋮	⋮	⋮	⋮	⋮
材料单价(元/千克)	350	合计金额(元)	37 268	

3. 限额领料单

限额领料单是一种多次使用的累计领料凭证，在有效期内只要领用数量不超过规定的限额，就可以连续领料。限额领料单的格式如表1-3所示。

表1-3

限额领料单

产品名称：H型塑胶

编号：496860　　单位定额：35千克　　领料单位：生产车间

计划产量：300件　　2019年07月01日　　发料仓库：材料仓库

材料类别	材料编号	材料名称	规格	单位	请领数量	实发数量	单位(千克)	金额(元)	备注

领料日期	请领数量	实发数量	限额结余额	领料人签章	发料人签章

供应科长：　　生产部长：

4. 退料单

采用上述各种领料凭证领到车间或部门的材料，月末如果未用完，应在相关部门办理退料手续。退料单的格式如表1-4所示。

表 1-4

退 料 单

退料部门：　　　　　　　　　　　　　　　　　　编号：
原领料批号：　　　　　　　　　　　　　　　　　日期：

退料名称	材料编号	退料数量	实收数量	退料原因					
				溢领	省料	不适用	品质差	订单取消	其他

登账：　　　　点数：　　　　主管：　　　　退料人：

要素费用—直接材料的分配

1-1-2 材料费用分配的基本方法

在生产过程中，当某种材料被多个成本核算对象共同耗用时，必须采用一定的方法在各成本核算对象之间进行合理分配。通常情况下，材料费用分配采用的方法主要有实际产量比例法、定额耗用量比例法、定额费用比例法和系数比例法等。

1. 实际产量比例法

使用这种方法，材料费用是按产品的实际产量为分配标准进行分配的。具体运用时，与之性质相似的分配标准还有消耗材料的重量、面积、体积等。

2. 定额耗用量比例法

使用这种方法，材料费用的分配是按照各种产品所消耗材料的定额耗用量为标准进行分配的。所谓定额耗用量，是按产品的实际产量与该种产品的单位材料定额耗用量的乘积来进行确定的。

3. 定额费用比例法

使用这种方法，材料费用的分配是按照各种产品所消耗材料的定额费用为标准进行分配的。所谓定额费用，是按产品的实际产量与该种产品的单位材料定额耗用量及其单价的乘积进行确定的。

【知识小提示】

> 在工业企业中，当燃料费用所占比例不大时，可并入材料费用进行汇总核算；也可并入产品的制造费用汇总核算；单独设立“燃料与动力”成本项目的，可记入“燃料与动力”成本项目。

小小案例

明光电子配件制造厂生产甲、乙两种产品，本月共同耗用 A 材料 6 900 千克，每千克8元。甲产品的实际产量为350件,单件产品材料消耗定额为8千克,每件重2千克;乙产品的实际产量为300件,单件产品材料消耗定额为6千克,每件重5千克。

要求:运用定额耗用量分配法、定额费用分配法、重量比例分配法和实际产量分配法计算和分配甲、乙产品各自应负担的费用。

解:① 按定额耗用量分配法计算。

甲产品材料定额耗用量=350×8=2 800(千克)

乙产品材料定额耗用量=300×6=1 800(千克)

材料费用分配率=6 900×8÷(2 800+1 800)=12(元/千克)

甲产品应分配的材料费用=2 800×12=33 600(元)

乙产品应分配的材料费用=1 800×12=21 600(元)

② 按定额费用分配法计算。

甲产品材料定额费用=350×8×8=22 400(元)

乙产品材料定额费用=300×6×8=14 400(元)

材料费用分配率=6 900×8÷(22 400+14 400)=1.5

甲产品应分配的材料费用=22 400×1.5=33 600(元)

乙产品应分配的材料费用=14 400×1.5=21 600(元)

③ 按重量比例分配法计算。

材料费用分配率=6 900×8÷(350×2+300×5)=25.09(元/千克)

甲产品应分配的材料费用=350×2×25.09=17 563(元)

乙产品应分配的材料费用=6 900×8−17 563=37 637(元)

④ 按实际产量分配法计算。

材料费用分配率=6 900×8÷(350+300)=84.923(元/件)

甲产品应分配的材料费用=350×84.923=29 723.05(元)

乙产品应分配的材料费用=6 900×8−29 723.05=25 476.95(元)

【知识小提示】

不同的分配标准,分配结果会有所差异,因此选择间接费用的分配标准时,应遵循合理性和简便性原则,即所选择的分配标准应与所分配的费用大小有密切联系,并且作为分配标准的资料应容易取得。

1-1-3 材料费用分配表的编制

在实际工作中,原材料费用的分配是根据领料单等原始凭证,按照用途及部门编制原材料费用分配表进行的。

明光电子配件制造厂2019年6月的材料费用分配如表1-5所示。

表 1-5

材料费用分配表

2019 年 6 月 30 日　　　　金额单位:元

应借科目		成本或费用项目	分配计入			直接计入	合计
			耗用材料/千克	分配率	分配额		
基本生产成本	甲产品	直接材料	2 800		33 600		33 600
	乙产品	直接材料	1 800		21 600		21 600
	小　计		4 600	12	55 200		55 200
制造费用	一车间	机物料				5 000	5 000
	二车间	机物料				6 400	6 400
	小　计					11 400	11 400
销售费用		材料费				5 400	5 400
管理费用		材料费				2 800	2 800
在建工程		材料费				60 000	60 000
合　　计					55 200	79 600	134 800

1-1-4 材料费用核算的账务处理

根据“材料费用分配汇总表”的内容,填制记账凭证如表 1-6 所示。

表 1-6

记 账 凭 证

2019 年 06 月 30 日　　　　记字 第 036 号

摘　要	会计科目		借方									贷方									记账
	总账科目	明细科目	百	十	万	千	百	十	元	角	分	百	十	万	千	百	十	元	角	分	
耗用材料	生产成本	甲产品			3	3	6	0	0	0	0										
		乙产品			2	1	6	0	0	0	0										
	制造费用	一车间				5	0	0	0	0	0										
		二车间				6	4	0	0	0	0										
	销售费用					5	4	0	0	0	0										
	管理费用					2	8	0	0	0	0										
	在建工程				6	0	0	0	0	0	0										
	原材料												1	3	4	8	0	0	0	0	
附单据 1 张	合　　计		¥	1	3	4	8	0	0	0	0	¥	1	3	4	8	0	0	0	0	

会计主管:李华　　复核:王建　　记账:肖婷　　出纳:何灵　　制单:刘刚

任务实操

【任务实操 1-1】 练习材料费用分配的定额消耗量比例分配法。

【任务描述】 纬创制造厂 2019 年 5 月生产 A、B 两种产品领用甲材料 4 500 千克，每千克 20 元。A 产品领用乙材料 22 000 元，B 产品领用丙材料 26 000 元。本月投产的 A 产品为 200 件，B 产品为 240 件。A 产品的材料消耗定额为 15 千克，B 产品的材料消耗定额为 10 千克。

【任务要求】 以材料定额消耗量为分配标准，计算 A、B 产品应分配的材料费用，填入表 1-7 中；编制材料费用分配的会计分录。

表 1-7

A、B 产品应分配的材料费用

应借账户	成本账户	直接计入	间接计入			费用合计（元）
		金额（元）	定额消耗量（千克）	分配率	金额（元）	
基本生产成本——A 产品	直接材料					
基本生产成本——B 产品	直接材料					
合　计						

【任务实操 1-2】 练习材料费用的定额费用比例分配法。

【任务描述】 纬创制造厂 2019 年 8 月生产 A、B 两种产品分别领用甲、乙两种材料 4 400 千克、6 000 千克，其中甲材料每千克 20 元，乙材料每千克 15 元。A 产品领用丁材料 2 000 元，B 产品领用丙材料 2 500 元。本月投产的 A 产品为 100 件，B 产品为 150 件。A 产品的甲材料消耗定额为 15 千克，乙材料消耗定额为 10 千克，B 产品的甲材料消耗定额为 10 千克，乙材料消耗定额为 12 千克。

【任务要求】 以材料定额费用为分配标准，计算 A、B 产品应分配的材料费用，填入表 1-8 中；编制材料费用分配的会计分录。

表 1-8

A、B 产品应分配的材料费用

应借账户	成本账户	直接计入	间接计入			费用合计（元）
		金额（元）	定额费用（元）	分配率	金额（元）	
基本生产成本——A 产品	直接材料					
基本生产成本——B 产品	直接材料					
合　计						

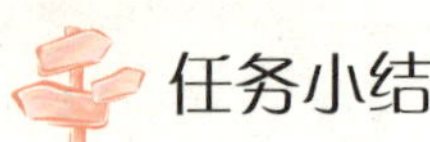

任务小结

材料费用的归集与分配

基础知识	账务处理	任务剖析
● 材料领用凭证的种类和内容 ● 材料费用分配的基本方法 ● 材料费用分配表的编制	● 根据材料费用分配表填制记账凭证 ● 根据记账凭证登记相关总账及明细账账簿	● 根据领料单等原始凭证，按材料领用部门归集材料费用 ● 当出现一种原材料被几个产品共同耗用时，按某种方法将该原材料在几种产品间进行分配

工作任务 1-2　人工费用的归集与分配

为了完成与人工费用核算相关的工作任务，我们需要学习和掌握哪些基本知识和技能？

任务描述

本任务是对涉及人工的生产耗费进行核算，根据工资结算单等原始凭证采用合理的分配方法，编制人工费用分配表，并对人工费用的归集与分配进行账务处理。

知识搜索

1-2-1　职工薪酬的内容

职工薪酬是指企业为获得职工提供的服务而给予各种形式的报酬以及相关支出。职工薪酬主要包括以下内容：

(1) 职工工资(包括奖金、津贴和补贴),根据国家统计局发布的《关于工资总额组成的规定》,工资总额由六部分组成:计时工资、计件工资、奖金、津贴和补贴、加班加点工资、特殊情况下支付的工资。

(2) 职工福利费是指企业为职工集体提供的福利,如补助生活困难职工等。

(3) 社会保险费是指医疗保险费、养老保险费、失业保险费、工伤保险费和生育保险费等。

(4) 住房公积金是指企业按照国家新修订的《住房公积金管理条例》规定的基准和比例计算,向住房公积金管理机构缴存的住房公积金。

(5) 工会经费和职工教育经费。

(6) 辞退福利是指企业解除与职工的劳动关系给予的补偿。

(7) 其他与获得职工提供的服务相关的支出。

【知识小提示】

工会经费和职工教育经费是指企业为了改善职工的文化生活、提高职工的业务素质,用于开展工会活动和职工教育及职业技能培训,并根据国家规定的基准和比例,从成本费用中提取的金额。工会经费和职工教育经费分别按职工计提工资总额的2%和1.5%提取,计入管理费用。

1-2-2 职工薪酬核算的原始凭证

1. 工资结算单

按照权责分明的现代企业管理制度,企业应由人事部门根据职工的考勤记录、产量记录等原始资料以及有关规定计算应付职工薪酬,并填写"工资结算单",财务部门只负责根据人事部门计算好的"工资结算单"发放工资并进行相应的账务处理。工资结算单的格式如表1-9所示。

表1-9

工资结算单

车间或部门: 2019年05月31日 金额单位:元

姓名	工资标准			应付工资														代扣款项			实发数	签章
	级别	月标准工资	日工资	标准工资			加班工资	奖金		津贴			病假工资			工伤产假工资	合计	社会保险费	住房公积金	合计		
				出勤天数	计时工资	计件工资		综合奖	单项奖	副食补贴	夜班津贴	物价补贴	天数	应发比例	金额							

2. 工资结算汇总表

企业财务部门可根据“工资结算单”先编制“工资结算汇总表”，以此作为“人工费用分配表”的编制基础。工资结算汇总表如表 1-10 所示。

表 1-10

工资结算汇总表

2019 年 05 月 31 日　　　　金额单位:元

车间部门		应付工资	代扣款项	实发金额
一车间	生产工人			
	管理人员			
二车间	生产工人			
	管理人员			
机修车间				
供水车间				
行政部门				
病假人员				
合　计				

【知识小提示】

工资结算单中的“代扣款项”也是企业应支付给员工的薪酬，虽然没有直接发放给员工个人，但也是企业付出的人工成本。因此，核算人工成本时应用“应付工资”数，而非“实发金额”。

1-2-3 职工薪酬的计算

常见的职工薪酬计算方法有两种:计时工资制度和计件工资制度。

一、计时工资计算

1. 工资标准

工资标准一般有日薪制和月薪制两种。

(1) 月薪制的计算公式。

扣除缺勤工资:应付计时工资 = 月标准工资 + 津贴 + 奖金 + 加班工资 − 缺勤工资

缺勤工资 = 缺勤天数 × 日工资 × 应扣比例

(2) 日薪制的计算公式。

实际出勤工资:应付计时工资 = 实际出勤天数 × 日工资 + 加班工资 + 津贴 + 奖金 + 病假应得工资

病假应得工资 = 病假天数 × 日工资 × 应发比例

【知识小提示】

(1) 日工资的计算可以按以下方法计算:①按每月平均工作 30 天计算:日工资=月标准工资÷30;②按每月平均工作 20.83 天计算:日工资=月标准工资÷20.83[(365−52×2−11)÷12=20.83]。

(2) 缺勤日数确定:①按 30 天计算日工资率的,缺勤期间的节假日应计算在缺勤日数内;②按 20.83 天计算日工资率的,缺勤期间的节假日不计算在缺勤日数内。

二、计件工资计算

1. 个人计件工资计算

$$应付计件总额=(完工产品合格品数量+料废品数量)\times 计件单价$$

2. 集体计件工资的计算

集体计件工资计算步骤:

(1) 按集体完成的工作量和计件单价计算出集体应得计件工资;然后计算某小组应得计件工资。

$$某小组应得计件工资=该小组完成工作量\times 单位工作量工资$$

(2) 将集体计件工资在各成员间进行分配,分配方法有两种:计时工资和实际工作时数比例分配法。

第一种:按计时工资为分配标准,分配集体计件工资。

$$工资费用分配率=\frac{集体计件工资总额}{集体计时工资总数}$$

$$个人应得计件工资=个人应得计时工资\times 工资费用分配率$$

分配标准集体计时工资总数应等于集体成员每人小时工资乘以每人实际工作小时。

第二种:按实际工作小时为分配标准,分配集体计件工资。

$$工资费用分配率=\frac{集体计件工资总额}{集体实际工作小时总数}$$

$$个人应得计件工资=个人实际工作小时\times 工资费用分配率$$

要素费用——直接人工的分配

1-2-4 人工费用分配表的编制

在实际工作中,人工费用的分配是根据工资结算单等原始凭证,按部门编制人工费用分配表进行的。

明光电子配件制造厂 2019 年 6 月的人工费用分配表如表 1-11 所示。

表 1-11

人工费用分配表

2019 年 06 月 30 日　　　　金额单位:万元

应借科目		成本或费用项目	工资费用			福利费用	合计
			生产工时（小时）	分配率（元/小时）	分配额		
基本生产成本	甲产品	直接人工	6 000	0.08	480	250	730
	乙产品	直接人工	6 500		520	270	790
	小计		12 500		1 000	520	1 520
制造费用	基本生产车间	工资及福利	360			300	660
销售费用		工资及福利	520			280	800
管理费用		工资及福利	120			60	180
合　计			2 000			1 160	3 160

1-2-5　人工费用核算的账务处理

根据“人工费用分配表”的内容，填制记账凭证如表 1-12 所示。

表 1-12

记账凭证

2019 年 06 月 30 日　　　　记字 第 037 号

摘要	会计科目		借方										贷方										记账
	总账科目	明细科目	千	百	十	万	千	百	十	元	角	分	千	百	十	万	千	百	十	元	角	分	
人工费用	生产成本	甲产品		7	3	0	0	0	0	0	0	0											
		乙产品		7	9	0	0	0	0	0	0	0											
	制造费用	基本生产车间		6	6	0	0	0	0	0	0	0											
	管理费用			1	8	0	0	0	0	0	0	0											
	销售费用			8	0	0	0	0	0	0	0	0											
	应付职工薪酬	工资											2	0	0	0	0	0	0	0	0	0	
	应付职工薪酬	福利费											1	1	6	0	0	0	0	0	0	0	
附单据 1 张	合　计		3	1	6	0	0	0	0	0	0	0	3	1	6	0	0	0	0	0	0	0	

会计主管:李华　　复核:王建　　记账: 肖婷　　出纳:何灵　　制单:刘刚

任务实操

【任务实操 2-1】 练习计时工资的计算。

【任务描述】 纬创制造厂工人王刚的月标准工资为 2 500 元。2019 年 6 月，该工人请病假 2 天，请事假 4 天(其中包含两个休息日)，本月双休日 10 天，该工人病假工资按月标准工资的 80%计算。

【任务要求】 分别采用月薪制和日薪制，日工资率分别按 30 天和 20.83 天，计算该工人实得的月工资。

【任务实操 2-2】 练习计件工资的计算。

【任务描述】 甲、乙两种产品都由工人陈海加工，甲产品单件工时定额为 30 分钟，乙产品单件定额工时为 45 分钟。陈海的小时工资率为 3 元。该工人本月加工甲产品 500 件，乙产品 400 件。该工人加工的甲产品完工验收时发现废品 10 件。其中，因材料质量原因造成 8 件，其余 2 件与该工人违反操作规程有关。

【任务要求】 计算应付该工人的计件工资。

【任务实操 2-3】 练习集体计件工资的计算。

【任务描述】 组装车间生产小组集体完成若干生产任务，取得集体工资 320 000 元。该小组由 3 个不同等级的工人组成，每人的姓名、等级、日工资率、出勤天数资料如表 1-13 所示。

【任务要求】 分配计算每个工人的计件工资额。

表 1-13

工人工资资料

金额单位:元

工人姓名	等级	日工资率	出勤天数	分配标准	分配率	应分配计件工资额
黎军	6	21	25	525		
赵强	5	17	23	391		
张名	4	15	22	330		
合计			70	1 246		

【任务实操 2-4】 练习工资费用分配表的编制。

【任务描述】 2019 年 12 月，甲企业设有一个基本生产车间，加工生产甲、乙两种产品，消耗的生产工时为:甲产品生产工时 25 000 小时，乙产品生产工时 15 000 小时;另设有一个辅助生产车间。本月工资费用结算情况如表 1-14 所示。

表 1-14

甲企业本月工资费用结算情况

金额单位:元

部门人员	产品生产工人	车间管理人员	机修车间工人	行政管理人员	合　计
工资薪酬	340 000	210 000	136 000	165 000	851 000

【任务要求】 编制“工资及福利费用分配表”(见表 1-15)并进行会计处理。

表 1-15

工资及福利费分配表

2019 年 12 月 31 日　　　　金额单位:元

应借科目		成本或费用项目	工资费用			福利费用(14%)	合计
			生产工时	分配率	分配额		
基本生产成本	甲产品	直接人工					
	乙产品	直接人工					
	小计						
辅助生产成本		机修车间					
制造费用		基本生产车间					
管理费用		工资及福利					
合计							

任务小结

人工费用的归集与分配

基础知识

- 职工薪酬的内容
- 职工薪酬核算的原始凭证
- 人工费用分配表的编制

账务处理

- 根据人工费用分配表填制记账凭证
- 根据记账凭证登记相关总账及明细账账簿

任务剖析

- 根据工资结算单等原始凭证，按部门归集人工费用
- 当出现生产工人同时生产几个产品时，按工时比例将工人工资在几种产品间进行分配

工作任务 1-3　其他费用的归集与分配

为了完成与其他费用核算相关的工作任务,我们需要学习和掌握哪些基本知识和技能?

任务描述

本任务是对其他生产耗费进行核算,根据固定资产折旧计算表、水(电)缴费单等各项费用的原始凭证,编制其他费用分配表,并对其他费用的归集与分配进行账务处理。

知识搜索

1-3-1 其他费用的原始凭证

1. 固定资产折旧计算表

固定资产折旧计算表应根据月初固定资产折旧的有关资料所确定的折旧计算方法编制。固定资产折旧计算表如表 1-16 所示。

表 1-16

固定资产折旧计算表

车间部门:一车间　　　2019 年 06 月　　　金额单位:元

固定资产类别	月折旧率（平均年限法）	上月折旧额	上月增加固定资产原值	上月减少固定资产原值	应增应减折旧额	本月折旧额
房　屋	3%	6 000	—	50 000	−1 500	4 500
机械设备	4%	3 000	30 000	—	+1 200	4 200
动力设备	5%	2 000	—	—	—	2 000
专用设备	6%	1 000	—	—	—	1 000
合　计		12 000	30 000	50 000	−300	11 700

2. 各项费用支付凭证

其他费用包括除前述各要素费用以外的费用，如修理费、差旅费、邮电费、运输费、水电费、办公费（见表 1-17）等。

表 1-17

海珠市商业零售统一发票（国家税务局监制）

发　票　联

NO. 0973452

客户名称:海珠家具制造有限公司　　　2019 年 12 月 11 日

货号	品名及规格	单位	数量	单价	金额
	打印纸	包	10	20.00	200.00
	签字机	个	25	8.00	200.00
合计金额	⊗仟肆佰零拾零元零角零分				¥400.00
结算方式	现金	开户银行及账号			

收款单位（盖章有效）:　　　收款人:金宁　　　开票人:王生

（印章：大商百货公司 发票专用章）

1-3-2 其他费用分配表的编制

在实际工作中，其他费用的分配是根据各项费用发生的原始凭证，按单位部门编制其他费用分配表来进行的。

明光电子配件制造厂 2019 年 6 月的固定资产费用分配表如表 1-18 所示。

表 1-18

固定资产折旧费用分配表

2019 年 6 月 30 日　　　　金额单位:元

应借科目	第一基本生产车间	第二基本生产车间	修理车间	销售部门	行政管理部门	合计
辅助生产成本			12 500			12 500
制造费用	75 000	80 000				155 000
销售费用				6 000		6 000
管理费用					20 000	20 000
合　计	75 000	80 000	12 500	6 000	20 000	193 500

明光电子配件制造厂 2019 年 6 月的其他费用分配表如表 1-19 所示。

表 1-19

其他费用分配表

2019 年 6 月 30 日　　　　金额单位:元

应借科目	第一基本生产车间	第二基本生产车间	修理车间	销售部门	行政管理部门	合计
辅助生产成本			72			72
制造费用	50	50				100
销售费用				112		112
管理费用					116	116
合　计	50	50	72	112	116	400

1-3-3 其他费用核算的账务处理

其他费用多数与产品生产无直接关系,一般按车间归集记入“制造费用”账户,期末再分配计入产品成本,如表 1-20 和表 1-21 所示。

表 1-20

记 账 凭 证

2019 年 06 月 30 日　　　　记字 第 038 号

摘　要	会计科目		借方金额										贷方金额										记账
	总账科目	明细科目	千	百	十	万	千	百	十	元	角	分	千	百	十	万	千	百	十	元	角	分	
分配固定资产折旧费	生产成本	辅助生产成本				1	2	5	0	0	0	0											
	制造费用				1	5	5	0	0	0	0	0											
	销售费用						6	0	0	0	0	0											
	管理费用					2	0	0	0	0	0	0											
	累计折旧														1	9	3	5	0	0	0	0	
附单据 1 张	合　计			¥	1	9	3	5	0	0	0	0		¥	1	9	3	5	0	0	0	0	

会计主管:李华　　复核:王建　　记账:肖婷　　出纳:何灵　　制单:刘刚

表 1-21

记账凭证

2019 年 06 月 30 日　　　　记字 第 039 号

摘　要	会计科目		借方										贷方										记账
	总账科目	明细科目	千	百	十	万	千	百	十	元	角	分	千	百	十	万	千	百	十	元	角	分	
分配其他费用	生产成本	辅助生产成本							7	2	0	0											
	制造费用							1	0	0	0	0											
	销售费用							1	1	2	0	0											
	管理费用							1	1	6	0	0											
	银行存款																	4	0	0	0	0	
附单据 1 张	合　计						¥	4	0	0	0	0					¥	4	0	0	0	0	

会计主管:李华　　复核:王建　　记账:肖婷　　出纳:何灵　　制单:刘刚

注:假定其他费用均以银行存款形式支付。

任务实操

【任务实操】 练习其他费用的归集与分配。

【任务描述】 纬创制造厂 2019 年 8 月经济业务如下:

(1) 企业生产车间领用的机物料消耗 3 000 元。

(2) 企业计提固定资产折旧 5 800 元。其中,生产车间 3 500 元,管理部门 1 900 元,销售部门 400 元。

(3) 企业以银行存款支付生产车间经营性租赁设备租金 2 200 元。

(4) 本月发生差旅费 6 900 元。其中,生产车间高级管理人员 2 800 元,管理部门 3 500 元,销售部门 600 元。

(5) 生产车间购买办公用品 1 500 元,管理部门购买办公用品 1 680 元,销售部门购买办公用品 760 元。

(6) 本月支出转账手续费 100 元,产生利息收入 210 元。

【任务要求】 根据上述业务编制相应的会计分录,并编制“其他费用汇总表”(见表 1-22)。

表 1-22

其他费用汇总表

2019 年 6 月 30 日　　　　金额单位:元

应借科目	折旧费	办公费	物料消耗	差旅费	手续费	租赁费	利息支出	利息收入	合计
制造费用									
销售费用									
管理费用									
财务费用									
合　计									

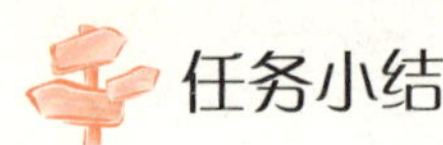

任务小结

其他费用的归集与分配

基础知识

- 其他费用的原始凭证
- 其他费用分配表的编制

账务处理

- 根据固定资产折旧分配表填制记账凭证
- 根据其他费用分配表填制记账凭证
- 根据记账凭证登记相关总账及明细账账簿

任务剖析

- 根据各项费用的原始凭证，按部门归集其他费用

工作任务 1-4　辅助生产费用的归集与分配

为了完成与辅助生产费用核算相关的工作任务，我们需要学习和掌握哪些基本知识和技能？

任务描述

本任务是对所涉及辅助生产车间的生产耗费进行核算，根据辅助生产成本明细账，采用合理的辅助生产费用分配方法，编制辅助生产费用分配表，并对辅助生产费用分配进行账务处理。

知识搜索

1-4-1　什么是辅助生产费用

工业企业的辅助生产是指为企业基本生产车间、行政管理部门等单位提供服务而进行的产品生产和劳务供应。

企业通常设置辅助生产车间来组织辅助产品的生产和劳务的供应，如供水、供电、修理车间，工具、模具车间等。

辅助生产车间在生产产品或提供劳务过程中所耗用的原材料费用、动力费用、工资及福利费用以及辅助生产车间的制造费用，称为辅助生产费用。

【知识小提示】

与之前的要素费用只包含一种性质的耗费不同，综合费用包含原材料、人工、折旧、其他等多种性质的耗费。企业的综合费用主要有辅助生产费用、制造费用、废品损失、停工损失等。

1-4-2 辅助生产费用的归集

对于辅助生产车间发生的费用，应记入“生产成本——辅助生产成本——××辅助生产车间”账户借方。为简化核算工作，辅助生产车间可以不设置“制造费用——××辅助生产车间”账户，而将辅助生产车间发生的制造费用直接记入“生产成本——辅助生产成本——××辅助生产车间”账户借方。

企业应按车间以及劳务或产品的种类为“生产成本——辅助生产成本”账户设置明细账，账内按成本项目或费用项目设置专栏进行明细核算。

明光电子配件制造厂 2019 年 6 月辅助生产成本明细账如表 1-23 和表 1-24 所示。

【知识小提示】

辅助生产费用的归集是通过登记“生产成本——辅助生产成本——××辅助生产车间”明细账完成的。

1-4-3 辅助生产费用的分配及账务处理

企业如果只有一个辅助生产车间，辅助生产费用的分配比较简单，通常按各受益对象耗用的该辅助生产车间的产品或劳务数量比例在各受益对象之间进行分配。企业如果拥有两个或两个以上的辅助生产车间，且它们之间还相互提供产品和劳务，如供电车间向供水车间提供电力，供水车间同时向供电车间提供用水，这就会使得辅助生产费用的分配比较复杂。

在实际工作中，通常采用的辅助生产费用分配方法有直接分配法、交互分配法、代数分配法和计划成本分配法等专门方法。

1. 直接分配法

直接分配法是指各辅助生产车间发生的费用直接分配给除辅助生产车间以外的各受益对象，而不考虑辅助生产车间之间相互提供产品或劳务的情况。计算公式如下：

辅助生产费用的分配——直接分配法

$$\text{费用分配率}=\frac{\text{该辅助生产车间归集的费用总额}}{\text{该辅助车间提供产品或劳务的总量}-\text{其他辅助车间的耗用量}}$$

$$\text{受益对象分配额}=\text{该受益对象耗用产品或接受的劳务量}\times\text{费用分配率}$$

表 1-23

生产成本明细账

第 1 页

账户名称:生产成本——辅助生产成本——供电车间

2019 年 月	日	凭证字号	摘要	借方	贷方	借或贷	余额	(借方)金额分析 原材料	燃料及动力	职工薪酬费用	折旧费	其他
6	30	(略)	材料费用分配表	45000		借	45000	45000				
6	30		燃料费用分配表	100000		借	145000		100000			
6	30		工资费用分配表	400000		借	545000			400000		
6	30		福利费用分配表	40000		借	585000			40000		
6	30		折旧费用分配表	280000		借	865000				280000	
6	30		其他费用分配表	83000		借	948000					83000

本月借方发生额合计 9 480 元即为当月供电车间归集的辅助生产费用。

表 1-24

生产成本明细账

第 1 页

账户名称:生产成本——辅助生产成本——供水车间

2019 年 月	日	凭证字号	摘要	借方	贷方	借或贷	余额	(借方)金额分析 原材料	燃料及动力	职工薪酬费用	折旧费	其他
6	30	(略)	材料费用分配表	65000		借	65000	65000				
6	30		燃料费用分配表	50000		借	115000		50000			
6	30		工资费用分配表	200000		借	315000			200000		
6	30		福利费用分配表	20000		借	335000			20000		
6	30		折旧费用分配表	42000		借	377000				42000	
6	30		其他费用分配表	36000		借	413000					36000

本月借方发生额合计 4 130 元即为当月供水车间归集的辅助生产费用。

小小案例

明光电子配件制造厂 2019 年 6 月各辅助生产车间提供的产品如表 1-25 所示。

表 1-25

辅助生产车间提供产品数量

2019 年 06 月

受益对象	供水车间(立方米)	供电车间(度)
基本生产成本——甲产品		20 600
基本生产车间	41 000	16 000
供电车间	20 000	
供水车间		6 000
行政管理部门	16 000	2 400
专设销售机构	5 600	1 000
合　计	82 600	46 000

$$水单位成本(分配率)=\frac{4\ 130}{82\ 600-20\ 000}=0.066(元/立方米)$$

$$电单位成本(分配率)=\frac{9\ 480}{46\ 000-6\ 000}=0.237(元/度)$$

根据计算结果,编制“辅助生产费用分配表”如表 1-26 所示。

表 1-26

辅助生产费用分配表(直接分配法)

数量单位:立方米、度

金额单位:元

项　目		供水车间	供电车间	合计
待分配辅助生产费用		4 130	9 480	13 610
供应辅助生产车间以外的劳务数量		62 600 立方米	40 000 度	—
单位成本(分配率)		0.066	0.237	—
生产成本——基本生产成本——甲	耗用数量		20 600	—
	分配金额		4 882.2	4 882.2
基本生产车间	耗用数量	41 000	16 000	—
	分配金额	2 706	3 792	6 498
行政管理部门	耗用数量	16 000	2 400	—
	分配金额	1 056	568.8	1 624.8
专设销售机构	耗用数量	5 600	1 000	—
	分配金额	368	237	605
合　计		4 130	9 480	13 610

根据“辅助生产费用分配表”的内容，填制记账凭证如表 1-27 所示。

表 1-27

记 账 凭 证

2019 年 06 月 30 日　　　　记字 第 040 号

摘要	会计科目		借方金额									贷方金额									记账
	总账科目	明细科目	百	十	万	千	百	十	元	角	分	百	十	万	千	百	十	元	角	分	
分配辅助生产费用	生产成本	基本生产成本——甲				4	8	8	2	2	0										
	制造费用					6	4	9	8	0	0										
	管理费用					1	6	2	4	8	0										
	销售费用						6	0	5	0	0										
	生产成本	辅助生产成本——供水													4	1	3	0	0	0	
		辅助生产成本——供电													9	4	8	0	0	0	
附单据 1 张	合　计			¥	1	3	6	1	0	0	0		¥	1	3	6	1	0	0	0	

会计主管：李华　　复核：王建　　记账：肖婷　　出纳：何灵　　制单：刘刚

【知识小提示】

在直接分配法下，由于费用只对辅助生产车间以外的受益对象进行分配，计算工作简便，但当辅助生产车间相互提供产品或劳务量较大时，分配结果与实际不符。因此，直接分配法一般适用于辅助生产车间之间相互提供产品或劳务较少的企业。

2. 交互分配法

交互分配法是指将归集的辅助生产费用先在辅助生产车间之间进行交互分配，然后计算出交互分配后的辅助生产费用，再在辅助生产车间以外的受益对象之间进行分配的方法。

第一步，交互分配的计算公式如下：

$$交互分配率 = \frac{该辅助生产车间交互分配前归集的费用总额}{该辅助生产车间提供产品或劳务的总量}$$

辅助生产车间分配额 = 该辅助车间耗用产品或接受的劳务量 × 交互费用分配率

第二步，对外分配的计算公式如下：

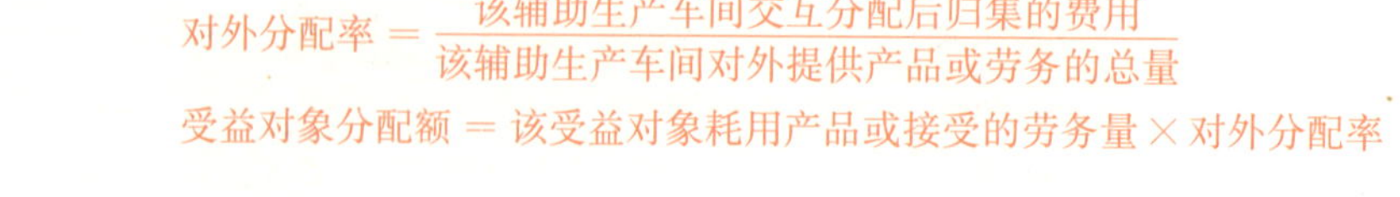

$$对外分配率 = \frac{该辅助生产车间交互分配后归集的费用}{该辅助生产车间对外提供产品或劳务的总量}$$

受益对象分配额 = 该受益对象耗用产品或接受的劳务量 × 对外分配率

辅助生产费用的分配——交互分配法

小小案例

仍以明光电子配件厂 2019 年 6 月的数据为例。

(1) 交互分配前的单位成本(分配率)：

$$\text{水单位成本(分配率)}=\frac{4\ 130}{82\ 600}=0.05(\text{元/立方米})$$

$$\text{电单位成本(分配率)}=\frac{9\ 480}{46\ 000}=0.21(\text{元/度})$$

(2) 交互分配：

供水车间分配电费 = 6 000×0.21 = 1 260(元)

供电车间分配水费 = 20 000×0.05 = 1 000(元)

(3) 交互分配后的实际费用：

供水车间实际水费 = 4 130+1 260−1 000 = 4 390(元)

供电车间实际电费 = 9 480+1 000−1 260 = 9 220(元)

(4) 交互分配后的单位成本：

$$\text{水单位成本(分配率)}=\frac{4\ 390}{82\ 600-20\ 000}=0.070\ 1(\text{元/立方米})$$

$$\text{电单位成本(分配率)}=\frac{9\ 220}{46\ 000-6\ 000}=0.230\ 5(\text{元/度})$$

(5) 对外分配：

甲产品分配电费 = 20 600×0.230 5 = 4 748.3(元)

基本生产车间分配电费 = 16 000×0.230 5 = 3 688(元)

基本生产车间分配水费 = 41 000×0.070 1 = 2 874.1(元)

根据计算结果，编制“辅助生产费用分配表”如表 1-28 所示。

表 1-28

辅助生产费用分配表(交互分配法)

数量单位：立方米、度
金额单位：元

项目		供水车间			供电车间			合计
		数量	分配率(元/立方米)	分配金额	数量	分配率(元/度)	分配金额	
待分配辅助生产费用		82 600	0.05	4 130	46 000	0.21	9 480	13 610
交互分配	供水车间			+1 260	−6 000		−1 260	
	供电车间	−20 000		−1 000			+1 000	
对外分配辅助生产费用		62 600	0.070 1	4 390	40 000	0.230 5	9 220	13 610
对外分配	基本生产成本——甲产品				20 600		4 748.3	4 748.3
	基本生产车间	41 000		2 874.1	16 000		3 688	6 562.1
	行政管理部门	16 000		1 121.6	2 400		553.2	1 674.8
	专设销售机构	5 600		394.3	1 000		230.5	624.8
合计		62 600		4 390	40 000		9 220	13 610

根据“辅助生产费用分配表”的内容，填制记账凭证如表 1-29 和表 1-30 所示。

表 1-29

记 账 凭 证

2019 年 06 月 30 日　　　　记字 第 040 号

摘要	会计科目		借方									贷方									记账
	总账科目	明细科目	百	十	万	千	百	十	元	角	分	百	十	万	千	百	十	元	角	分	
分配辅助生产费用	生产成本	辅助生产成本——供水				1	2	6	0	0	0										
		辅助生产成本——供电				1	0	0	0	0	0										
	生产成本	辅助生产成本——供水													1	0	0	0	0	0	
		辅助生产成本——供电													1	2	6	0	0	0	
附单据 1 张	合　计				¥	2	2	6	0	0	0			¥	2	2	6	0	0	0	

会计主管：李华　　复核：王建　　记账：肖婷　　出纳：何灵　　制单：刘刚

表 1-30

记 账 凭 证

2019 年 06 月 30 日　　　　记字 第 041 号

摘要	会计科目		借方									贷方									记账
	总账科目	明细科目	百	十	万	千	百	十	元	角	分	百	十	万	千	百	十	元	角	分	
分配辅助生产费用	生产成本	基本生产成本——甲				4	7	4	8	3	0										
	制造费用					6	5	6	2	1	0										
	管理费用					1	6	7	4	8	0										
	销售费用						6	2	4	8	0										
	生产成本	辅助生产成本——供水													4	3	9	0	0	0	
		辅助生产成本——供电													9	2	2	0	0	0	
附单据 1 张	合　计			¥	1	3	6	1	0	0	0		¥	1	3	6	1	0	0	0	

会计主管：李华　　复核：王建　　记账：肖婷　　出纳：何灵　　制单：刘刚

【知识小提示】

> 交互分配法下辅助生产车间之间相互提供的产品或劳务全部进行了交互分配，提高了分配结果的正确性，但两次分配增加了计算工作量。交互分配法一般适用于辅助生产车间之间相互提供产品或劳务较多且差异较大的企业。

3. 代数分配法

代数分配法是指将辅助生产车间的费用分配率设为未知数，根据辅助生产车间交互提供劳务的关系建立多元一次方程组求解，再按各受益对象（包括受益的辅助生产车间在内）的受益量分配辅助生产费用的方法。

小小案例

辅助生产费用的分配——代数分配法

仍以明光电子配件厂2019年6月的数据为例。

假设供水车间每立方米水的成本是X元，供电车间每度电的成本是Y元，列联立方程式如下：

$$\begin{cases} 4\ 130+6\ 000Y=82\ 600X \\ 9\ 480+20\ 000X=46\ 000Y \end{cases}$$

解得：

$$\begin{cases} X=0.067\ 1 \\ Y=0.235\ 26 \end{cases}$$

根据计算结果，编制辅助生产费用分配表如表1-31所示。

表1-31

辅助生产费用分配表(代数分配法)

数量单位：立方米、度
金额单位：元

项　　目	供水车间		供电车间		合计
	耗用量	分配额	耗用量	分配额	
待分配辅助生产费用		4 130		9 480	13 610
提供的劳务数量	82 600		46 000		
分配率		0.067 1		0.235 26	
供水车间			6 000	1 411.56	1 411.56
供电车间	20 000	1 342			1 342
甲产品			20 600	4 846.36	4 846.36
基本生产车间	41 000	2 751.10	16 000	3 764.16	6 515.26
行政管理部门	16 000	1 073.60	2 400	564.62	1 638.22
专设销售机构	5 600	375.76	1 000	235.26	611.02
合　　计	82 600	5 542.46	46 000	10 821.96	16 364.42

根据“辅助生产费用分配表”的内容，填制记账凭证如表1-32所示。

表 1-32

记账凭证

2019 年 06 月 30 日　　　　　　　　记字 第 040 号

摘要	会计科目		借方									贷方									记账
	总账科目	明细科目	百	十	万	千	百	十	元	角	分	百	十	万	千	百	十	元	角	分	
分配辅助生产费用	生产成本	辅助生产成本——供水				1	4	1	1	5	6										
		辅助生产成本——供电				1	3	4	2	0	0										
		基本生产成本——甲				4	8	4	6	3	6										
	制造费用					6	5	1	5	2	6										
	管理费用					1	6	3	8	2	2										
	销售费用						6	1	1	0	2										
	生产成本	辅助生产成本——供水													5	5	4	2	4	6	
		辅助生产成本——供电												1	0	8	2	1	9	6	
附单据 1 张	合计			¥	1	6	3	6	4	4	2		¥	1	6	3	6	4	4	2	

会计主管：李华　　复核：王建　　记账：肖婷　　出纳：何灵　　制单：刘刚

【知识小提示】

采用代数分配法分配结果最正确，但在辅助生产车间较多的情况下未知数较多，计算工作较复杂。这种分配方法一般适用于已实现会计电算化的企业。

4. 计划成本分配法

计划成本分配法是指按计划单位成本和各受益对象(包括辅助生产车间)的实际耗用量分配辅助生产费用的方法。为简化计算工作，按计划分配完成后，辅助生产车间的实际发生费用与按计划成本转出的成本之间的差额可直接记入“管理费用”账户。

小小案例

仍以明光电子配件厂 2019 年 6 月的数据为例。

假定该厂的计划单位成本分别为：供水车间 0.8 元/立方米，供电车间 0.3 元/度，编制“辅助生产费用分配表”如表 1-33 所示。

表 1-33 中，辅助生产车间的实际成本计算如下：

$$供水车间实际成本 = 4\ 130 + 1\ 800 = 5\ 930(元)$$

$$供电车间实际成本 = 9\ 480 + 1\ 600 = 11\ 080(元)$$

表 1-33

辅助生产费用分配表(计划成本分配法)

金额单位:元

项 目	供水车间		供电车间		合计
	耗用量	分配额	耗用量	分配额	
待分配辅助生产费用		4 130		9 480	13 610
提供的劳务数量	82 600		46 000		
计划分配率		0.08		0.30	
供水车间			6 000	1 800	1 800
供电车间	20 000	1 600			1 600
甲产品			20 600	6 180	6 180
基本生产车间	41 000	3 280	16 000	4 800	8 080
行政管理部门	16 000	1 280	2 400	720	2 000
专设销售机构	5 600	448	1 000	300	748
按计划成本分配转出合计		6 608		13 800	20 408
辅助生产实际成本		5 930		11 080	17 010
辅助生产成本差异		−678		−2 720	−3 398

辅助生产车间的成本差异计算如下:

$$供水车间的成本差异 = 5\ 930 - 6\ 608 = -678(元)$$
$$供电车间的成本差异 = 11\ 080 - 13\ 800 = -2\ 720(元)$$

根据"辅助生产费用分配表"的内容,填制记账凭证如表 1-34 和表 1-35 所示。

表 1-34

记 账 凭 证

2019 年 06 月 30 日　　记字 第 040 号

摘 要	会计科目		借方									贷方									记账
	总账科目	明细科目	百	十	万	千	百	十	元	角	分	百	十	万	千	百	十	元	角	分	
分配辅助生产费用	生产成本	辅助生产成本——供水				1	8	0	0	0	0										
		辅助生产成本——供电				1	6	0	0	0	0										
		基本生产成本——甲				6	1	8	0	0	0										
	制造费用					8	0	8	0	0	0										
	管理费用					2	0	0	0	0	0										
	销售费用						7	4	8	0	0										
	生产成本	辅助生产成本——供水													6	6	0	8	0	0	
		辅助生产成本——供电												1	3	8	0	0	0	0	
附单据 1 张	合 计			¥	2	0	4	0	8	0	0		¥	2	0	4	0	8	0	0	

会计主管:李华　　复核:王建　　记账:肖婷　　出纳:何灵　　制单:刘刚

表 1-35

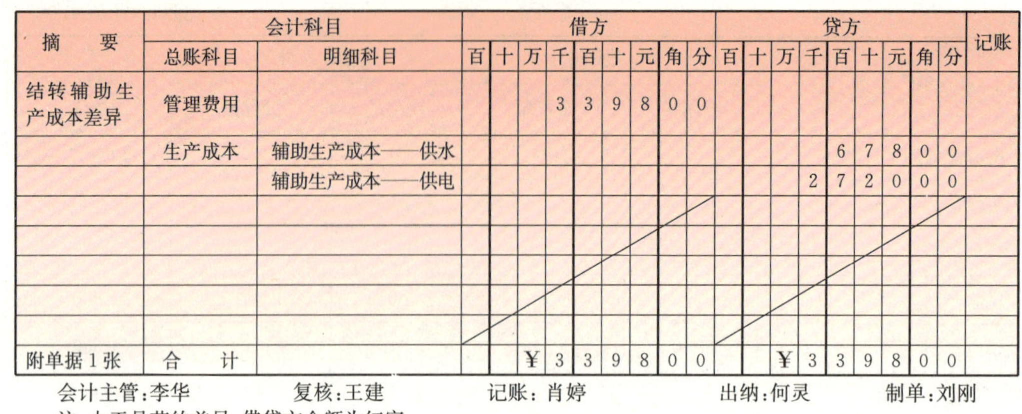

记账凭证

2019 年 06 月 30 日　　　　记字 第 041 号

摘要	会计科目		借方									贷方									记账
	总账科目	明细科目	百	十	万	千	百	十	元	角	分	百	十	万	千	百	十	元	角	分	
结转辅助生产成本差异	管理费用					3	3	9	8	0	0										
	生产成本	辅助生产成本——供水														6	7	8	0	0	
		辅助生产成本——供电													2	7	2	0	0	0	
附单据 1 张	合　计				¥	3	3	9	8	0	0			¥	3	3	9	8	0	0	

会计主管：李华　　复核：王建　　记账：肖婷　　出纳：何灵　　制单：刘刚

注：由于是节约差异，借贷方金额为红字。

【知识小提示】

(1) 调整成本差异的凭证，不论是超支差异还是节约差异，借贷对应科目都相同，只是超支差异用蓝字，节约差异用红字。

(2) 采用计划成本分配法不必单独计算分配率，简化了计算工作，同时通过计算辅助生产成本差异，可以考核和分析各受益单位的经济责任，还能反映辅助生产车间实际成本脱离计划成本的差异。这种分配方法一般适用于计划成本比较准确的企业。

任务实操

【任务实操】 练习辅助生产费用的归集与分配。

【任务描述】 纬创企业有供水和供电两个辅助生产车间，这两个车间 2019 年 12 月的辅助生产明细账所归集的费用分别是：供电车间 689 750 元，供水车间 32 400 元；供电车间为生产甲、乙产品，各车间管理部门和企业行政管理部门提供了 364 000 度电，其中供水车间耗电 8 000 度；供水车间为生产甲、乙产品，以及各车间及企业行政管理部门提供 5 470 立方米，其中供电车间耗用 220 立方米。其受益对象接受劳务情况详见各分配表。

【任务要求】 分别采用直接分配法、交互分配法、代数分配法、计划分配法（供电车间计划单位成本为 1.95 元/度，供水车间的计划单位成本为 8.5 元/立方米）分配此项费用，并编制“辅助生产费用分配表”，如表 1-36 至表 1-39 所示。

表 1-36

辅助生产费用分配表(直接分配法)

数量单位:立方米、度
2019 年 12 月 31 日　　　　金额单位:元

项　目		供水车间	供电车间	合计
待分配辅助生产费用				
供应辅助生产车间以外的劳务数量				—
分配率				—
生产成本——基本生产成本——甲产品	耗用数量	3 200	200 000	—
	分配金额			
生产成本——基本生产成本——乙产品	耗用数量	2 000	150 000	—
	分配金额			
制造费用(基本生产车间耗用)	耗用数量	40	4 400	—
	分配金额			
行政管理部门	耗用数量	10	1 600	—
	分配金额			
合　计				

表 1-37

辅助生产费用分配表(交互分配法)

数量单位:立方米、度
2019 年 12 月 31 日　　　　金额单位:元

项　目			供水车间	供电车间	合计
待分配辅助生产费用					
交互分配的劳务数量					
交互分配率					
交互分配	供水车间	耗用数量		8 000	
		分配金额			
	供电车间	耗用数量	220		
		分配金额			
对外分配辅助生产费用					—
对外分配的劳务数量					—
对外分配率			3 200	200 000	—
生产成本——基本生产成本——甲产品		耗用数量			
		分配金额	2 000	150 000	—
生产成本——基本生产成本——乙产品		耗用数量			
		分配金额	40	4 400	—
制造费用(基本生产车间耗用)		耗用数量			
		分配金额	10	1 600	—
行政管理部门		耗用数量			
		分配金额			
合　计					

表 1-38

辅助生产费用分配表(代数分配法)

数量单位:立方米、度
2019 年 12 月 31 日　　　　金额单位:元

项　目		供水车间	供电车间	合计
待分配辅助生产费用				
提供的劳务数量				—
分配率				—
生产成本—基本生产成本—甲产品	耗用数量	3 200	200 000	—
	分配金额			
生产成本—基本生产成本—乙产品	耗用数量	2 000	150 000	—
	分配金额			
供水车间	耗用数量		8 000	—
	分配金额			
供电车间	耗用数量	220		—
	分配金额			
制造费用(基本生产车间耗用)	耗用数量	40	4 400	—
	分配金额			
行政管理部门	耗用数量	10	1 600	—
	分配金额			
合　计				

表 1-39

辅助生产费用分配表(计划成本分配法)

数量单位:立方米、度
2019 年 12 月 31 日　　　　金额单位:元

项　目		供水车间	供电车间	合计
待分配辅助生产费用				
提供的劳务数量				—
计划分配率		8.5	1.95	—
生产成本—基本生产成本—甲产品	耗用数量	3 200	200 000	—
	分配金额			
生产成本—基本生产成本—乙产品	耗用数量	2 000	150 000	—
	分配金额			
供水车间	耗用数量		8 000	—
	分配金额			
供电车间	耗用数量	220		—
	分配金额			
制造费用(基本生产车间耗用)	耗用数量	40	4 400	—
	分配金额			
行政管理部门	耗用数量	10	1 600	—
	分配金额			
贷方按计划成本分配转出合计				
辅助生产实际成本合计				
辅助生产成本差异				

任务小结

辅助生产费用的归集与分配

基础知识

- 什么是辅助生产费用
- 辅助生产费用的归集
- 辅助生产费用的分配及账务处理

账务处理

- 根据辅助生产费用分配表填制记账凭证
- 根据记账凭证登记相关总账及明细账账簿

任务剖析

- 根据“生产成本——辅助生产成本”明细账归集辅助生产费用
- 根据辅助生产车间相互提供劳务的情况选择合适的方法将辅助生产费用对受益对象进行分配

工作任务 1-5　制造费用的归集与分配

为了完成与制造费用核算相关的工作任务，我们需要学习和掌握哪些基本知识和技能？

任务描述

本任务是对制造费用进行核算，根据制造费用明细账，采用合理的分配方法，编制制造费用分配表，并对制造费用的分配进行账务处理。

知识搜索

1-5-1　制造费用的归集

企业发生的制造费用，按其发生的地点和用途，根据有关的凭证归集于“制造费用”账户的借方及其所属明细账的有关费用项目，即根据“材料费用分配表”“工资及福利费用分配表”“燃料及动力费用分配表”“折旧费用分配表”和“其他费用分配表”等有关凭证登记。

明光电子配件制造厂 2019 年 6 月制造费用明细账如表 1-40 所示。

表 1-40

制造费用明细账

账户名称:制造费用　　　　　　　　　　第 1 页

2019年 月	2019年 日	凭证字号	摘要	借方	贷方	借或贷	余额	(借方)金额分析 原材料	燃料及动力	职工薪酬费用	折旧费	其他
6	30	(略)	材料费用分配表	1450.00		借	1450.00	1450.00				
6	30		燃料费用分配表	800.00		借	2250.00		800.00			
6	30		工资费用分配表	4000.00		借	6250.00			4000.00		
6	30		福利费用分配表	600.00		借	6850.00			600.00		
6	30		折旧费用分配表	1700.00		借	8550.00				1700.00	
6	30		其他费用分配表	960.00		借	9510.00					960.00
6	30		辅助生产费用分配表	1320.00		借	10830.00					1320.00
6	30		分配转出		10830.00	平	00	1450.00	800.00	4600.00	1700.00	2280.00
6	30		本月合计	10830.00	10830.00		00					

注:分配转出一行,金额为红字表示贷方。

1-5-2 制造费用的分配方法

制造费用分配的关键是要选择合适的分配标准。一般情况下，分配标准的选择需要考虑制造费用与产品的关系及制造费用与产量的关系，应选择与制造费用有密切联系、资料比较容易取得以及易于正确计量的分配标准。分配标准一经确定，一般不得随意改变。

工业企业常用的制造费用分配标准有：生产工时、生产工人工资、机器工时和年度计划分配法等。

1. 生产工时比例分配法

生产工时比例分配法是按各种产品所耗生产工人工时的比例分配制造费用的一种方法。计算公式如下：

$$制造费用分配率=\frac{应分配的制造费用总额}{各种产品生产工时总数}$$

$$某产品应负担的制造费用=该产品的生产工时\times制造费用分配率$$

该方法比较简单，生产工时可用实际工时，也可用定额工时，在实际工作中采用这种方法分配制造费用较为普遍。

2. 生产工人工资比例分配法

生产工人工资比例分配法是按照各种产品成本的生产工人工资比例分配制造费用的一种方法。计算公式如下：

$$制造费用分配率=\frac{应分配的制造费用总额}{各种产品生产工人工资总数}$$

$$某产品应负担的制造费用=该产品的生产工人实际工资\times制造费用分配率$$

该方法适用于各种产品生产机械化程度大致相同的情况，否则会影响费用分配的合理性。

3. 机器工时比例分配法

机器工时比例分配法是按照各种产品所用机器设备运转时间的比例分配制造费用的一种方法。计算公式如下：

$$制造费用分配率=\frac{应分配的制造费用总额}{各种产品耗用机器工时总数}$$

$$某产品应负担的制造费用=该产品耗用机器工时\times制造费用分配率$$

这种方法适用于产品生产的机械化程度较高的车间，因此采用这种方法，必须具备各种产品所用机械工时的原始记录。

4. 年度计划分配率

年度计划分配率是按照年度开始前确定的全年度适用的计划分配率分配制造费用的一种方法。计算公式如下：

制造费用的归集与分配

$$制造费用分配率=\frac{应分配的制造费用总额}{年度各种产品计划产量定额总工时(或总产量)}$$

某产品应负担的制造费用 = 该产品该月实际生产工时(或产量)× 制造费用分配率

采用这种方法，如果发现全年制造费用的实际数和产品的实际产量与计划数发生较大的差额，应及时调整计划分配率。期末，“制造费用”账户会有余额，到了年度终了，全年制造费用实际发生数与计划分配数之间的差额，应按各产品已分配计划成本比例调整各产品成本，调整后“制造费用”账户余额为零。

小小案例

明光电子配件制造厂 2019 年 6 月第一基本生产车间归集的制造费用为 10 830 元。该车间本月生产甲、乙产品耗用的实际工时分别为 1 110 工时和 1 056 工时；生产工人工资分别为 3 020 元和 4 200 元。

要求：按生产工时比例法和生产工人工资比例法分配制造费用，并编制会计分录。

解析：

(1) 按生产工时比例法分配制造费用，计算如下：

第一基本生产车间制造费用分配率＝10 830÷(1 110＋1 056)＝5(元/工时)

甲产品应分配的制造费用＝1 110×5＝5 550(元)

乙产品应分配的制造费用＝1 056×5＝5 280(元)

(2) 按生产工人工资比例法分配制造费用，计算如下：

第一基本生产车间制造费用分配率＝10 830÷(3 020＋4 200)＝1.5(元/工时)

甲产品应分配的制造费用＝3 020×1.5＝4 530(元)

乙产品应分配的制造费用＝4 200×1.5＝6 300(元)

1-5-3 制造费用分配表的编制

在实际工作中，制造费用的分配是按合适的分配标准分配后，编制制造费用分配表进行的。

明光电子配件制造厂 2019 年 6 月的制造费用分配表如表 1-41 所示。

表 1-41

制造费用分配表

车间：第一基本生产车间　　　　2019 年 6 月 30 日

产品名称	分配标准(生产工时)	分配率(元/工时)	分配金额(元)
甲产品	1 110	5	5 550
乙产品	1 056		5 280
合　计	2 166		10 830

1-5-4 制造费用核算的账务处理

根据“制造费用分配汇总表”的内容，填制记账凭证如表 1-42 所示（以生产工时比例法为例）。

表 1-42

记 账 凭 证

2019 年 06 月 30 日　　　　记字 第 041 号

摘要	会计科目		借方									贷方									记账
	总账科目	明细科目	百	十	万	千	百	十	元	角	分	百	十	万	千	百	十	元	角	分	
结转制造费用	生产成本	甲产品——制造费用				5	5	5	0	0	0										
		乙产品——制造费用				5	2	8	0	0	0										
	制造费用													1	0	8	3	0	0	0	
附单据 1 张	合　计			¥	1	0	8	3	0	0	0		¥	1	0	8	3	0	0	0	

会计主管：李华　　复核：王建　　记账：肖婷　　出纳：何灵　　制单：刘刚

任务实操

【任务实操】 练习制造费用的归集与分配（见表 1-43、表 1-44 和表 1-45）。

【任务描述】 纬创制造厂 2019 年 11 月经济业务如下：

（1）企业以银行存款支付生产车间的办公费 258 元，水电费 320 元。

（2）企业本月以银行存款支付为期 10 个月的设备租金 2 200 元，设备用于生产车间。月末，摊销本月应负担的设备租金。

（3）生产车间主管报销差旅费 900 元，以现金支付。

（4）企业实际发生固定资产修理费用 5 000 元，其中生产车间 2 500 元，管理部门 1 800 元，销售部门 700 元。

（5）企业计提固定资产折旧 3 700 元，其中生产车间 2 200 元，管理部门 900 元，销售部门 600 元。

（6）根据工资结算汇总表，计提本月应付工资 80 000 元。其中，生产车间产品生产工人 60 000 元，车间管理人员 8 000 元，管理人员 9 000 元，销售人员 3 000 元。

【任务要求】

（1）纬创制造厂只生产甲、乙两种产品，按生产工人工资比例分别计算甲、乙产品应分摊的制造费用，生产甲、乙产品工人工资分别为：25 000 元、35 000 元。

（2）按生产工时比例分别计算甲、乙产品应分摊的制造费用，生产甲、乙产品生产工时分别为：800 小时、600 小时。

(3) 按机器工时比例分别计算甲、乙产品应分摊的制造费用,生产甲、乙产品机器工时分别为:600 小时、400 小时。

表 1-43

制造费用分配表

编制单位: 年 月 日

产品名称	分配标准(生产工人工资)	分配率	分配金额(元)
甲产品			
乙产品			
合 计			

表 1-44

制造费用分配表

编制单位: 年 月 日

产品名称	分配标准(生产工时)	分配率(元/小时)	分配金额(元)
甲产品			
乙产品			
合 计			

表 1-45

制造费用分配表

编制单位: 年 月 日

产品名称	分配标准(机器工时)	分配率(元/小时)	分配金额(元)
甲产品			
乙产品			
合 计			

任务小结

制造费用的归集与分配

基础知识
- 制造费用的归集
- 制造费用的分配方法
- 制造费用分配表的编制

账务处理
- 根据制造费用分配表填制记账凭证
- 根据记账凭证登记相关总账及明细账账簿

任务剖析
- 根据“制造费用”明细账归集制造费用
- 按照合适的分配标准在各种产品间分配制造费用

工作任务 1-6　废品损失的归集与分配

为了完成与废品损失核算相关的工作任务，我们需要学习和掌握哪些基本知识和技能？

任务描述

本任务是对涉及废品损失的耗费进行核算，根据“废品通知单”等原始凭证编制废品损失计算表，并对废品损失的归集与分配进行账务处理。

知识搜索

1-6-1　什么是废品损失

废品是指不符合规定的技术标准、不能按照原定用途使用或需要加工修理才能使用的在产品、半成品或产成品。按废品能否修复分为可修复废品和不可修复废品。可修复废品是指技术上可以修复，并且在修复费用上经济合算的废品；不可修复废品是指技术上不可修复，或者交付的修复费用在经济上不合算的废品。

废品损失是指由于生产原因产生废品而造成的损失。具体而言，不可修复废品产生的损失是指不可修复废品的成本扣除回收的残料价值及责任人赔偿后的净额；可修复废品产生的损失是指可修复废品在返修过程中发生的修复费用扣除回收残料价值及责任人赔偿后的净额。

企业发生的废品损失应计入合格产品的成本。

【知识小提示】

有些产品发生损失时，不计入废品损失，而应计入管理费用。如：

(1) 入库后的合格品，由于保管不善等原因而发生损坏变质的产品。

(2) 质量虽不符合规定标准，经检定可以不需返修即可进行降价出售或使用的产品。

(3) 实行产品包退、包修和包换的企业，在产品出售后发现废品所发生的损失等。

1-6-2　废品损失核算的原始凭证

生产加工产品的工业企业，为了考核和控制废品损失，应该由质检人员填制“废品通知单”。“废品通知单”一式三联，可由生产部门填制，也可由质检部门在发现废品时填制。“废品通知单”一联由生产部门存查。一联交质检部门，一联交财务部门核算废品损失。“废品通知单”所列项目由财务部门和质检部门审核无误后，才能作为核算废品损失的原始凭证。废品通知单格式如表 1-46 所示。

表 1-46

废品通知单

<table>
<tr><td colspan="3">零件名称</td><td colspan="3"></td><td colspan="2">批次数量</td><td colspan="2"></td><td>来料批次</td><td></td></tr>
<tr><td colspan="3">零件图号</td><td colspan="3"></td><td colspan="2">废品数量</td><td colspan="2"></td><td>废品单号</td><td></td></tr>
<tr><td colspan="4">质量特性值</td><td colspan="3">实测值</td><td colspan="3">差值</td><td colspan="2">说明</td></tr>
<tr><td colspan="4"></td><td colspan="3"></td><td colspan="3"></td><td colspan="2" rowspan="3"></td></tr>
<tr><td colspan="4"></td><td colspan="3"></td><td colspan="3"></td></tr>
<tr><td colspan="4"></td><td colspan="3"></td><td colspan="3"></td></tr>
<tr><td rowspan="2">产生废品原因</td><td>操作工粗心大意</td><td>图纸工艺不合理</td><td>原材料不合格</td><td>设备故障</td><td>版本更新</td><td>调试报废</td><td></td><td></td><td>其他</td><td colspan="2">责任评定：
责任人签名：</td></tr>
<tr><td></td><td></td><td></td><td></td><td></td><td></td><td></td><td></td><td></td><td colspan="2"></td></tr>
</table>

检验员：　　　　　　　　质检部：　　　　　　　　厂部：

注：一式三联；质检部一联（白），车间一联（红）、仓库一联（黄）。

1-6-3 废品损失的核算方式

在单独核算废品损失的企业中，废品损失应根据废品损失计算表和废品损失分配表等有关凭证，通过“废品损失”账户进行核算。“废品损失”账户应按车间设置明细账，按产品品种和成本项目登记废品损失的详细资料。“废品损失”账户的借方归集不可修复废品的生产成本和可修复废品的修复费用；贷方登记废品残料回收的价值和应收的个人赔偿款，以及应由本月生产的同种产品承担的废品净损失，即从“废品损失”账户贷方转入“生产成本——基本生产成本”账户的借方，该账户期末无余额。

【知识小提示】

在不单独核算废品损失的企业中，不可修复废品只扣除产量，而不结转成本；可修复废品的修复费用直接记入“生产成本——基本生产成本”明细账的有关成本项目。废品的残料价值及责任人的赔偿可直接冲减“生产成本——基本生产成本”明细账中的“直接材料”“直接人工”成本项目。

1-6-4 废品损失的计算及账务处理

1. 不可修复废品损失的计算及账务处理

在废品报废时将废品和合格品实际发生的全部生产费用按一定的分配标准(如工时比例),在合格品和废品之间进行分配。

小小案例

明光电子配件制造厂2019年6月生产汽车配件328件,入库时发现不可修复废品8件。合格品生产工时为4 800工时,废品生产工时为120工时。该配件生产成本明细账中登记的合格品和废品共同发生的生产费用为:直接材料17 056元,直接人工12 792元,制造费用13 530元,合计43 378元。回收废品残料96元。原材料是生产开始一次性投入。直接材料费用按合格品和废品数量比例分配;其他费用按生产工时比例分配。

根据资料编制"废品损失计算表",如表1-47所示。

表1-47

废品损失计算表

车间名称:生产车间　　　　产品名称:汽车配件

废品数量:8件　　　　2019年6月　　　　金额单位:元

项　目	数　量	原材料	生产工时	直接人工	制造费用	合　计
费用总额	328	17 056	4 920	12 792	13 530	43 378
费用分配率		52		2.6	2.75	—
废品实际成本	8	416	120	312	330	1 058
减:残料价值		96				96
废品损失		320	120	312	330	962

根据"废品损失计算单"填制记账凭证如表1-48、表1-49和表1-50所示。

表1-48

记 账 凭 证

2019年06月30日　　　　记字 第042号

摘　要	会计科目		借方金额							贷方金额							记账
	总账科目	明细科目	万	千	百	十	元	角	分	万	千	百	十	元	角	分	
结转废品实际成本	废品损失	汽车配件		1	0	5	8	0	0								
	生产成本	基本生产车间——汽配									1	0	5	8	0	0	
附单据1张	合　　计		¥	1	0	5	8	0	0	¥	1	0	5	8	0	0	

会计主管:李华　　复核:王建　　记账:肖婷　　出纳:何灵　　制单:刘刚

表 1-49

记 账 凭 证

2019 年 06 月 30 日　　　　记字 第 043 号

摘　要	会计科目		借方金额						贷方金额						记账
	总账科目	明细科目	千	百	十	元	角	分	千	百	十	元	角	分	
结转废品残料价值	原材料				9	6	0	0							
	废品损失	汽车配件									9	6	0	0	
附单据 1 张	合　计			¥	9	6	0	0		¥	9	6	0	0	

会计主管：李华　　复核：王建　　记账：肖婷　　出纳：何灵　　制单：刘刚

表 1-50

记 账 凭 证

2019 年 06 月 30 日　　　　记字 第 044 号

摘　要	会计科目		借方金额						贷方金额						记账
	总账科目	明细科目	千	百	十	元	角	分	千	百	十	元	角	分	
结转废品损失	生产成本	基本生产成本——汽配		9	6	2	0	0							
	废品损失	汽车配件								9	6	2	0	0	
附单据 1 张	合　计		¥	9	6	2	0	0	¥	9	6	2	0	0	

会计主管：李华　　复核：王建　　记账：肖婷　　出纳：何灵　　制单：刘刚

根据记账凭证登记基本生产成本明细账如表 1-51 所示。

2. 可修复废品损失的计算及账务处理

可修复废品的损失是指在返修过程中发生的修复费用扣除回收的残料价值和责任人赔偿后的净额。可修复废品返修以前发生的费用在“生产成本——基本生产成本”账户及有关成本计算单中反映，不必转出。可修复废品返修发生的各种费用，应根据各种费用分配表，记入“废品损失”账户的借方。回收的残料价值和应收的赔款，应从“废品损失”账户的贷方，转入“原材料”和“其他应收款”账户的借方。最后，废品修复费用减去残料价值和赔款后的废品净损失，应从“废品损失”账户的贷方转入“生产成本——基本生产成本”账户的借方，在所属有关的成本明细账中，记入“废品损失”成本账户。

小小案例

明光电子配件制造厂 2019 年 6 月生产摩托车配件 500 件，入库时发现可修复废品 25 件。修复共耗费原材料 180 元，工资 200 元，制造费用 60 元，应向过失人索赔 100 元。

表 1-51

生产成本明细账

第 1 页

账户名称：生产成本——基本生产成本——汽车配件

2019年		凭证字号	摘要	借方									贷方									借或贷	余额									（借方）金额分析																																						
																																原材料									薪酬费用									制造费用									废品损失								
月	日			百	十	万	千	百	十	元	角	分	百	十	万	千	百	十	元	角	分		百	十	万	千	百	十	元	角	分	百	十	万	千	百	十	元	角	分	百	十	万	千	百	十	元	角	分	百	十	万	千	百	十	元	角	分	百	十	万	千	百	十	元	角	分
6	30	（略）	材料费用分配表			1	7	0	5	6	0	0										借			1	7	0	5	6	0	0			1	7	0	5	6	0	0																											
6	30		工资费用分配表			1	2	7	9	2	0	0										借			2	9	8	4	8	0	0												1	2	7	9	2	0	0																		
6	30		制造费用分配表			1	3	5	3	0	0	0										借			4	3	3	7	8	0	0																					1	3	5	3	0	0	0									
6	30		转出不可修复废品成本				1	0	5	8	0	0										借			4	2	3	2	0	0	0					4	1	6	0	0					3	1	2	0	0					3	3	0	0	0									
6	30		转入不可修复废品净损失					9	6	2	0	0										借			4	3	2	8	2	0	0																																9	6	2	0	0

注："转出不可修复废品成本"行的"（借方）金额分析"各栏金额为红字。

根据资料填制记账凭证如表 1-52、表 1-53 和表 1-54 所示。

表 1-52

记 账 凭 证

2019 年 06 月 30 日　　　　记字 第 045 号

摘　要	会计科目		借方						贷方						记账
	总账科目	明细科目	千	百	十	元	角	分	千	百	十	元	角	分	
结转废品实际成本	废品损失	摩托车配件		4	4	0	0	0							
	原材料									1	8	0	0	0	
	应付职工薪酬	工资								2	0	0	0	0	
	制造费用										6	0	0	0	
附单据 1 张	合　计		¥	4	4	0	0	0	¥	4	4	0	0	0	

会计主管：李华　　复核：王建　　记账：肖婷　　出纳：何灵　　制单：刘刚

表 1-53

记 账 凭 证

2019 年 06 月 30 日　　　　记字 第 046 号

摘　要	会计科目		借方						贷方						记账
	总账科目	明细科目	千	百	十	元	角	分	千	百	十	元	角	分	
结转废品赔偿款	其他应收款			1	0	0	0	0							
	废品损失	摩托车配件								1	0	0	0	0	
附单据 1 张	合　计		¥	1	0	0	0	0	¥	1	0	0	0	0	

会计主管：李华　　复核：王建　　记账：肖婷　　出纳：何灵　　制单：刘刚

表 1-54

记 账 凭 证

2019 年 06 月 30 日　　　　记字 第 047 号

摘　要	会计科目		借方						贷方						记账
	总账科目	明细科目	千	百	十	元	角	分	千	百	十	元	角	分	
结转废品净损失	生产成本	基本生产成本——摩配		3	4	0	0	0							
	废品损失	摩托车配件								3	4	0	0	0	
附单据 1 张	合　计		¥	3	4	0	0	0	¥	3	4	0	0	0	

会计主管：李华　　复核：王建　　记账：肖婷　　出纳：何灵　　制单：刘刚

根据记账凭证登记基本生产成本明细账如表 1-55 所示。

表 1-55

生产成本明细账

第 1 页

账户名称：生产成本——基本生产成本——摩托车配件

2019 年		凭证字号	摘要	借方	贷方	借或贷	余额	(借方)金额分析			
月	日							原材料	薪酬费用	制造费用	废品损失
6	30	(略)	材料费用分配表	12500.00		借	12500.00	12500.00			
6	30		工资费用分配表	15000.00		借	27500.00		15000.00		
6	30		制造费用分配表	9600.00		借	37100.00			9600.00	
6	30		转入可修复废品净损失	340.00		借	37440.00				340.00

任务实操

【任务实操】 练习废品损失的归集与分配。

【任务描述】 2019 年 10 月，纬创制造厂生产甲产品 1 000 个，生产过程中发现 10 个不可修复废品。甲产品成本明细账归集的生产费用为：直接材料 22 000 元，直接人工 5 800 元，制造费用 5 950 元，合计 33 750 元。原材料在生产开始时一次投入。生产工时为：合格品 1 500 小时，废品 100 小时，合计 1 510 小时。废品回收的残料计价 120 元。另外，甲产品生产过程中发现 20 件可修复废品，当即进行修复，耗用原材料 500 元，工资费用 180 元，制造费用 150 元。此外，应向过失人索赔 100 元。

【任务要求】 编制“废品损失计算表”（见表 1-56），并编制相应分录。

表 1-56

废品损失计算表

年　　月　　　　　　　　　　金额单位：元

项　目	数量	原材料	生产工时	直接人工	制造费用	合　计
生产费用合计						
费用分配率						
不可修复废品成本						
可修复废品成本						
废品生产成本合计						
减：废品残料						
应收赔偿款						
废品损失						

任务小结

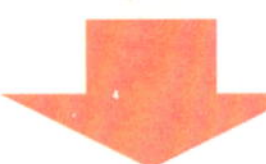

废品损失的归集与分配

基础知识
- 什么是废品损失
- 废品损失核算的原始凭证
- 废品损失的核算方式
- 废品损失的计算

账务处理
- 根据废品损失计算表填制记账凭证
- 根据记账凭证登记相关总账及明细账账簿

任务剖析
- 先从生产成本中转出属于废品损失的部分
- 将转出的废品损失扣除回收残值后的净值再转回生产成本

工作任务 1-7　停工损失的归集与分配

为了完成与停工损失核算相关的工作任务，我们需要学习和掌握哪些基本知识和技能？

任务描述

本任务是对涉及停工损失的耗费进行核算，根据“停工报告单”等原始凭证确认停工损失，并对停工损失的归集与分配进行账务处理。

知识搜索

1-7-1　什么是停工损失

停工损失是指企业的生产分厂、车间或班组在停工期间所发生的损失费用。它包括停工期间发生的材料费、动力和燃料费，应支付的工人工资、职工福利费和应由停工单位负担的制造费用以及发生非常灾害造成的损失等。

发生停工损失的原因有很多，归纳起来，主要有以下几种：季节性停工、设备大修理期间的停工、待料停工、生产任务未及时下达造成的停工、工人操作不当造成的停工等。

对于不同原因造成的停工损失，其分配结转的方法也不同。在实际工作中，停工不满1个工作日的，不计算停工所造成的损失。

1-7-2　停工损失核算的原始凭证

“停工报告单”是计算停工损失的主要原始凭证，应由生产单位有关人员填写，报送厂部有关部门，积极查明原因，尽快恢复生产。该单应列明停工范围、时数、原因及过失单位，并要查明原因，明确责任单位或个人。只有审核无误的“停工报告单”，才能作为核算停工损失的原始凭证。停工报告单格式如表1-57所示。

表 1-57

停工报告单

编号			
部门		停工时间	
停工范围		原生产产品	
原因			
影响			
批示		采取措施	

现场主管：　　　　　　　　　　　　　　　　　　　　生产室：

注：本表由生产部门发出经现场主管填妥后呈厂长批示后存生产室。

1-7-3 停工损失的核算方式

单独核算停工损失的企业应专设“停工损失”总分类账户，该账户借方归集本月发生的停工损失费用，贷方登记分配结转的停工损失费用，结转后无余额。同时，在基本生产成本明细账的成本项目中增设“停工损失”一栏。

“停工损失”账户应按车间和成本项目进行明细核算。停工损失由于产生的原因不同，其分配结转的方法也不同。对于应由过失人或者保险公司赔偿的停工损失，从“停工损失”账户的贷方转入“其他应收款”账户的借方；属于自然灾害等原因造成的非正常停工损失，从“停工损失”账户的贷方转入“营业外支出”账户的借方；季节性停工损失、修理期间产生的停工损失，从“停工损失”账户的贷方转入“制造费用”账户；对于其他原因造成的停工损失，比如应由本月产品负担的部分，则转入“生产成本——基本生产成本”账户的借方。如果停工车间的产品种类较多，则应当采用合理的分配标准，分别计入本车间生产的各类产品成本。

1-7-4 停工损失的账务处理

小小案例

明光电子配件制造厂 2019 年 6 月生产汽车配件期间由于设备大修停工 2 天，停工期间支付工人工资 5 000 元，负担制造费用 2 000 元，损失计入成本；由于供电公司停电造成停工 2 天，停工期间支付工人工资 2 000 元，负担制造费用 500 元，供电公司同意赔偿损失 1 000 元，净损失计入营业外支出。

根据资料填制记账凭证如表 1-58 和表 1-59 所示。

表 1-58

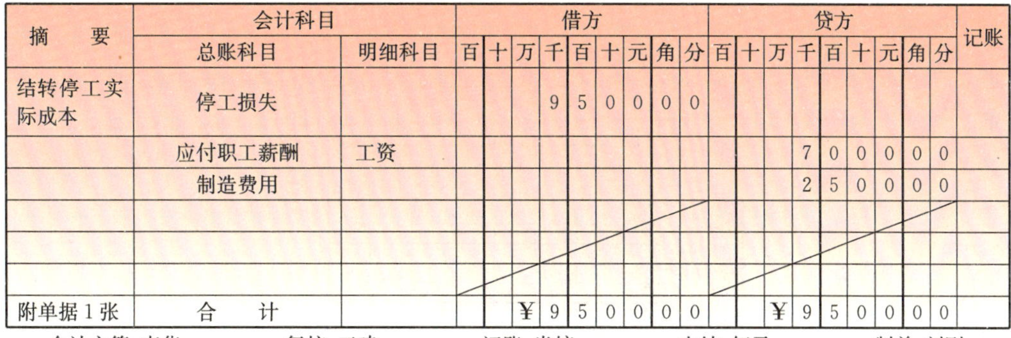

记 账 凭 证

2019 年 06 月 30 日　　　　　　记字 第 048 号

摘要	会计科目		借方									贷方									记账
	总账科目	明细科目	百	十	万	千	百	十	元	角	分	百	十	万	千	百	十	元	角	分	
结转停工实际成本	停工损失					9	5	0	0	0	0										
	应付职工薪酬	工资													7	0	0	0	0	0	
	制造费用														2	5	0	0	0	0	
附单据 1 张	合　　计				¥	9	5	0	0	0	0			¥	9	5	0	0	0	0	

会计主管：李华　　复核：王建　　记账：肖婷　　出纳：何灵　　制单：刘刚

表 1-59

记 账 凭 证

2019 年 06 月 30 日　　　　　　记字 第 049 号

摘要	会计科目		借方							贷方							记账
	总账科目	明细科目	万	千	百	十	元	角	分	万	千	百	十	元	角	分	
结转停工净损失	生产成本	基本生产成本——汽配		7	0	0	0	0	0								
	其他应收款			1	0	0	0	0	0								
	营业外支出			1	5	0	0	0	0								
	停工损失										9	5	0	0	0	0	
附单据 1 张	合　　计		¥	9	5	0	0	0	0	¥	9	5	0	0	0	0	

会计主管：李华　　复核：王建　　记账：肖婷　　出纳：何灵　　制单：刘刚

根据记账凭证登记基本生产成本明细账如表 1-60 所示。

表 1-60

第 1 页

生产成本明细账

账户名称：生产成本——基本生产成本——汽车配件

2019年 月	日	凭证字号	摘要	借方	贷方	借或贷	余额	(借方)金额分析 原材料	薪酬费用	制造费用	废品损失	停工损失
6	30	(略)	材料费用分配表	17056.00		借	17056.00	17056.00				
6	30		工资费用分配表	12792.00		借	29848.00		12792.00			
6	30		制造费用分配表	13530.00		借	43378.00			13530.00		
6	30		转出不可修复废品成本	1058.00		借	42320.00	416.00	312.00	330.00		
6	30		转入不可修复废品净损失	962.00		借	43282.00				962.00	
6	30		转入停工损失	7000.00		借	50282.00					7000.00

注："转出不可修复废品成本"行的"(借方)金额分析"各栏金额为红字。

任务实操

【任务实操】 练习停工损失的归集与分配。

【任务描述】 2019 年 12 月，纬创制造厂进行季节性设备大修理，停工 3 天，停工期间领用原材料维护设备 3 000 元，支付人工费用 6 600 元，分摊制造费用 5 000 元，损失计入成本。另外，由于暴雨导致机器设备损坏停工 2 天，停工期间支付人工 4 000 元，分摊制造费用 800 元，由于购买了自然灾害和财产险，保险公司同意赔偿损失 1 500 元，净损失计入营业外支出。

【任务要求】 编制“停工损失计算表”(见表 1-61)，并编制相应分录。

表 1-61

废品损失计算表

年　　月　　　　　　　　　　金额单位:元

项　目	原材料	直接人工	制造费用	合　计
设备大修理停工损失				
机器设备损坏停工损失				
停工损失合计				
应收赔偿款				
停工净损失				

任务小结

停工损失的归集与分配
基础知识
● 什么是停工损失
● 停工损失核算的原始凭证
● 停工损失的核算方式
账务处理
● 根据确认的停工损失填制记账凭证
● 根据记账凭证登记相关总账及明细账账簿
任务剖析
● 归集停工期间的各项费用计入停工损失
● 根据停工损失产生的原因转出停工损失，如果停工车间的产品种类较多，则应当采用合理的分配标准，在各产品间进行分配

自我测评

一、单项选择题

1. 辅助生产费用各种分配方法中计算结果最正确,适用于实行会计电算化企业的是(　　)。
   A. 计划成本分配法
   B. 交互分配法
   C. 代数分配法
   D. 直接分配法
2. 属于产品成本项目的是(　　)。
   A. 生产费用
   B. 销售费用
   C. 财务费用
   D. 管理费用
3. 下列方法中,最基本的成本计算方法是(　　)。
   A. 品种法
   B. 分批法
   C. 分步法
   D. 分类法
4. 辅助生产费用在交互分配后的实际费用要在(　　)分配。
   A. 辅助车间以外的各受益部门
   B. 各受益单位之间
   C. 各辅助生产车间
   D. 各基本生产车间之间
5. 应计入产品成本而不能分清产品负担的材料、人工等费用,应是(　　)。
   A. 不计入产品成本
   B. 按一定的标准分配计入产品成本
   C. 直接计入产品成本
   D. 直接冲减本期损益
6. 生产过程中或入库后发现的各种废品损失,不包括(　　)。
   A. 修复废品的人工工资
   B. 修复废品领用的材料
   C. 不可修复废品的报废损失
   D. 管理不善所造成的产品变质损失
7. 辅助生产费用的直接分配法,是在(　　)。
   A. 各受益单位之间进行分配
   B. 受益的各辅助生产车间之间的分配
   C. 辅助生产车间以外的其他受益单位之间分配
   D. 受益的各基本生产车间之间的分配
8. 不可修复废品应负担的原材料费用为 1 000 元,加工费用 500 元;收回残料价值 200 元,应由过失人赔款 300 元,则废品净损失应为(　　)元。

A. 1 000

B. 1 300

C. 1 200

D. 1 500

9. 生产工人工资比例分配法适用于(　　)。

A. 季节性生产的车间

B. 工时定额较准确的车间

C. 各种产品生产的机械化程度差不多的车间

D. 机械化程度较高的车间

10. 辅助生产费用采用计划成本法进行分配时,为了简化计算,辅助生产劳务成本差异一般计入(　　)。

A. 管理费用

B. 制造费用

C. 生产成本

D. 营业外损益

二、多项选择题

1. 制造费用的分配方法,主要包括(　　)。

A. 生产工时比例法

B. 生产工人工资比例法

C. 机器工时比例法

D. 年度计划分配率分配法

E. 直接分配法

2. 制造企业一般设置的三项产品成本项目有(　　)。

A. 直接材料

B. 直接人工

C. 燃料及动力

D. 制造费用

3. 下列各项中,属于成本构成要素费用的有(　　)。

A. 材料费用要素

B. 动力费用要素

C. 人工费用要素

D. 制造费用要素

4. 计算废品净损失时,应考虑的内容有(　　)。

A. 生产过程中发现的不可修复废品的生产成本

B. 可修复废品的修复费用

C. 废品的残值

D. 废品的应收赔款

E. 入库后发现的生产过程中造成的不可修复废品的生产成本

5. 分配辅助生产费用的各种方法中,有交互分配性质的有(　　)。

A. 交互分配法

B. 代数分配法

C. 计划成本分配法

D. 直接分配法

E. 顺序分配法

三、判断题(正确的打"√",错误的打"×")

1. 辅助生产车间提供的产品劳务,都是为生产产品服务的。 ( )
2. 制造费用与产品的生产工艺有直接联系,因而都是直接计入费用。 ( )
3. 各种辅助生产费用分配方法的共同点,是在各辅助生产内部进行交互分配。 ( )
4. 采用顺序分配法分配辅助生产费用时,其顺序应该是受益多的排列在后,受益少的排列在前。 ( )
5. 辅助生产费用的直接分配法,就是将辅助生产费用直接分配给除辅助生产车间之外的产品或劳务的方法。 ( )
6. 采用交互分配法分配辅助生产费用时,对外分配的辅助生产费用,应为交互分配前的费用加上交互分配时分配转入的费用。 ( )
7. 采用计划成本分配法分配辅助生产费用时,计算出的辅助生产车间实际发生的费用,是完全的实际费用。 ( )
8. 在采用计时工资情况下,只生产一种产品,生产人员工资及福利费应直接计入该种产品成本。 ( )
9. 可修复废品返修以前发生的费用,应转出至"废品损失"账户中进行成本核算。 ( )
10. 可修复废品是指经过修理可以使用的废品。 ( )

项目 2

生产费用在完工产品与在产品之间的分配

能力目标

专业能力：能够较熟练识别与生产相关的资料；熟悉生产费用在完工产品与在产品之间分配的方法和程序，熟练进行相关账务处理。

方法和学习能力：锻炼对复杂信息的分析和处理能力；提高对事务的逻辑分析能力，有利于培养耐心、细致、严谨的学习态度。

个人和社会能力：强化与相关方的沟通协调能力，培养团队合作意识。

技能要求

1. 能够判定在产品的核算方法。
2. 会编制成本计算单。
3. 能进行完工产品入库的账务处理。

工作任务2 生产费用在完工产品与在产品之间的分配

为了将生产费用在完工产品与在产品之间进行分配，我们需要学习和掌握哪些基本知识和技能？

任务描述

本任务是根据企业该月的生产及生产费用情况，采用合理的分配方法，编制产品成本计算单，将该月生产费用在完工产品与在产品之间进行分配，并对分配后的结果进行账务处理。

知识搜索

2-1 在产品及其与完工产品成本的关系

企业的在产品是指已经投入生产，但尚未最后完工，不能作为商品销售的产品。在产品有广义和狭义之分。广义的在产品是指产品从投料开始，到最终制成产成品交付验收入库前的一切产品。狭义的在产品仅指本生产车间或生产步骤正在加工尚未完成的产品。该车间或生产步骤完工的半成品不包括在内。一般情况下，如果不作特殊说明，在产品均指狭义在产品。

通过前述各项费用的归集与分配，基本生产车间本月发生的各项费用已集中反映到“生产成本——基本生产成本”账户借方。

月末，如果本期生产产品全部完工，即没有在产品，则本月生产费用全部转为完工产品的总成本。

月末，如果本期生产产品全部未完工，则本月生产费用即为期末在产品总成本。

月末，多数情况下，企业既有完工产品，又有在产品，在产品与完工产品成本之间满足下列关系：

期初在产品成本＋本期生产费用＝本期完工产品成本＋期末在产品成本

显然，等式左边是已知数。问题是，如何将生产费用在完工产品与在产品之间进行分配？

2-2 生产费用在完工产品与在产品之间的分配方法

在产品成本核算(一)

企业常用的完工产品与在产品成本的分配方法有以下两类。

1. 倒算法

将上述完工产品与在产品成本关系的公式作以下变形:

本期完工产品成本 = 期初在产品成本 + 本期生产费用 − 期末在产品成本

因此,可先用简单方法确定期末在产品成本,再倒挤出完工产品成本。倒算法也称扣除法,包括:不计在产品成本法、在产品成本按年初数固定计算法、在产品按所耗原材料费用计算法、在产品按定额成本计算法等。

2. 比例法

将本月生产费用按一定比例在完工产品与在产品之间进行分配,从而求得完工产品与在产品成本,包括:定额比例法、约当产量法等。

1) 不计在产品成本法

月末不分摊成本,当月归集的生产费用全部作为当月完工产品的成本。

小小案例

明光电子配件制造厂 2019 年 7 月生产甲产品发生直接材料费用 62 000 元,直接人工费用 88 000 元,制造费用 46 000 元,期末完工产品 98 件,在产品 2 件,其产品成本计算单如表 2-1 所示。

表 2-1

产品成本计算单

产品名称:甲产品　　　　完工产品数量:98 件

金额单位:元　　　　2019 年 7 月　　　　在产品数量:2 件

项　目	直接材料	直接人工	制造费用	合　计
期初在产品成本	0	0	0	0
本月发生生产费用	62 000	88 000	46 000	196 000
生产费用合计	62 000	88 000	46 000	196 000
完工产品成本	62 000	88 000	46 000	196 000
单位成本(元/件)	632.65	897.96	469.39	2 000
期末在产品成本	0	0	0	0

【知识小提示】

对于在产品数量很少,且各月变动不大的企业,在产品成本计算与否,对完工产品成本影响不大,为简化核算工作,可以不计算在产品成本。如自来水厂、发电厂、采矿厂等。

2）在产品成本按年初数固定计算法

在产品成本按年初数固定计算法简称“固定成本法”，指月末在产品成本固定按年初成本计算。

小小案例

明光电子配件制造厂2019年7月生产乙产品发生直接材料费用37 000元，直接人工费用56 000元，制造费用29 000元，期末完工产品400件，在产品120件，期初在产品含材料成本7 800元，人工成本3 600元，制造费用成本2 600元，成本计算单如表2-2所示。

表2-2

产品成本计算单

产品名称：乙产品　　　　完工产品数量：400件

金额单位：元　　　　2019年7月　　　　在产品数量：120件

项　　目	直接材料	直接人工	制造费用	合　计
期初在产品成本	7 800	3 600	2 600	14 000
本月发生生产费用	37 000	56 000	29 000	122 000
生产费用合计	44 800	59 600	31 600	136 000
完工产品成本	37 000	56 000	29 000	122 000
单位成本(元/件)	92.5	140	72.5	305
期末在产品成本	7 800	3 600	2 600	14 000

【知识小提示】

对于各月月末在产品数量变动不大的企业，月初、月末在产品成本的差额对完工产品成本影响不大，每年年终计算12月月末在产品实际成本，次年1～11月均以上1年12月月末的在产品成本作为各月在产品成本。冶炼或化工等有固定容器装置的企业可以采用这种方法。

3）在产品按所耗原材料费用计算法

在产品按所耗原材料费用计算法简称“只计材料法”，指月末在产品成本只计算其所耗用的原材料费用，而将其他费用全部由当期完工产品负担。

小小案例

明光电子配件制造厂2019年7月生产丙产品发生直接材料费用47 000元，直接人工费用53 000元，制造费用19 000元，期末完工产品1 600件，在产品300件，期初在产品含材料成本15 000元，其产品成本计算单如表2-3所示。

表 2-3

产品成本计算单

产品名称:丙产品　　　　　　　　　　　　　　　　　　　　完工产品数量:1 600 件
金额单位:元　　　　　　　　2019 年 7 月　　　　　　　　在产品数量:300 件

项　　目	直接材料	直接人工	制造费用	合　计
期初在产品成本	15 000	0	0	15 000
本月发生生产费用	47 000	53 000	19 000	119 000
生产费用合计	62 000	53 000	19 000	134 000
完工产品成本	52 210.56	53 000	19 000	124 210.56
单位成本(元/件)	32.631 6	33.125	11.875	77.631 6
期末在产品成本	9 789.48	0	0	9 789.44

注:材料费用按完工产品与在产品数量比分配。

【知识小提示】

“只计材料法”适用于原材料费用在产品成本中所占比重较大,期末在产品数量较多,且各期在产品数量变化较大,特别是原材料在生产开始时一次性投入的情况下使用,如纺织、造纸和酿酒等企业。

4) 在产品按定额成本计算法

在产品按定额成本计算法简称“定额计价法”,根据月末在产品数量和单位定额计算月末在产品成本。

在产品成本核算(二)

小小案例

明光电子配件制造厂 2019 年 7 月生产丁产品月初在产品和本月生产费用合计为直接材料费用 42 000 元,直接人工费用 68 000 元,制造费用 31 000 元,期末完工产品 640 件,在产品 16 件,期末在产品完成定额工时 200 小时。丁产品在产品单位材料定额为 50 元,每小时人工定额费用为 70 元,每小时制造费用定额为 30 元。其产品成本计算单如表 2-4 所示。

表 2-4

产品成本计算单

产品名称:丁产品　　　　　　　　　　　　　　　　　　　　完工产品数量:640 件
金额单位:元　　　　　　　　2019 年 7 月　　　　　　　　在产品数量:16 件

项　　目	直接材料	直接人工	制造费用	合　计
生产费用合计	42 000	68 000	31 000	141 000
完工产品成本	41 200	54 000	25 000	120 200
单位成本(元/小时)	64.38	84.38	39.06	187.81
期末在产品成本	800(50×16)	14 000(200×70)	6 000(200×30)	20 800

【知识小提示】

对于定额管理工作较好,消耗定额相对比较稳定,各月月末在产品数量变化不大的企业,可以采用此种方法。

5) 定额比例法

按完工产品与在产品的定额耗用量(定额成本)的比例分配生产费用。

小小案例

明光电子配件制造厂2018年7月生产戊产品月初在产品和本月生产费用合计为直接材料费用57 000元,直接人工费用36 000元,制造费用18 000元,期末完工产品450件,在产品150件,原材料为生产开始时一次性投入,在产品加工程度为80%,戊产品的单位材料定额为90元;单位工时定额为30小时。其产品成本计算单如表2-5所示。

表2-5

产品成本计算单

产品名称:戊产品　　　　完工产品数量:450件

金额单位:元　　　　2018年7月　　　　在产品数量:150件

项　目	直接材料	直接人工	制造费用	合　计
生产费用合计	57 000	36 000	18 000	111 000
完工产品总定额	40 500	13 500	13 500	—
在产品总定额	13 500	3 600	3 600	—
分配率	1.055 6	2.105 3	1.052 6	—
完工产品成本	42 751.80	28 421.55	14 210.10	85 383.45
单位成本(元/小时)	95.00	63.16	31.58	189.74
期末在产品成本	14 248.20	7 578.45	3 789.90	25 616.55

【知识小提示】

对于定额管理工作较好,消耗定额相对比较稳定,各月月末在产品数量变化较大的企业,可以采用此种方法。

6) 约当产量法

将月末在产品数量按其投料程度或完工程度折合成相当于完工产品的数量,然后将本期的生产费用按照月末完工产品数量和在产品约当产量比例进行分配。如月末在产品为10件,平均完工程度为50%,则相当于完工产品为5件。

产品的成本主要分为材料、人工和制造费用三大类,每类成本投入产品中去的方式是不同的,因此,同样数量的在产品其每类成本的约当计算方法不同,最后的约当产量也不同。如月末在产品10件,如果该产品是一次投料生产,则从材料角度相当于10件产成品,而从人工角度可能只相当于5件产成品。

约当产量比例法(一)

约当产量比例法(二)

Ⅰ. 用于分配"直接材料"的在产品约当产量计算

在产品直接材料的约当产量是按投料程度来计算的，因为在产品的材料成本与在产品的投料程度密切相关，而与完工程度关系不大。生产过程中材料的投入方式一般有以下三种。

a. 原材料在生产开始时一次性投入

完工产品与在产品所包含的材料是相同的，即原材料在完工产品与在产品的投料程度均为 100%，此时，在产品的约当产量与在产品数量是相同的。

小小案例

明光电子配件制造厂的生产分两道工序进行，月末分别有在产品 400 件，完工产品 1 000 件，每件产品在生产开始时一次性投料 160 千克；月初在产品和本月生产费用合计为直接材料 86 000 元，直接人工 67 000 元，制造费用 52 000 元，相关信息如表 2-6 和表 2-7 所示。

表 2-6

约当产量计算表

生产工序	投料程度	约当产量(件)
Ⅰ	$\frac{160}{160}\times 100\%=100\%$	400×100%=400
Ⅱ	$\frac{160}{160}\times 100\%=100\%$	400×100%=400
合　计	—	800

表 2-7

产品成本计算单

产品名称：××产品　　2018 年 7 月　　完工产品数量：1 000 件　金额单位：元

项　目	直接材料	直接人工	制造费用	合　计
生产费用合计	86 000	67 000	52 000	205 000
完工产品产量	1 000	1 000	1 000	
在产品约当产量	800			
约当总产量	1 800			
分配率	47.777 8			
完工产品成本	47 777.8			
单位成本(元/千克)	47.78			
期末在产品成本	38 222.2			

b. 原材料在每道工序开始时一次性投入

每道工序的月末在产品所含的材料费用为截至该道工序的累计投料额，月末在产品按各工序的投料程度来折算约当产量。

小小案例

仍以明光电子配件制造厂的数据为例，但投料方式为每件产品在第一道工序开始时一次性投料 40 千克，在第二道工序开始时一次性投料 120 千克，相关信息如表 2-8 和表 2-9 所示。

表 2-8

约当产量计算表

生产工序	投料程度	约当产量(件)
Ⅰ	$\frac{40}{160}\times 100\%=25\%$	400×25%=100
Ⅱ	$\frac{40+120}{160}\times 100\%=100\%$	400×100%=400
合　计	—	500

表 2-9

产品成本计算单

产品名称:××产品　　2019 年 7 月　　完工产品数量:1 000 件　　金额单位:元

项　目	直接材料	直接人工	制造费用	合　计
生产费用合计	86 000	67 000	52 000	205 000
完工产品产量	1 000	1 000	1 000	
在产品约当产量	500			
约当总产量	1 500			
分配率	57.333 30			
完工产品成本	57 333.30			
单位成本	57.33			
期末在产品成本	28 666.70			

c. 原材料在生产过程中陆续投入

每道工序的月末在产品所含的材料费用为截至该道工序的前一工序累计应投料额加上该道工序应投料额的 50%，月末在产品按各工序的投料程度来折算约当产量。

小小案例

仍以明光电子配件制造厂的数据为例，但投料方式为每件产品在第一道工序陆续投料 40 千克，在第二道工序陆续投料 120 千克，相关信息如表 2-10 和表 2-11 所示。

表 2-10

约当产量计算表

生产工序	投料程度	约当产量(件)
Ⅰ	$\frac{40\times50\%}{160}\times100\%=12.5\%$	400×12.5%=50
Ⅱ	$\frac{40+120\times50\%}{160}\times100\%=62.5\%$	400×62.5%=250
合　计	—	300

表 2-11

产品成本计算单

产品名称:××产品　　2019 年 7 月　　完工产品数量:1 000 件
金额单位:元

项　目	直接材料	直接人工	制造费用	合　计
生产费用合计	86 000	67 000	52 000	205 000
完工产品产量	1 000	1 000	1 000	
在产品约当产量	300			
约当总产量	1 300			
分配率	66.153 8			
完工产品成本	66 153.80			
单位成本	66.15			
期末在产品成本	19 846.20			

Ⅱ.用于分配“直接人工”及“制造费用”的在产品约当产量计算

在产品的人工及制造费用的约当产量是按加工程度来计算的,人工及制造费用在生产过程中的投入方式为陆续投入,与材料陆续投入的性质相同,因此,“直接人工”及“制造费用”的在产品约当产量的算法与材料陆续投入的算法是相同的。所不同的是,投料程度以原材料重量、体积等为计算单位,而加工程度以生产工时为计算单位。

小小案例

仍以明光电子配件制造厂的数据为例,各道工序的生产工时分别为 30 小时和 20 小时,约当产量计算如表 2-12 和表 2-13 所示。

表 2-12

约当产量计算表

生产工序	加工程度	约当产量(件)
Ⅰ	$\frac{30\times50\%}{30+20}\times100\%=30\%$	400×30%=120
Ⅱ	$\frac{30+20\times50\%}{50}\times100\%=80\%$	400×80%=320
合　计	—	440

表 2-13

产品成本计算单

完工产品数量:1 000 件

产品名称:××产品　　　　2019 年 7 月　　　　金额单位:元

项　目	直接材料	直接人工	制造费用	合　计
生产费用合计	86 000	67 000	52 000	205 000
完工产品产量	1 000	1 000	1 000	—
在产品约当产量	300	440	440	—
约当总产量	1 300	1 440	1 440	—
分配率	66.153 8	46.527 8	36.111 1	—
完工产品成本	66 153.80	46 527.80	36 111.10	148 792.70
单位成本	66.15	46.53	36.11	148.79
期末在产品成本	19 846.20	20 472.20	15 888.90	56 207.30

注:假定材料为陆续投入。

【知识小提示】

约当产量法适用范围较广,当月月末在产品数量较大,而且变化也大,不宜采用其他分配方法时,采用此种方法最为合适。

2-3 生产费用分配后的账务处理

根据"产品成本计算单"填制记账凭证如表 2-14 所示。

表 2-14

记 账 凭 证

2019 年 06 月 30 日　　　　记字 第 048 号

摘　要	会计科目		借方									贷方									记账
	总账科目	明细科目	百	十	万	千	百	十	元	角	分	百	十	万	千	百	十	元	角	分	
完工产品入库	库存商品	××产品		1	4	8	7	9	2	7	0										
	生产成本	基本生产成本——××产品											1	4	8	7	9	2	7	0	
附单据 1 张	合　计		¥	1	4	8	7	9	2	7	0	¥	1	4	8	7	9	2	7	0	

会计主管:李华　　复核:王建　　记账:肖婷　　出纳:何灵　　制单:刘刚

根据记账凭证登记生产成本明细账如表 2-15 所示。

表 2-15

生产成本明细账

第 1 页

账户名称：生产成本——基本生产成本——××产品

2019年 月	日	凭证字号	摘要	借方	贷方	借或贷	余额	（借方）金额分析 制造费用	直接材料	直接人工
7	31	（略）	材料费用分配表	86000.00		借	86000.00	86000.00		
7	31		工资费用分配表	67000.00		借	153000.00		67000.00	
7	31		制造费用分配表	52000.00		借	205000.00			52000.00
7	31		完工产品入库转出		148792.70	借	56207.30	66153.80	46527.80	36111.10
7	31		本月合计	205000.00	148792.70	借	56207.30	19846.20	20472.20	15888.90

注："完工产品入库转出"行的"（借方）金额分析"各栏金额为红字。

任务实操

【任务描述】 纬创制造厂生产甲、乙、丙、丁四种产品，2019 年 12 月有关资料如下。

(1) 本月完工产品与月末在产品产量资料如表 2-16 所示。

表 2-16

完工产品与月末在产品产量

单位：件

产品名称	完工产品数量	月末在产品数量	
		数　量	完工程度
甲产品	95	5	40%
乙产品	500	100	60%
丙产品	300	80	50%
丁产品	640	160	95%

(2) 月初及本月发生的生产费用如表 2-17 和表 2-18 所示。

表 2-17

月初在产品成本

金额单位：元

产品名称	直接材料	直接人工	制造费用	合计
甲产品				
乙产品	7 800	3 600	2 900	14 300
丙产品	28 500			28 500
丁产品	15 500	8 200	7 500	31 200

表 2-18

本月发生的生产费用

金额单位：元

产品名称	直接材料	直接人工	制造费用	合计
甲产品	57 900	24 500	21 600	104 000
乙产品	86 400	34 600	52 000	173 000
丙产品	36 540	12 860	16 200	65 600
丁产品	43 200	21 570	34 430	99 200

【任务要求】

(1) 月末甲产品未完工产品较少，月末不计算在产品成本。根据表 2-16 和表2-18 的有关资料，登记甲产品成本计算单，计算甲产品完工产品的总成本及单位成本。

(2) 乙产品每月月末在产品数量较大，但月末在产品数量变动不大，在产品按固定成本计价。根据表2-16、表2-17和表2-18的有关资料，登记乙产品成本计算单，计算乙产品完工产品成本与月末在产品成本。

(3) 丙产品的原材料在生产开始时一次性投入，产品成本中原材料费用所占比重较大。根据表2-16、表2-17和表2-18的有关资料，登记丙产品成本计算单，按在产品所耗原材料计价法分配丙产品完工产品与月末在产品成本。

(4) 丁产品原材料在生产开始时一次性投入，在产品完工程度为95%，根据表2-16、表2-17和表2-18的有关资料，登记丁产品成本计算单，计算完工产品成本与月末在产品成本。

(5) 编制完工产品成本汇总表，结转完工入库产品成本(金额保留两位小数)。

【操作过程】

(1) 根据不计在产品成本法，登记、计算甲产品完工产品成本，如表2-19所示。

表2-19

产品成本计算单

产品名称：　　　　完工产品数量：
金额单位：元　　　　年　　月　　　　在产品数量：

年		摘　要	直接材料	直接人工	制造费用	合　计
月	日					
		月初在产品成本				
		本月发生生产费用				
		生产费用合计				
		完工产品成本				
		单位成本				
		月末在产品成本				

(2) 根据在产品按固定成本计价法，登记、计算乙产品完工产品成本及月末在产品成本，如表2-20所示。

表2-20

产品成本计算单

产品名称：　　　　完工产品数量：
金额单位：元　　　　年　　月　　　　在产品数量：

年		摘　要	直接材料	直接人工	制造费用	合　计
月	日					
		月初在产品成本				
		本月发生生产费用				
		生产费用合计				
		完工产品成本				
		单位成本				
		月末在产品成本				

(3) 根据在产品按所耗原材料计价法，登记、计算丙产品完工产品成本及月末在产品成本，如表 2-21 所示。

表 2-21

产品成本计算单

产品名称：　　　　　　　　　　　　　　　完工产品数量：
金额单位：元　　　　　　年　　月　　　　在产品数量：

年		摘　要	直接材料	直接人工	制造费用	合　计
月	日					
		月初在产品成本				
		本月发生生产费用				
		生产费用合计				
		完工产品成本				
		单位成本				
		月末在产品成本				

(4) 根据在产品按完工产品成本计价法，登记、计算丁产品完工产品成本及月末在产品成本，如表 2-22 所示。

表 2-22

产品成本计算单

产品名称：　　　　　　　　　　　　　　　完工产品数量：
金额单位：元　　　　　　年　　月　　　　在产品数量：

年		摘　要	直接材料	直接人工	制造费用	合　计
月	日					
		月初在产品成本				
		本月发生生产费用				
		生产费用合计				
		完工产品产量				
		在产品约当产量				
		约当总产量				
		分配率				
		完工产品成本				
		单位成本				
		月末在产品成本				

(5) 编制完工产品成本汇总表，结转完工入库产品成本，如表 2-23 所示。

表 2-23

完工产品成本汇总表

金额单位:元

成本项目	甲产品		乙产品		丙产品		丁产品	
	总成本	单位成本	总成本	单位成本	总成本	单位成本	总成本	单位成本
直接材料								
直接人工								
制造费用								
合　计								

任务小结

生产费用在完工产品与在产品之间的分配

基础知识
- 在产品及其与完工产品成本的关系
- 生产费用在完工产品与在产品之间的分配方法

账务处理
- 根据产品成本计算单填制记账凭证
- 根据记账凭证登记相关总账及明细账账簿

任务剖析
- 根据企业在产品的特点选择合适的生产费用分配方法
- 采用倒算法或比例法分配生产费用

自我测评

一、单项选择题

1. 不计算在产品成本的方法,适用于(　　)。
   A. 能制定比较准确的消耗定额的情况
   B. 月末在产品数量变动不大的情况
   C. 原材料费用在产品成本中所占比重较大的情况
   D. 月末在产品数量很小的情况
2. 某产品在产品数量较小,或者数量虽大但各月之间在产品数量变化不大,月初、月末在产品成本的差额对完工产品成本的影响不大,为了简化核算工作,可采用(　　)。
   A. 不计算在产品成本的方法
   B. 在产品按所耗的原材料费用计算

C. 按年初数固定计算在产品成本
D. 定额比例法

3. 如果某种产品所耗原材料费用在产品成本中所占比重很大,在产品成本的确定可使用的方法是(　　)。
A. 约当产量法
B. 在产品按固定成本法
C. 在产品按所耗原材料费用计算法
D. 在产品按完工产品成本法

4. 采用在产品按固定成本计价时应具备的条件是(　　)。
A. 月末在产品数量大且不稳定
B. 月末在产品数量较小
C. 月末在产品数量大
D. 月初、月末在产品数量变化不大

5. 如果企业定额管理基础较好,能够制定比较准确、稳定的消耗定额,各月月末在产品数量变化较大的产品,应采用(　　)。
A. 定额比例法
B. 在产品按定额成本计价法
C. 在产品按所耗原材料费用计价法
D. 在产品按固定成本计价法

6. 若原材料随加工进度陆续投入,则原材料费用应按(　　)比例分配。
A. 数量
B. 约当产量
C. 定额工时
D. 定额费用

7. 在产品按所耗原材料费用计价法,适用于(　　)。
A. 各月在产品数量变化较大的产品
B. 各月月末在产品数量较大的产品
C. 原材料费用在成本中所占比重较大的产品
D. 同时具备以上三个条件的产品

8. 按完工产品和月末在产品数量比例分配计算完工产品和月末在产品的原材料费用,必须具备的条件是(　　)。
A. 原材料随生产进度陆续投入
B. 原材料在生产开始时一次投入
C. 原材料消耗定额比较准确稳定
D. 产品成本中原材料费用比重较大

9. 原材料在每道工序开始时一次投料的情况下,分配原材料费用的在产品投料程度为(　　)。
A. 在产品所在工序原材料消耗定额除以完工产品原材料消耗定额
B. 在产品所在工序原材料消耗定额的一半除以完工产品原材料消耗定额
C. 在产品所在工序原材料累计消耗定额除以完工产品原材料消耗定额
D. 在产品所在工序原材料累计消耗定额的一半除以完工产品原材料消耗定额

二、多项选择题

1. 生产费用在完工产品与在产品之间的分配方法中,常用的分配方法有(　　)。

A. 在产品按完工产品计算法

B. 定额成本法

C. 定额比例法

D. 约当产量法

E. 不计算在产品成本法

2. 采用约当产量比例法，必须正确计算在产品的约当产量，而在产品约当产量计算正确与否取决于产品完工程度的测定，测定在产品完工程度的方法有(　　)。

A. 按50%平均计算各工序完工率

B. 分工序分别计算完工率

C. 按定额比例法计算

D. 按定额工时计算

E. 按原材料消耗定额

3. 按完工产品和月末在产品数量比例分配计算完工产品和在产品成本，必须符合的条件有(　　)。

A. 在产品已近完工

B. 原材料在生产开始时一次投料

C. 各项消耗定额比较准确

D. 月末在产品已经加工完成，但尚未验收入库

4. 采用定额比例法分配完工产品和在产品费用，应具备的条件有(　　)。

A. 消耗定额比较准确

B. 消耗定额比较稳定

C. 各月月末在产品数量变化较大

D. 各月月末在产品数量变化不大

E. 各月月末产成品数量变化较大

5. 完工产品与月末在产品之间分配费用的约当产量法可以用来分配(　　)。

A. 直接材料费用

B. 直接人工费用

C. 制造费用

D. 管理费用

三、判断题(正确的打"√"，错误的打"×")

1. 各月月末在产品数量变化不大的产品，可以不计算月末在产品成本。(　　)

2. 对于各月月末在产品数量较少的企业，月末在产品成本可以忽略不计。(　　)

3. 如果一项产品的原材料不是在生产开始时一次投入，也不是加工时陆续投入(原材料投入程度与加工进度或生产工时投入程序不一致)，此时分配原材料费用的完工率按每一工序的原材料消耗定额计算。(　　)

4. 后边工序在产品多加工的程序可以弥补前边工序少加工的程度，所以全部在产品的完工程序可以按50%平均计算。(　　)

5. 生产费用在完工产品和月末在产品之间分配的方法有很多，企业可根据所生产产品的特点及管理情况而定。一旦采用某种方法，不应随意变动，以便不同时期的产品成本具有可比性。(　　)

6. 采用在产品按所耗直接材料费用计算法时，加工费用全部由完工产品承担。(　　)

7. 采用约当产量法在完工产品和在产品之间分配原材料费用，如果原材料是分工序在各工序开始时投入，在产品的数量按实际数量计算。(　　)

8. 采用在产品按定额成本计价法时，月末在产品的定额成本与实际成本的差异全部由完工产品成

本承担。 ( )

9. 采用在产品按定额成本计价法，由于技术进步，劳动熟练程度提高而降低了当月消耗定额以后，反而会使完工产品成本相对地提高。 ( )

10. 在产品定额成本计算法下完工产品和在产品都以定额成本来反映。 ( )

项 目 3

利用品种法核算产品成本

能力目标

专业能力：能够较熟练识别与生产相关的资料；熟悉品种法的核算程序，根据企业或车间各产品生产情况分产品品种进行成本核算，熟练进行相关账务处理。

方法和学习能力：锻炼对复杂信息的分析和处理能力；提高对事务的逻辑分析能力，有利于培养耐心、细致、严谨的学习态度。

个人和社会能力：强化与相关方的沟通协调能力，培养团队合作意识。

技能要求

1. 能够识别并收集有关资料。

2. 会编制各种费用要素分配表。

3. 能够计算完工产品与在产品的成本，编制产品成本计算单和“基本生产成本明细账”。

4. 能进行要素费用归集与分配的账务处理。

工作项目描述

1. 企业简介

企业名称:广东思源方便面厂

企业地址:广东省海珠市沙坪路243号

纳税性质:一般纳税人

开户银行:中国银行珠江分行

账号:20067992321008。

会计主管:王新　出纳员:张强　记账会计:赵娜

2. 生产基本情况

广东思源方便面厂是一个大量、大批单步骤生产的有限公司,该厂设有一个基本生产车间和两个辅助生产车间。其主要产品有:油炸方便面和非油炸方便面;生产所需主要材料有食用油、面粉、调味料等。此外,生产中还需要一些修理工具及劳保用品,如工作服、工作帽、袖套、毛巾、肥皂等。

两种产品之间费用分配的方法:共同耗用原材料按照定额耗用量比例法分配;共同耗用生产工人工资及提取的职工福利费、工会经费和职工教育经费按生产工时比例法在两种产品之间分配;共同耗用外购动力、车间制造费用也按生产工时比例法进行分配。

两个辅助生产车间之间分配费用的方法:该厂开设有机修和供电两个辅助生产车间,分别为企业提供修理服务和供电劳务。由于两个辅助车间之间劳务交互量较少,因此采用直接分配法进行分配(辅助车间不设“制造费用”明细账)。

生产损失的分配方法:油炸方便面本月共生产40 000件,经检验合格品为39 980件,不可修复废品20件,平均加工程度为60%。其中,油炸方便面不可修复废品损失按实际成本计算,非油炸方便面不可修复废品损失按定额成本计算。企业单独设置“废品损失”“停工损失”账户。另外,“基本生产成本”账户下设置“废品损失”“停工损失”明细账户进行核算。

月末生产费用在完工产品和在产品之间分配的方法:原材料费用在生产开始时一次投入,直接人工费用、燃料与动力费用和制造费用发生均衡。因此,主要材料按完工产品和月末在产品的实际数量进行分配;工资、职工福利费、燃料与动力及制造费用按完工产品产量和月末在产品约当产量的比例进行分配。

3. 会计资料

(1)广东思源方便面厂2019年12月的生产月报资料如表3-1所示。

表 3-1

12 月生产月报表

2019 年 12 月 31 日　　　　单位:箱

产品名称	月初在产品数量	本月投产	完工产品数量	月末在产品数量
油炸方便面	10 000	50 000	40 000	20 000
非油炸方便面	20 000	70 000	80 000	10 000
合　计	30 000	120 000	120 000	30 000

会计主管:王新　　　　制单:王建

(2) 广东思源方便面厂“原材料”账户 2019 年 12 月 1 日的月初余额如表 3-2、表 3-3 和表 3-4 所示。

表 3-2

原材料　进销存明细账

总第　　页
分第　　页

部类________　产地________　单位__千克__　规格________　品名__食用油__

2019年		凭证字号	摘要	收入											发出											结存										
月	日			数量	单价	金额									数量	单价	金额									数量	单价	金额								
						百	十	万	千	百	十	元	角	分			百	十	万	千	百	十	元	角	分			百	十	万	千	百	十	元	角	分
12	1		期初余额																							6 000	7.43			4	4	5	8	0	0	0

表 3-3

原材料　进销存明细账

总第　　页
分第　　页

部类________　产地________　单位__千克__　规格________　品名__面粉__

2019年		凭证字号	摘要	收入											发出											结存										
月	日			数量	单价	金额									数量	单价	金额									数量	单价	金额								
						百	十	万	千	百	十	元	角	分			百	十	万	千	百	十	元	角	分			百	十	万	千	百	十	元	角	分
12	1		期初余额																							78 000	3.28		2	5	5	8	4	0	0	0

表 3-4

原材料　进销存明细账　　　　　　　　　　总第　　页
　　　　　　　　　　　　　　　　　　　　分第　　页

部类＿＿＿＿　产地＿＿＿＿　单位＿千克＿　规格＿＿＿＿　品名＿调味料＿

2019年		凭证字号	摘要	收入											发出											结存										
月	日			数量	单价	金额									数量	单价	金额									数量	单价	金额								
						百	十	万	千	百	十	元	角	分			百	十	万	千	百	十	元	角	分			百	十	万	千	百	十	元	角	分
12	1		期初余额																							5 000	2.6			1	3	0	0	0	0	0

(3) 广东思源方便面厂“周转材料”账户 2019 年 12 月 1 日的月初余额如表 3-5 和表 3-6 所示。

表 3-5

低值易耗品　进销存明细账　　　　　　　　总第　　页
　　　　　　　　　　　　　　　　　　　　分第　　页

部类＿＿＿＿　产地＿＿＿＿　单位＿把＿　规格＿＿＿＿　品名＿修理用工具＿

2019年		凭证字号	摘要	收入											发出											结存										
月	日			数量	单价	金额									数量	单价	金额									数量	单价	金额								
						百	十	万	千	百	十	元	角	分			百	十	万	千	百	十	元	角	分			百	十	万	千	百	十	元	角	分
12	1		期初余额																							32	40				1	2	8	0	0	0

表 3-6

低值易耗品　进销存明细账

总第　　页
分第　　页

部类________　　产地________　　单位＿套＿　　规格________　　品名＿劳保用品＿

2019年		凭证字号	摘要	收入											发出											结存										
月	日			数量	单价	金额									数量	单价	金额									数量	单价	金额								
						百	十	万	千	百	十	元	角	分			百	十	万	千	百	十	元	角	分			百	十	万	千	百	十	元	角	分
12	1		期初余额																							60	15					9	0	0	0	0

(4) 12 月材料采购情况如下，采购费用按所采购材料数量比例法进行分配，如表 3-7 至表 3-10 所示。

表 3-7

北京市增值税专用发票

N0　012385

国家税务总局
北京税务局

开票日期:2019 年 12 月 01 日

购货单位	名　　　　称:广东思源方便面厂 纳税人员识别号:410102631020208 地址、电话:沙坪路 243 号 开户及账号:中行 20067992321008			密码区	(略)		
货物或应税劳务名称	规格型号	单位	数量	单价	金额	税率	税额
食用油 面粉 调味料			20 000 120 000 90 000	6.93 2.88 1.92	138 600.00 345 600.00 172 800.00	16% 16% 16%	22 176.00 55 296.00 27 648.00
合　计					657 000.00		105 120.00
价税合计(大写)	⊗柒拾陆万贰仟壹佰贰拾元整				(小写)￥762 120.00		
销货单位	名　　　　称:北京市物通公司 纳税人员识别号:(略) 地址、电话:(略) 开户及账号:(略)			备注			

北京市物通公司
发票专用章

第二联抵扣联　购货方记账凭证

销货单位(章)　　收款人:　　复核:韩童　　开票人:李丽

表 3-8

中国银行转账支票存根

支票号码　120101

科　　目________________

对方科目________________

出票日期 2019 年 12 月 02 日

收款人:北京市物通公司
金　额:¥762 120.00
用　途:支付材料款
备　注

单位主管:王新　　　会计:李杨

复核:　　　　　　　记账:

表 3-9

货物运输业增值税专用发票　　　NO 00643816

3600131730

00643816

开票日期:2019 年 12 月 02 日

承运人及纳税人识别号	北京站货运部 360104834082705	密码区	（略）	
实际受票方及纳税人识别号	广东思源方便面厂 410102631020208			
收货人及纳税人识别号	广东思源方便面厂 410102631020208	发货人及纳税人识别号	北京市物通公司（略）	
起运地、经由、到达地	由北京起始至广东海珠市			
费用项目及金额	费用项目　金额 运费　116 000.00	运输货物信息	食用油　20 000 千克 面粉　120 000 千克 调味料　90000 千克	

合计金额	¥116 000.00	税率	10%	税额	¥11 600.00	机器编号	
价税合计(大写)	⊗壹拾贰万柒仟陆佰元整			（小写）	¥127 600.00		
车种车号		车船吨位					
主管税务机关及代码	北京市地方税务局南湖区征收管理局			备注			

北京站货运部 发票专用章

收款人:　　　复核人:　　　开票人:　　　承运人(章)

第三联　发票联　受票方记账凭证

表 3-10

中国银行转账支票存根

支票号码 120103

科　　目＿＿＿＿＿＿＿＿

对方科目＿＿＿＿＿＿＿＿

出票日期 2019 年 12 月 02 日

收款人:北京站货运部
金　额:¥116 000.00
用　途:支付运杂费
备　注

单位主管:王新　　会计:李杨

复核:　　记账:

(5) 12 月材料领用情况如表 3-11 至表 3-19 所示。其中,原材料采用先进先出法进行核算,低值易耗品采用一次转销法进行核算。

表 3-11

领　料　单

领料单位:生产车间　　编号:011001

金额单位:元　　2019 年 12 月 02 日　　仓库:1 号库

材料类别	材料名称	规格型号	单位	数　量		单价	金额	用途
				请领	实发			
主要材料	食用油	101	千克	6 000	6 000			生产油炸方便面
	面粉	102	千克	150 000	150 000			共同生产使用
	调味料	103	千克	4 200	4 200			生产非油炸方便面
备　注	合　计							

发料人:孙帅　　领料人:王林　　记账:刘刚

表 3-12

领　料　单

领料单位:生产车间　　编号:012001

金额单位:元　　2019 年 12 月 02 日　　仓库:2 号库

材料类别	材料名称	规格型号	单位	数　量		单价	金额	用途
				请领	实发			
低值易耗品	修理工具	201	把	9	9			车间修理
	劳保用品	202	套	20	20			车间消耗
备　注	合　计							

发料人:孙帅　　领料人:王林　　记账:刘刚

表 3-13

领　料　单

领料单位:机修车间　　　　　　　　　　　　　　　　　　　　　　编号:021002
金额单位:元　　　　　　2019 年 12 月 03 日　　　　　　　　　　仓库:2 号库

材料类别	材料名称	规格型号	单位	数量		单价	金额	用途
				请领	实发			
低值易耗品	修理工具	201	把	20	20			车间修理
	劳保用品	202	套	5	5			车间消耗
备　注	合　计							

发料人:孙帅　　　　　　　　　　领料人:王林　　　　　　　　　　记账:刘刚

表 3-14

领　料　单

领料单位:机修车间　　　　　　　　　　　　　　　　　　　　　　编号:121002
金额单位:元　　　　　　2019 年 12 月 04 日　　　　　　　　　　仓库:2 号库

材料类别	材料名称	规格型号	单位	数量		单价	金额	用途
				请领	实发			
低值易耗品	劳保用品	202	套	5	5			车间修理
备　注	合　计							

发料人:孙帅　　　　　　　　　　领料人:王林　　　　　　　　　　记账:刘刚

表 3-15

领　料　单

领料单位:供电车间　　　　　　　　　　　　　　　　　　　　　　编号:012003
金额单位:元　　　　　　2019 年 12 月 05 日　　　　　　　　　　仓库:2 号库

材料类别	材料名称	规格型号	单位	数量		单价	金额	用途
				请领	实发			
低值易耗品	劳保用品	202	套	5	5			车间消耗
备　注	合　计							

发料人:孙帅　　　　　　　　　　领料人:王林　　　　　　　　　　记账:刘刚

表 3-16

领 料 单

领料单位:生产车间　　　　编号:121005
金额单位:元　　　　2019 年 12 月 05 日　　　　仓库:1 号库

材料类别	材料名称	规格型号	单位	数量		单价	金额	用途
				请领	实发			
主要材料	面粉	102	千克	5 000	5 000			共同生产使用
	调味料	103	千克	80 000	80 000			生产非油炸方便面
备　注	合　计							

发料人:孙帅　　　　领料人:王林　　　　记账:刘刚

表 3-17

领 料 单

领料单位:管理部门　　　　编号:012004
金额单位:元　　　　2019 年 12 月 05 日　　　　仓库:2 号库

材料类别	材料名称	规格型号	单位	数量		单价	金额	用途
				请领	实发			
低值易耗品	劳保用品	202	套	15	15			消耗
备　注	合　计							

发料人:孙帅　　　　领料人:王林　　　　记账:刘刚

表 3-18

领 料 单

领料单位:生产车间　　　　编号:121004
金额单位:元　　　　2019 年 12 月 20 日　　　　仓库:1 号库

材料类别	材料名称	规格型号	单位	数量		单价	金额	用途
				请领	实发			
主要材料	调味料	103	千克	5 800	5 800			生产非油炸方便面
备　注	合　计							

发料人:孙帅　　　　领料人:王林　　　　记账:刘刚

(6) 该厂生产的油炸方便面、非油炸方便面两种产品共同耗用的面粉须按照定额耗用量比例法进行分配,单位产品材料消耗定额表如表 3-20 所示。

(7) 该厂基本生产车间员工实行计时和计件工资制。本月生产车间共完工 120 000 件,计件单价 0.35 元/件,以生产车间各班组月工资标准为分配标准计算计件工资。此外,各辅助车间和管理部门实行计时工资制,相关缺勤工资发放标准及工资计算如表 3-21 和表 3-22 所示。

表 3-19

领料单

领料单位:生产车间　　　　编号:121005

金额单位:元　　2019 年 12 月 20 日　　仓库:1 号库

材料类别	材料名称	规格型号	单位	数量		单价	金额	用途
				请领	实发			
主要材料	面粉	102	千克	7 000	7 000			共同生产使用
	调味料	103	千克	200	200			生产非油炸方便面
备　注	合　计							

发料人:孙帅　　领料人:王林　　记账:刘刚

表 3-20

单位产品面粉消耗定额表

产　品	投产量(箱)	单位产品消耗定额(千克/箱)
油炸方便面	50 000	1.98
非油炸方便面	70 000	1.78

表 3-21

缺勤扣除标准

缺勤原因	病假	事假	工伤
日工资发放率(%)	90	80	100

表 3-22

工资计算单

单位:机修车间　　2019 年 12 月　　金额单位:元

序号	姓名	工龄	月标准工资	出勤	缺勤			奖金	各种补贴			各种扣款		
					病假	事假	工伤		夜班	岗位	副食	水电	保险	其他
1	李江涛	30	6 500	19	3			2 500	2 500	2 200	1 500	320.5	2 800	
2	王　志	17	6 000	22				2 000	2 500	1 800	1 500	298.6	2 400	
3	许　飞	15	6 000	22				2 000	2 500	1 800	1 500	268.1	2 200	
4	段朋飞	15	4 500	22				2 000	2 500	1 800	1 500	275.2	2 200	
5	王　朋	14	4 500	22				2 000	2 500	1 800	1 500	195.3	2 200	
合计								105 000	12 500	9 400	7 500	1 357.7	11 800	

(8) 两种产品共同耗用生产工人工资按照生产工时比例法进行分配,生产工时统计如表 3-23 所示。

表 3-23

生产工时统计表

产品名称	生产工时(小时)
油炸方便面	6 000
非油炸方便面	4 000
合　计	10 000

(9) 12月发生其他费用和支出业务如表3-24至表3-36所示。其中,水费和财产保险费分配按比例、外购动力的分配按照劳务供应通知单。

表 3-24

广东省增值税专用发票　　　　N0 006032

国家税务总局 发票监制章

开票日期:2019年12月18日

购货单位	名　　称:广东思源方便面厂 纳税人员识别号:040309800036 地址、电话:沙坪路243号 开户行及账号:中国银行 20067992321008			密码区	(略)		
货物或应税劳务名称	规格型号	单位	数量	单价	金额	税率	税额
自来水		吨	6 665	2.4	15 996.00	16%	2 559.36
合　计					15 996.00		2 559.36
价税合计(大写)	⊗壹万捌仟伍佰伍拾伍元叁角陆分						(小写)¥18 555.36
销货单位	名　　称:海珠自来水有限公司 纳税人员识别号:(略) 地址、电话:(略) 开户及账号:(略)			备注	海珠自来水有限公司 发票专用章		

收款人:　　复核:　　开票人:王红　　销货单位(章)(略)

表 3-25

委托收款凭证(支款通知)　　委收号码:234536

劳务　　委托日期:2019年12月18日　　5　　付款日期2019年12月25日

付款人	全　称	广东思源方便面厂	收款人	全　称	海珠自来水有限公司									
	账号或地址	20067992321008		账号或地址	234-043271									
	开户银行	中国银行海珠分行		开户银行	工商银行海珠分行									
委收金额	人民币(大写)	壹万伍仟玖佰玖拾陆元整		千	百	十	万	千	百	十	元	角	分	
							1	5	9	9	6	0	0	
款项内容	水费	委托收款凭证名称			附寄单证张数									
			付款人注意: 1. 应于见票当日通知开户银行划款。 2. 如需拒付,应在规定期限内,将拒付理由书并附责任证明交退开户银行。 (中国银行海珠分行 转讫)											

单位主管　　会计　　复核　　记账　　付款人员开户银行盖章　　年　月　日

表 3-26

广东省增值税专用发票

N0 0098721

开票日期:2019 年 12 月 19 日

购货单位	名　　称:广东思源方便面厂 纳税人员识别号:040309800036 地址、电话:沙坪路 243 号 开户行及账号:中国银行 20067992321008			密码区	（略）		
货物或应税劳务名称	规格型号	单位	数量	单价	金额	税率	税额
电		度	37 121	0.8	29 696.80	16%	4 751.49
合　计					29 696.80		4 751.49
价税合计(大写)	⊗叁万肆仟肆佰肆拾捌元贰角玖分				（小写）¥344 48.29		
销货单位	名　　称:海珠电力有限公司 纳税人员识别号:(略) 地址、电话:(略) 开户及账号:(略)			备注	海珠电力有限公司 发票专用章		

收款人:　　复核:　　开票人:王红　　销货单位(章)(略)

表 3-27

委托收款凭证(支款通知)　　委收号码:234536

劳务　　委托日期:2019 年 12 月 19 日　　**5**　　付款日期 2019 年 12 月 25 日

付款人	全　称	广东思源方便面厂	收款人	全　称	海珠电力有限公司
	账号或地址	20067992321008		账号或地址	234-043298
	开户银行	中国银行海珠分行		开户银行	工商银行海珠分行

委收金额	人民币(大写)	贰万玖仟陆佰玖拾陆元捌角整	千	百	十	万	千	百	十	元	角	分
						2	9	6	9	6	8	0

款项内容	电费	委托收款凭证名称		附寄单证张数	
			中国银行 海珠分行 转讫 付款人注意: 1. 应于见票当日通知开户银行划款。 2. 如需拒付,应在规定期限内,将拒付理由书并附责任证明交退开户银行。		

单位主管　　会计　　复核　　记账　　付款人员开户银行盖章　　年　月　日

表 3-28

劳务供应通知单

2019 年 12 月　　　　单位:度

受益单位	耗电量
基本生产车间	19 979
供电车间	4 689
机修车间	5 623
厂部管理部门	6 830
合　计	37 121

会计主管:王新　　会计:王建　　记账:赵娜　　制单:王建

表 3-29

其他应收账款明细账

金额单位:元

月份	摘　　要	借方	贷方	借或贷	余额
10	预付第四季度保险费	15 000		借	15 000
	其中:基本生产车间　40%				
	供电车间　30%				
	机修车间　20%				
	厂部管理部门　10%				
10	本月摊销		5 000	借	10 000
11	本月摊销		5 000	借	5 000
12	本月摊销		5 000	平	0

表 3-30

预提银行借款利息提取计算表

2019 年 12 月　　　　金额单位:元

项　目	金　额
本季度 10 月份提取数	1 200
本季度 11 月份提取数	1 200
本季度 12 月份提取数	1 200
合　计	3 600

表 3-31

中国银行转账支票存根

支票号码 120104

科　　目＿＿＿＿＿＿＿＿

对方科目＿＿＿＿＿＿＿＿

出票日期 2019 年 12 月 25 日

收款人:文化商店
金　额:¥630.00
用　途:办公用品(厂部)
备　注

单位主管:王新　　会计:李杨

复核:　　记账:

表 3-32

海珠市商业零售统一发票

国家税务总局 发票监制章

发票联

NO:0057786

客户名称:广东思源方便面厂　　2019 年 12 月 25 日

货号	品名及规格	单位	数量	单价	金额
	打印纸	包	18	30.00	540.00
	笔　盒	盒	9	10.00	90.00
合计金额	⊗仟 陆 佰 叁 拾 零 元 零 角 零 分				¥630.00
结算方式	现金	开户银行及账号			

大商百货公司 发票专用章

收款单位(盖章有效):　　收款人:金宁　　开票人:王生

表 3-33

中国银行转账支票存根

支票号码 120108

科　　目＿＿＿＿＿＿＿＿

对方科目＿＿＿＿＿＿＿＿

出票日期 2019 年 12 月 26 日

收款人:胜利机修厂
金　额:¥3 380.00
用　途:修理费
备　注

单位主管:王新　　会计:李杨

复核:　　记账:

表 3-34

中国银行转账支票存根

支票号码 002126

科　　目____________

对方科目____________

出票日期 2019 年 12 月 26 日

收款人:市邮电费
金　额:¥6 526.00
用　途:邮电费
备　注

单位主管:王新　　会计:李杨

复核:　　记账:

表 3-35

其他费用分配表

2019 年 12 月　　金额单位:元

应借账户			成本或费用项目	金额
总账科目	明细科目			
生产成本	辅助生产成本	机修车间	修理费	1 200
		供电车间	邮电费等	2 105
制造费用	基本生产车间		修理费	850
			邮电费等	900
管理费用	厂部管理部门		修理费	1 330
			邮电费等	3 521
合计				9 906

表 3-36

固定资产情况一览表

2019 年 12 月　　金额单位:元

部门	固定资产名称	原　值	月折旧率
生产车间	设备	1 000 000	0.2%
	厂房	200 000	0.5%
	运输设备	500 000	0.6%
供电车间	设备	630 000	0.8%
	房屋建筑物	250 000	0.2%
机修车间	房屋建筑物	200 000	0.2%
行政管理部门	房屋建筑物	180 000	0.4%
	设备	160 000	0.7%
	运输设备	650 000	0.5%
合　计		3 770 000	

会计主管:王新　　会计:王建　　记账:赵娜　　制单:王建

(10) 12 月辅助生产车间劳务供应数量及收益情况如表 3-37 所示。

表 3-37

辅助生产车间劳务供应数量及受益情况

2019 年 12 月　　金额单位:元

辅助车间名称		供电车间	机修车间
提供产品和劳务数量		41 000(度)	5 200(工时)
受益单位耗用劳务数量	供电车间	—	200
	机修车间	1 000	—
	油炸方便面	10 000	—
	基本生产车间	25 000	4 000
	厂部管理部门	5 000	1 000

(11) 油炸方便面本月修复废品 30 件,已修复完工,根据本月“返修废品领料单”提供的资料,修复油炸方便面领用材料实际成本为 50 元,修复实耗工时 4 小时,工资费用 4 元/小时,燃料及动力费用 3 元/小时。

(12) 非油炸方便面本月共生产 70 000 件,完工验收入库时发现不可修复废品 20 件,废品损失按定额成本计算。有关定额资料:单位产品原材料消耗定额为 1.78 千克,工时消耗定额为 0.6 小时,直接人工费用为 5 元/小时,燃料及动力费用为 3 元/小时。废品残料处理回收现金 100 元,过失人赔偿损失 80 元,废品通知单如表 3-38 所示。

表 3-38

废品通知单

2019 年 12 月

产品名称	非油炸方便面				
报废工序	和面	生产部门	生产车间		
操作者	张哲	检验员	王云		
废品记录	原材料	面粉		材料单价	3.38 元/千克
	报废数	20			
	单件耗料	1.78(千克)	单件工时	0.6(小时)	
	总耗料		总工时		
	损失金额		残　值		

(13) 本月由于设备大修理,所以停工 5 天。根据有关“材料费用分配表”“工资及福利费分配表”和“制造费用分配表”,生产车间停工期间应支付生产工人工资 4 000 元,应提取职工福利费 560 元,应分摊制造费用 800 元。经厂长和有关主管人员审核,确定生产车间停工属于正常停工,其损失计入成本,停工报告单如表 3-39 所示。

表 3-39

停工报告单

2019 年 12 月

编号	1201		
部门	生产车间	停工时间	12.10～12.14(5 天)
停工范围		生产产品	油炸方便面 非油炸方便面
原因	设备大修理		
影响			
批示		采取措施	

(14) 本月生产月报详细资料如表 3-40 所示。

表 3-40

完工产品与月末在产品产量表

2019 年 12 月 31 日　　单位:件

产品名称	完工产品数量	月末在产品数量	
		数　量	完工程度
油炸方便面	40 000	20 000	40%
非油炸方便面	80 000	10 000	95%

4. 项目说明

品种法是所有成本核算方法中最基础的计算方法,后面的分批法、分步法及辅助方法均是在品种法的基础上根据生产的特点,对品种法作适当的调整。因此,该项目包含了企业成本核算及分析的所有基础环节,在后续的分批法等项目中,根据企业生产特点会删减部分成本核算及分析的基础环节。

为了核算广东思源方便面厂 2019 年 12 月所发生的经济业务,基于成本会计工作过程,将项目任务的完成分解为 8 个任务实操:①材料费用的归集和分配;②人工费用的归集和分配;③其他费用的归集和分配;④辅助生产费用的归集和分配;⑤制造费用的归集和分配;⑥废品损失的归集和分配;⑦停工损失的归集和分配;⑧月末生产费用的归集和分配。

接下来,我们通过 8 个工作任务的完成来实现广东思源方便面厂 2019 年 12 月的成本核算。

工作任务 3　利用品种法核算产品成本

为了利用一般品种法完成成本核算的工作任务,我们需要学习和掌握哪些基本知识和技能?

任务描述

本任务是根据该项目中组织生产的特点，通过对生产月报资料的分析，对生产过程中的材料、人工、折旧、其他等要素费用以及制造费用等综合费用按照产品品种进行归集和分配，根据实际情况进行完工产品与在产品之间的费用分配，最终对生产费用进行相关的账务处理。

任务实操 3-1

根据广东思源方便面厂 2019 年 12 月生产过程中耗费的生产资料，核算该厂本月材料费用成本。

【任务 3-1-1】 填制材料采购记账凭证，如表 3-41 所示。

表 3-41

记 账 凭 证

年 月 日 记字 第 号

摘要	会计科目		借方金额									贷方金额									记账
	总账科目	明细科目	百	十	万	千	百	十	元	角	分	百	十	万	千	百	十	元	角	分	
附单据 张	合 计																				

会计主管： 复核： 记账： 出纳： 制单：

【任务 3-1-2】 编制材料运杂费分配表并填制记账凭证，如表 3-42 和表 3-43 所示。

表 3-42

材料运杂费分配表

第 087 号

年 月 日 金额单位：元

材料名称	分配标准（重量千克）	分配率（元/千克）	应分配金额
合计			

表 3-43

记 账 凭 证

年　月　日　　　　记字 第　号

摘　要	会计科目		借方金额									贷方金额									记账
	总账科目	明细科目	百	十	万	千	百	十	元	角	分	百	十	万	千	百	十	元	角	分	
附单据　张	合　计																				

会计主管：　　复核：　　记账：　　出纳：　　制单：

【任务 3-1-3】 编制材料采购成本计算表、材料入库单并填制记账凭证，如表 3-44 至表 3-46 所示。

表 3-44

材料采购成本计算表

第 025 号

2019 年 12 月 2 日　　金额单位：元

项　目		买价	采购费用	采购总成本
	总成本			
	单位成本			
	总成本			
	单位成本			
	总成本			
	单位成本			
成本合计				

表 3-45

材料入库单

供应单位：北京市物通公司　　编号：121001

发票号码：　　仓库：1 号库

2019 年 12 月 02 日　　金额单位：元

材料类别	材料名称	规格型号	单位	数　量		单价	金额
				应收	实收		
主要材料							
备注					合计		

收料人（签章）：

表 3-46

记 账 凭 证

年　　月　　日　　　　　　　　记字第　　号

<table>
<tr><td rowspan="2">摘　　要</td><td colspan="2">会计科目</td><td colspan="9">借方金额</td><td colspan="9">贷方金额</td><td rowspan="2">记账</td></tr>
<tr><td>总账科目</td><td>明细科目</td><td>百</td><td>十</td><td>万</td><td>千</td><td>百</td><td>十</td><td>元</td><td>角</td><td>分</td><td>百</td><td>十</td><td>万</td><td>千</td><td>百</td><td>十</td><td>元</td><td>角</td><td>分</td></tr>
<tr><td></td><td></td><td></td><td></td><td></td><td></td><td></td><td></td><td></td><td></td><td></td><td></td><td></td><td></td><td></td><td></td><td></td><td></td><td></td><td></td><td></td></tr>
<tr><td></td><td></td><td></td><td></td><td></td><td></td><td></td><td></td><td></td><td></td><td></td><td></td><td></td><td></td><td></td><td></td><td></td><td></td><td></td><td></td><td></td></tr>
<tr><td></td><td></td><td></td><td></td><td></td><td></td><td></td><td></td><td></td><td></td><td></td><td></td><td></td><td></td><td></td><td></td><td></td><td></td><td></td><td></td><td></td></tr>
<tr><td></td><td></td><td></td><td></td><td></td><td></td><td></td><td></td><td></td><td></td><td></td><td></td><td></td><td></td><td></td><td></td><td></td><td></td><td></td><td></td><td></td></tr>
<tr><td></td><td></td><td></td><td></td><td></td><td></td><td></td><td></td><td></td><td></td><td></td><td></td><td></td><td></td><td></td><td></td><td></td><td></td><td></td><td></td><td></td></tr>
<tr><td></td><td></td><td></td><td></td><td></td><td></td><td></td><td></td><td></td><td></td><td></td><td></td><td></td><td></td><td></td><td></td><td></td><td></td><td></td><td></td><td></td></tr>
<tr><td>附单据　张</td><td>合　　计</td><td></td><td></td><td></td><td></td><td></td><td></td><td></td><td></td><td></td><td></td><td></td><td></td><td></td><td></td><td></td><td></td><td></td><td></td><td></td></tr>
</table>

会计主管：　　　　复核：　　　　记账：　　　　出纳：　　　　制单：

【任务 3-1-4】 编制发出材料汇总表、材料费用分配表并填制记账凭证，如表 3-47 至表 3-50 所示。

表 3-47

发出材料汇总表

2019 年 12 月 31 日　　　　　　　　金额单位：元

<table>
<tr><td colspan="2" rowspan="2">领料部门和用途</td><td colspan="2">材料类别</td><td rowspan="2">合计</td></tr>
<tr><td>原材料</td><td>低值易耗品</td></tr>
<tr><td rowspan="4">基本生产车间</td><td>油炸方便面</td><td></td><td></td><td></td></tr>
<tr><td>非油炸方便面</td><td></td><td></td><td></td></tr>
<tr><td>油炸方便面、非油炸方便面共同耗用</td><td></td><td></td><td></td></tr>
<tr><td>车间一般耗用</td><td></td><td></td><td></td></tr>
<tr><td rowspan="2">辅助生产车间</td><td>机修车间</td><td></td><td></td><td></td></tr>
<tr><td>供电车间</td><td></td><td></td><td></td></tr>
<tr><td colspan="2">管理部门</td><td></td><td></td><td></td></tr>
<tr><td colspan="2">合　　计</td><td></td><td></td><td></td></tr>
</table>

会计主管：王新　　　　会计：王建　　　　记账：赵娜　　　　制单：王建

表 3-48

材料费用分配表

2019 年 12 月 31 日　　　　金额单位:元

领料部门和用途			直接计入	间接计入(分配率:　　)		合计
				定额消耗量(千克)	分配金额	
生产成本	基本生产成本	油炸方便面				
		非油炸方便面				
		小计				
	辅助生产成本	机修车间				
		供电车间				
		小计				
制造费用		车间一般消耗				
管理费用						
合　计						

会计主管:王新　　会计:王建　　记账:赵娜　　制单:王建

表 3-49

记 账 凭 证

年　月　日　　　　记字 第　号

摘　要	会计科目		借方金额									贷方金额									记账
	总账科目	明细科目	百	十	万	千	百	十	元	角	分	百	十	万	千	百	十	元	角	分	
附单据　张	合　计																				

会计主管:　　复核:　　记账:　　出纳:　　制单:

表 3-50

记 账 凭 证

年　月　日　　　　记字 第　号

摘　要	会计科目		借方金额									贷方金额									记账
	总账科目	明细科目	百	十	万	千	百	十	元	角	分	百	十	万	千	百	十	元	角	分	
附单据　张	合　计																				

会计主管:　　复核:　　记账:　　出纳:　　制单:

【任务 3-1-5】 登记基本生产成本、辅助生产成本及制造费用明细账,如表 3-51 至表 3-55 所示。

表 3-51

生产成本明细账

第 1 页

账户名称:油炸方便面

年 月	年 日	凭证字号	摘要	借方	贷方	借或贷	余额	(借方)金额分析 直接材料	直接人工	制造费用	燃料及动力	废品损失	停工损失
12	1		期初			借	140000.00	70000.00	60000.00	10000.00			

表 3-52

生产成本明细账

第 1 页

账户名称:非油炸方便面

年 月	年 日	凭证字号	摘要	借方	贷方	借或贷	余额	(借方)金额分析 直接材料	直接人工	制造费用	燃料及动力	废品损失	停工损失
12	1		期初			借	240000.00	120000.00	100000.00	20000.00			

表 3-53

生产成本明细账

第 1 页

账户名称:辅助生产成本——机修车间

年		凭证字号	摘要	借方									贷方									借或贷	余额									(借方)金额分析																																																								
																																直接材料									直接人工									制造费用									燃料及动力									废品损失									停工损失								
月	日			百	十	万	千	百	十	元	角	分	百	十	万	千	百	十	元	角	分		百	十	万	千	百	十	元	角	分	百	十	万	千	百	十	元	角	分	百	十	万	千	百	十	元	角	分	百	十	万	千	百	十	元	角	分	百	十	万	千	百	十	元	角	分	百	十	万	千	百	十	元	角	分	百	十	万	千	百	十	元	角	分

表 3-54

生产成本明细账

第 1 页

账户名称:辅助生产成本——供电车间

年		凭证字号	摘要	借方									贷方									借或贷	余额									(借方)金额分析																																																							
																																直接材料									直接人工									制造费用									燃料及动力									废品损失									停工损失								
月	日			百	十	万	千	百	十	元	角	分	百	十	万	千	百	十	元	角	分		百	十	万	千	百	十	元	角	分	百	十	万	千	百	十	元	角	分	百	十	万	千	百	十	元	角	分	百	十	万	千	百	十	元	角	分	百	十	万	千	百	十	元	角	分	百	十	万	千	百	十	元	角	分	百	十	万	千	百	十	元	角	分

表 3-55

制造费用明细账

第 1 页

账户名称：基本生产车间

<table>
<tr><th colspan="2">年</th><th rowspan="3">凭证字号</th><th rowspan="3">摘 要</th><th colspan="9" rowspan="2">借 方</th><th colspan="9" rowspan="2">贷 方</th><th rowspan="3">借或贷</th><th colspan="9" rowspan="2">余 额</th><th colspan="54">（借方）金额分析</th></tr>
<tr><th rowspan="2">月</th><th rowspan="2">日</th><th colspan="9">直接材料</th><th colspan="9">直接人工</th><th colspan="9">燃料及动力</th><th colspan="9">保险费</th><th colspan="9">折旧费用</th><th colspan="9">辅助费用分配</th></tr>
<tr><th>百</th><th>十</th><th>万</th><th>千</th><th>百</th><th>十</th><th>元</th><th>角</th><th>分</th><th>百</th><th>十</th><th>万</th><th>千</th><th>百</th><th>十</th><th>元</th><th>角</th><th>分</th><th>百</th><th>十</th><th>万</th><th>千</th><th>百</th><th>十</th><th>元</th><th>角</th><th>分</th><th>百</th><th>十</th><th>万</th><th>千</th><th>百</th><th>十</th><th>元</th><th>角</th><th>分</th><th>百</th><th>十</th><th>万</th><th>千</th><th>百</th><th>十</th><th>元</th><th>角</th><th>分</th><th>百</th><th>十</th><th>万</th><th>千</th><th>百</th><th>十</th><th>元</th><th>角</th><th>分</th><th>百</th><th>十</th><th>万</th><th>千</th><th>百</th><th>十</th><th>元</th><th>角</th><th>分</th><th>百</th><th>十</th><th>万</th><th>千</th><th>百</th><th>十</th><th>元</th><th>角</th><th>分</th><th>百</th><th>十</th><th>万</th><th>千</th><th>百</th><th>十</th><th>元</th><th>角</th><th>分</th></tr>
<tr><td></td><td></td><td></td><td></td><td></td><td></td><td></td><td></td><td></td><td></td><td></td><td></td><td></td><td></td><td></td><td></td><td></td><td></td><td></td><td></td><td></td><td></td><td></td><td></td><td></td><td></td><td></td><td></td><td></td><td></td><td></td><td></td><td></td><td></td><td></td><td></td><td></td><td></td><td></td><td></td><td></td><td></td><td></td><td></td><td></td><td></td><td></td><td></td><td></td><td></td><td></td><td></td><td></td><td></td><td></td><td></td><td></td><td></td><td></td><td></td><td></td><td></td><td></td><td></td><td></td><td></td><td></td><td></td><td></td><td></td><td></td><td></td><td></td><td></td><td></td><td></td><td></td><td></td><td></td><td></td><td></td><td></td><td></td><td></td><td></td><td></td></tr>
<tr><td></td><td></td><td></td><td></td><td></td><td></td><td></td><td></td><td></td><td></td><td></td><td></td><td></td><td></td><td></td><td></td><td></td><td></td><td></td><td></td><td></td><td></td><td></td><td></td><td></td><td></td><td></td><td></td><td></td><td></td><td></td><td></td><td></td><td></td><td></td><td></td><td></td><td></td><td></td><td></td><td></td><td></td><td></td><td></td><td></td><td></td><td></td><td></td><td></td><td></td><td></td><td></td><td></td><td></td><td></td><td></td><td></td><td></td><td></td><td></td><td></td><td></td><td></td><td></td><td></td><td></td><td></td><td></td><td></td><td></td><td></td><td></td><td></td><td></td><td></td><td></td><td></td><td></td><td></td><td></td><td></td><td></td><td></td><td></td><td></td><td></td></tr>
<tr><td></td><td></td><td></td><td></td><td></td><td></td><td></td><td></td><td></td><td></td><td></td><td></td><td></td><td></td><td></td><td></td><td></td><td></td><td></td><td></td><td></td><td></td><td></td><td></td><td></td><td></td><td></td><td></td><td></td><td></td><td></td><td></td><td></td><td></td><td></td><td></td><td></td><td></td><td></td><td></td><td></td><td></td><td></td><td></td><td></td><td></td><td></td><td></td><td></td><td></td><td></td><td></td><td></td><td></td><td></td><td></td><td></td><td></td><td></td><td></td><td></td><td></td><td></td><td></td><td></td><td></td><td></td><td></td><td></td><td></td><td></td><td></td><td></td><td></td><td></td><td></td><td></td><td></td><td></td><td></td><td></td><td></td><td></td><td></td><td></td><td></td></tr>
<tr><td></td><td></td><td></td><td></td><td></td><td></td><td></td><td></td><td></td><td></td><td></td><td></td><td></td><td></td><td></td><td></td><td></td><td></td><td></td><td></td><td></td><td></td><td></td><td></td><td></td><td></td><td></td><td></td><td></td><td></td><td></td><td></td><td></td><td></td><td></td><td></td><td></td><td></td><td></td><td></td><td></td><td></td><td></td><td></td><td></td><td></td><td></td><td></td><td></td><td></td><td></td><td></td><td></td><td></td><td></td><td></td><td></td><td></td><td></td><td></td><td></td><td></td><td></td><td></td><td></td><td></td><td></td><td></td><td></td><td></td><td></td><td></td><td></td><td></td><td></td><td></td><td></td><td></td><td></td><td></td><td></td><td></td><td></td><td></td><td></td><td></td></tr>
<tr><td></td><td></td><td></td><td></td><td></td><td></td><td></td><td></td><td></td><td></td><td></td><td></td><td></td><td></td><td></td><td></td><td></td><td></td><td></td><td></td><td></td><td></td><td></td><td></td><td></td><td></td><td></td><td></td><td></td><td></td><td></td><td></td><td></td><td></td><td></td><td></td><td></td><td></td><td></td><td></td><td></td><td></td><td></td><td></td><td></td><td></td><td></td><td></td><td></td><td></td><td></td><td></td><td></td><td></td><td></td><td></td><td></td><td></td><td></td><td></td><td></td><td></td><td></td><td></td><td></td><td></td><td></td><td></td><td></td><td></td><td></td><td></td><td></td><td></td><td></td><td></td><td></td><td></td><td></td><td></td><td></td><td></td><td></td><td></td><td></td><td></td></tr>
<tr><td></td><td></td><td></td><td></td><td></td><td></td><td></td><td></td><td></td><td></td><td></td><td></td><td></td><td></td><td></td><td></td><td></td><td></td><td></td><td></td><td></td><td></td><td></td><td></td><td></td><td></td><td></td><td></td><td></td><td></td><td></td><td></td><td></td><td></td><td></td><td></td><td></td><td></td><td></td><td></td><td></td><td></td><td></td><td></td><td></td><td></td><td></td><td></td><td></td><td></td><td></td><td></td><td></td><td></td><td></td><td></td><td></td><td></td><td></td><td></td><td></td><td></td><td></td><td></td><td></td><td></td><td></td><td></td><td></td><td></td><td></td><td></td><td></td><td></td><td></td><td></td><td></td><td></td><td></td><td></td><td></td><td></td><td></td><td></td><td></td><td></td></tr>
<tr><td></td><td></td><td></td><td></td><td></td><td></td><td></td><td></td><td></td><td></td><td></td><td></td><td></td><td></td><td></td><td></td><td></td><td></td><td></td><td></td><td></td><td></td><td></td><td></td><td></td><td></td><td></td><td></td><td></td><td></td><td></td><td></td><td></td><td></td><td></td><td></td><td></td><td></td><td></td><td></td><td></td><td></td><td></td><td></td><td></td><td></td><td></td><td></td><td></td><td></td><td></td><td></td><td></td><td></td><td></td><td></td><td></td><td></td><td></td><td></td><td></td><td></td><td></td><td></td><td></td><td></td><td></td><td></td><td></td><td></td><td></td><td></td><td></td><td></td><td></td><td></td><td></td><td></td><td></td><td></td><td></td><td></td><td></td><td></td><td></td><td></td></tr>
</table>

任务实操 3-2

根据广东思源方便面厂 2019 年 12 月生产过程中耗费的生产资料，核算该厂本月人工费用成本。

【任务 3-2-1】 编制机修车间工资结算单，如表 3-56 所示。

表 3-56

工资结算单

单位：机修车间　　　　2019 年 12 月　　　　金额单位：元

序号	姓名	月标准工资		应付工资											各种扣款			实发工资
				基本工资		奖金	病假工资			津贴和补贴			加班加点	合计	水电费	保险费	其他	
				计时工资														
		月工资	日工资	出勤日数	金额		日数	支付(%)	金额	夜班津贴	岗位津贴	副食补贴						
1	李江涛																	
2	王　志																	
3	许　飞																	
4	段朋飞																	
5	王　朋																	
合计																		

注：日工资按照当月实际工作日 22 天计算。

【任务 3-2-2】 编制供电车间工资结算单，如表 3-57 所示。

表 3-57

工资结算单

单位：供电车间　　　　2019 年 12 月　　　　金额单位：元

序号	姓名	月标准工资		应付工资											各种扣款				实发工资
				基本工资		奖金	病假工资			津贴和补贴			加班加点	合计	水电费	保险费	其他	小计	
				计时工资															
		月工资	日工资	出勤日数	金额		日数	支付(%)	金额	夜班津贴	岗位津贴	副食津贴							
1	南向天	4 500				2 000				1 500	1 800	1 500	2 000		162.5	3 200	150.1	3 512.6	
2	费云清	2 500				800				1 200	1 500	1 500	1 400		125.4	3 000	320.3	3 445.7	
3	周　化	2 500				800				1 200	1 500	1 500	1 400		86.3	3 000	450.5	3 536.8	
4																			
5																			
合计		9 500				3 600				3 900	4 800	4 500	4 800		374.2	9 200	920.9	10 495.1	

【任务 3-2-3】 编制管理部门工资结算单,如表 3-58 所示。

表 3-58

工资结算单

单位:管理部门　　2019 年 12 月　　金额单位:元

序号	姓名	月标准工资		应付工资									各种扣款					实发工资
				基本工资		奖金	病假工资			津贴和补贴								
				计时工资														
		月工资	日工资	出勤日数	金额		日数	支付(%)	金额	夜班津贴	岗位津贴	副食补贴	加班加点	合计	水电费	保险费	其他	
1	财务科	23 400			23 400	8 000					20 000	10 000		61 400	15 465.3	26 800	10.2	
2	销售科	15 000			15 000	48 000					10 000	10 000		83 000		22 900	58.4	
3	办公室	25 000			25 000	5 000					20 000	10 000		60 000	15 814.6	22 800	42.3	
合计		63 400			63 400	61 000					50 000	30 000		204 400	31 279.9	72 500	110.9	

【任务 3-2-4】 编制集体计件工资分配表,如表 3-59 所示。

表 3-59

集体计件工资分配表

单位:生产车间　　2019 年 12 月　　金额单位:元

序号	姓名	月工资标准	分配标准	分配率	应得计件工资
1	生产车间一组	86 300			
2	生产车间二组	88 500			
3	生产车间三组	78 950			
4	生产车间四组	90 000			
5	管理人员	25 000			
合　计		368 750			

【任务 3-2-5】 编制基本生产车间工资结算单,如表 3-60 所示。

表 3-60

工资结算单

单位:生产车间　　　　　　2019 年 12 月　　　　　　金额单位:元

序号	姓名	月标准工资		应付工资												各种扣款			实发工资
				基本工资			奖金	病假工资			津贴和补贴			加班加点	合计				
		月工资	日工资	计时工资 出勤日数	计时工资 金额	计件工资 金额		日数	支付(%)	金额	夜班津贴	岗位津贴	副食津贴			水电费	保险费	其他	
1	一组	86 300					11 100				3 500	0	0			5 440.58	16 180.12	1 560.0	
2	二组	88 500					9 500				3 500	0	0			5 860.05	15 880.32	1 250.0	
3	三组	78 950					2 500				3 500	0	0			5 500.12	17 850.56	1 380.1	
4	四组	90 000					4 000				3 500	0	0			4 400.12	18 250.65	1 508.2	
5	管理人员	25 000					6 000				8 200	11 400	12 000			1 320.12	13 250.40	430.1	
合计																			

【任务 3-2-6】 编制工资费用分配表、应付福利费计提表并填制记账凭证,如表 3-61至表 3-64 所示。

表 3-61

工资费用分配表

2019 年 12 月　　　　　　金额单位:元

应借账户			直接计入	间接计入			合计
				生产工时	分配率	应分配金额	
生产成本	基本生产成本	油炸方便面					
		非油炸方便面					
		小计					
	辅助生产成本	机修车间					
		供电车间					
		小计					
制造费用		基本生产车间					
管理费用							
合计							

表 3-62

记 账 凭 证

年　　月　　日　　　　　　　　记字 第　　号

摘　要	会计科目		借方金额									贷方金额									记账
	总账科目	明细科目	百	十	万	千	百	十	元	角	分	百	十	万	千	百	十	元	角	分	
附单据　张	合　计																				

会计主管：　　　复核：　　　记账：　　　出纳：　　　制单：

表 3-63

应付福利费计提表

2019 年 12 月　　　　　　　　金额单位:元

应借账户			计提基数(工资总额)	计提比例	计提金额
生产成本	基本生产成本	油炸方便面		14%	
		非油炸方便面			
	辅助生产成本	机修车间			
		供电车间			
制造费用		基本生产车间			
管理费用					
合计					

表 3-64

记 账 凭 证

年　　月　　日　　　　　　　　记字 第　　号

摘　要	会计科目		借方金额									贷方金额									记账
	总账科目	明细科目	百	十	万	千	百	十	元	角	分	百	十	万	千	百	十	元	角	分	
附单据　张	合　计																				

会计主管：　　　复核：　　　记账：　　　出纳：　　　制单：

【任务 3-2-7】 编制工会经费及职工教育经费计提表并填制记账凭证，如表 3-65 和表 3-66 所示。

表 3-65

工会经费及职工教育经费计提表

2019 年 12 月　　　　金额单位:元

应借账户		计提基数(工资总额)	计提比例	计提金额
管理费用	工会经费		2%	
管理费用	职工教育经费		1.5%	
合计				

表 3-66

记 账 凭 证

年　月　日　　　　记字 第　　号

摘　要	会计科目		借方金额									贷方金额									记账
	总账科目	明细科目	百	十	万	千	百	十	元	角	分	百	十	万	千	百	十	元	角	分	
附单据　张	合　计																				

会计主管:　　复核:　　记账:　　出纳:　　制单:

【任务 3-2-8】 登记基本生产成本、辅助生产成本及制造费用明细账。(使用任务 3-1-5 账页)

任务实操 3-3

根据广东思源方便面厂 2019 年 12 月生产过程中耗费的生产资料,核算该厂本月其他费用成本。

【任务 3-3-1】 编制水费分配表并填制记账凭证,如表 3-67 和表 3-68 所示。

表 3-67

水费分配表

2019 年 12 月 18 日　　　　金额单位:元

部门	用水量	分配金额	备注
生产车间	30%		
供电车间	20%		
机修车间	10%		
行政管理部门	40%		
合计	100%		

会计主管:王新　　会计:王建　　记账:赵娜　　制单:王建

表 3-68

记 账 凭 证

年　月　日　　　　记字 第　号

摘　要	会计科目		借方金额									贷方金额									记账
	总账科目	明细科目	百	十	万	千	百	十	元	角	分	百	十	万	千	百	十	元	角	分	
附单据　张	合　计																				

会计主管：　　复核：　　记账：　　出纳：　　制单：

【任务 3-3-2】 编制外购动力费用分配表并填制记账凭证，如表 3-69 至表 3-71 所示。

表 3-69

外购动力费用分配表

2019 年 12 月　　　　金额单位：元

受益对象	成本或费用项目	生产工时	分配率	度数	受益金额
油炸方便面	动力用电	6 000			
非油炸方便面	动力用电	4 000			
小计		10 000		9 740	
基本生产车间	照明			10 239	
供电车间	燃料动力			4 689	
机修车间	燃料动力			5 623	
厂部管理部门	水电费			6 830	
合计				37 121	

表 3-70

记 账 凭 证

年　月　日　　　　记字 第　号

摘　要	会计科目		借方金额									贷方金额									记账
	总账科目	明细科目	百	十	万	千	百	十	元	角	分	百	十	万	千	百	十	元	角	分	
附单据　张	合　计																				

会计主管：　　复核：　　记账：　　出纳：　　制单：

表 3-71

记 账 凭 证

年 月 日 记字 第 号

摘 要	会计科目		借方金额									贷方金额									记账
	总账科目	明细科目	百	十	万	千	百	十	元	角	分	百	十	万	千	百	十	元	角	分	
附单据 张	合 计																				

会计主管： 复核： 记账： 出纳： 制单：

【任务 3-3-3】 编制其他应收款分配表并填制记账凭证，如表 3-72 至表 3-73 所示。

表 3-72

其他应收款分配表

2019 年 12 月 金额单位：元

应借账户			成本或费用项目	金额
总账科目	明细科目			
生产成本	辅助生产成本	机修车间	保险费	
		供电车间	保险费	
制造费用	基本生产车间		保险费	
管理费用	厂部管理部门		保险费	
合计				

表 3-73

记 账 凭 证

年 月 日 记字 第 号

摘 要	会计科目		借方金额									贷方金额									记账
	总账科目	明细科目	百	十	万	千	百	十	元	角	分	百	十	万	千	百	十	元	角	分	
附单据 张	合 计																				

会计主管： 复核： 记账： 出纳： 制单：

【任务 3-3-4】 计算本期应计提利息并填制记账凭证，如表 3-74 所示。

表 3-74

记账凭证

年 月 日 记字第 号

摘要	会计科目		借方金额									贷方金额									记账
	总账科目	明细科目	百	十	万	千	百	十	元	角	分	百	十	万	千	百	十	元	角	分	
附单据 张	合计																				

会计主管： 复核： 记账： 出纳： 制单：

【任务 3-3-5】 填制本期购买办公用品记账凭证，如表 3-75 所示。

表 3-75

记账凭证

年 月 日 记字第 号

摘要	会计科目		借方金额									贷方金额									记账
	总账科目	明细科目	百	十	万	千	百	十	元	角	分	百	十	万	千	百	十	元	角	分	
附单据 张	合计																				

会计主管： 复核： 记账： 出纳： 制单：

【任务 3-3-6】 填制其他费用分配记账凭证，如表 3-76 所示。

表 3-76

记账凭证

年 月 日 记字第 号

摘要	会计科目		借方金额									贷方金额									记账
	总账科目	明细科目	百	十	万	千	百	十	元	角	分	百	十	万	千	百	十	元	角	分	
附单据 张	合计																				

会计主管： 复核： 记账： 出纳： 制单：

【任务3-3-7】 编制固定资产折旧费用计算表、分配表并填制记账凭证，如表3-77至表3-79所示。

表3-77

固定资产折旧计算表

2019年12月　　　　金额单位：元

部　门	固定资产名称	原　值	月折旧率	月折旧额
生产车间	设备	1 000 000	0.2%	
	厂房	200 000	0.5%	
	运输设备	500 000	0.6%	
供电车间	设备	630 000	0.8%	
	房屋建筑物	250 000	0.2%	
机修车间	房屋建筑物	200 000	0.2%	
行政管理部门	房屋建筑物	180 000	0.4%	
	设备	160 000	0.7%	
	运输设备	650 000	0.5%	
合　计		3 770 000		

会计主管：王新　　会计：王建　　记账：赵娜　　制单：王建

表3-78

折旧费用分配表

2019年12月　　　　金额单位：元

部　门	应借科目	本月折旧
生产车间		
供电车间		
机修车间		
行政管理部门		
合　计		

会计主管：王新　　会计：王建　　记账：赵娜　　制单：王建

表3-79

记 账 凭 证

年　月　日　　　　记字第　号

摘　要	会计科目		借方金额									贷方金额									记账
	总账科目	明细科目	百	十	万	千	百	十	元	角	分	百	十	万	千	百	十	元	角	分	
附单据　张	合　计																				

会计主管：　　复核：　　记账：　　出纳：　　制单：

【任务 3-3-8】 登记基本生产成本，辅助生产成本及制造费用明细账。(使用任务 3-1-5账页)

任务实操 3-4

根据广东思源方便面厂 2019 年 12 月生产过程中耗费的生产资料，核算该厂本月辅助车间生产费用。

【任务 3-4-1】 编制辅助生产费用分配表并填制记账凭证，如表 3-80 和表 3-81 所示。

表 3-80

辅助费用分配表(直接分配法)

2019 年 12 月　　　　金额单位：元

项　目	供电车间	机修车间	合计
待分配费用			
除辅助车间以外各部门受益劳务量			
费用分配率			
基本生产车间——油炸方便面			
基本生产车间			
厂部管理部门			

表 3-81

记 账 凭 证

年　　月　　日　　　　记字第　　号

摘　要	会计科目		借方金额									贷方金额									记账
	总账科目	明细科目	百	十	万	千	百	十	元	角	分	百	十	万	千	百	十	元	角	分	
附单据　张	合　　计																				

会计主管：　　复核：　　记账：　　出纳：　　制单：

【任务 3-4-2】 登记基本生产成本、辅助生产成本及制造费用明细账。(使用任务 3-1-5 账页)

任务实操 3-5

根据广东思源方便面厂 2019 年 12 月生产过程中耗费的生产资料，核算该厂本月基本生产车间制造费用。

【任务 3-5-1】 编制制造费用分配表并填制记账凭证，如表 3-82 和表 3-83 所示。

表 3-82

制造费用分配表

2019 年 12 月　　金额单位：元

应借科目	生产工时	分配率	分配金额
生产成本——基本生产成本——油炸方便面			
生产成本——基本生产成本——非油炸方便面			
合计			

表 3-83

记 账 凭 证

年　月　日　　记字 第　号

摘　要	会计科目		借方金额									贷方金额									记账
	总账科目	明细科目	百	十	万	千	百	十	元	角	分	百	十	万	千	百	十	元	角	分	
附单据　张	合　计																				

会计主管：　复核：　记账：　出纳：　制单：

【任务 3-5-2】 登记基本生产成本、辅助生产成本及制造费用明细账。（使用任务 3-1-5 账页）

任务实操 3-6

根据广东思源方便面厂 2019 年 12 月生产过程中耗费的生产资料，核算该厂本月废品损失。

【任务 3-6-1】 编制废品损失计算单，如表 3-84 所示。

表 3-84

废品损失计算单

生产部门:生产车间　　　　年　月　日　　　　金额单位:元

摘要	油炸方便面	非油炸方便面
可修复废品损失: 直接材料 直接人工 制造费用		
小计		
不可修复废品损失: 直接材料 直接人工 制造费用		
小计		
合计		
减:废品残值 责任人赔偿		
结转废品净损失		

【任务 3-6-2】 确认油炸方便面可修复废品损失并填制记账凭证,如表 3-85 所示。

表 3-85

记 账 凭 证

年　月　日　　　　记字第　号

摘　要	会计科目		借方金额									贷方金额									记账
	总账科目	明细科目	百	十	万	千	百	十	元	角	分	百	十	万	千	百	十	元	角	分	
附单据　张	合　计																				

会计主管:　　复核:　　记账:　　出纳:　　制单:

【任务 3-6-3】 结转油炸方便面废品净损失并填制记账凭证,如表 3-86 所示。

表 3-86

记账凭证

年　月　日　　　　记字第　号

摘要	会计科目		借方金额									贷方金额									记账
	总账科目	明细科目	百	十	万	千	百	十	元	角	分	百	十	万	千	百	十	元	角	分	
附单据　张	合　计																				

会计主管：　　复核：　　记账：　　出纳：　　制单：

【任务 3-6-4】 编制非油炸方便面不可修复废品生产成本计算单并填制记账凭证，如表 3-87 和表 3-88 所示。

表 3-87

不可修复废品生产成本计算单

生产部门：生产车间（非油炸方便面）　年　月　日　　金额单位：元

项目	直接材料	直接人工	制造费用	合计
单位成本	（元/千克）	（元/工时）	（元/工时）	
单位定额耗用量	（千克）	（工时）		—
定额耗用量				—
废品定额成本				

表 3-88

记账凭证

年　月　日　　　　记字第　号

摘要	会计科目		借方金额									贷方金额									记账
	总账科目	明细科目	百	十	万	千	百	十	元	角	分	百	十	万	千	百	十	元	角	分	
附单据　张	合　计																				

会计主管：　　复核：　　记账：　　出纳：　　制单：

【任务 3-6-5】 确认非油炸方便面残料回收及过失人赔偿并填制记账凭证，如表 3-89 所示。

表 3-89

记账凭证

年　月　日　　　　记字第　号

摘要	会计科目		借方金额									贷方金额									记账
	总账科目	明细科目	百	十	万	千	百	十	元	角	分	百	十	万	千	百	十	元	角	分	
附单据　张	合　计																				

会计主管：　　复核：　　记账：　　出纳：　　制单：

【任务 3-6-6】 结转非油炸方便面废品净损失并填制记账凭证，如表 3-90 所示。

表 3-90

记账凭证

年　月　日　　　　记字第　号

摘要	会计科目		借方金额									贷方金额									记账
	总账科目	明细科目	百	十	万	千	百	十	元	角	分	百	十	万	千	百	十	元	角	分	
附单据　张	合　计																				

会计主管：　　复核：　　记账：　　出纳：　　制单：

【任务 3-6-7】 登记基本生产成本、辅助生产成本及制造费用明细账。（使用任务 3-1-5 账页）

任务实操 3-7

根据广东思源方便面厂 2019 年 12 月生产过程中生产资料，核算该厂本月停工损失。

【任务 3-7-1】 编制停工损失计算单并填制记账凭证，如表 3-91 至表 3-93 所示。

表 3-91

停工损失计算单

生产部门:生产车间　　　　年　　月　　　　金额单位:元

摘　要	油炸方便面/非油炸方便面
直接材料	
直接人工	
制造费用	
合　计	
减:责任人赔偿	
结转停工净损失	

表 3-92

停工损失分配表

2019 年 12 月　　　　金额单位:元

应借科目	生产工时	分配率	分配金额
停工损失——油炸方便面			
停工损失——非油炸方便面			
合　计			

表 3-93

记 账 凭 证

年　　月　　日　　　　记字 第　　号

摘　要	会计科目		借方金额									贷方金额									记账
	总账科目	明细科目	百	十	万	千	百	十	元	角	分	百	十	万	千	百	十	元	角	分	
附单据　张	合　计																				

会计主管:　　复核:　　记账:　　出纳:　　制单:

【任务 3-7-2】 结转车间停工损失并填制记账凭证,如表 3-94 所示。

表 3-94

记账凭证

年　月　日　　　　　　　　记字第　　号

摘要	会计科目		借方金额									贷方金额									记账
	总账科目	明细科目	百	十	万	千	百	十	元	角	分	百	十	万	千	百	十	元	角	分	
附单据　张	合　计																				

会计主管：　　复核：　　记账：　　出纳：　　制单：

【任务 3-7-3】 登记基本生产成本、辅助生产成本及制造费用明细账。（使用任务 3-1-5 账页）

任务实操 3-8

根据广东思源方便面厂 2019 年 12 月生产过程中耗费的生产资料，核算该厂月末生产费用在完工产品和在产品之间的成本分配。

【任务 3-8-1】 编制两种产品月末产品成本计算单及完工产品成本汇总表，如表 3-95 至表 3-97 所示。

表 3-95

产品成本计算单

产品名称：油炸方便面　　　　　　　　完工产品数量：
金额单位：元　　　　年　月　　　　在产品数量：

摘要	直接材料	直接人工	制造费用	其他	合计
月初在产品成本					
本月发生生产费用					
生产费用合计					
完工产品数量					
在产品数量					
在产品约当产量					
约当总产量					
分配率					
完工产品成本					
单位成本					
月末在产品成本					

注："其他"包括废品损失和停工损失，期末全部转入完工产品成本。

表 3-96

产品成本计算单

产品名称:非油炸方便面　　　　　　　　　　　　　　完工产品数量:
金额单位:元　　　　　　　年　月　　　　　　　　　在产品数量:

摘要	直接材料	直接人工	制造费用	其他	合计
月初在产品成本					
本月发生生产费用					
生产费用合计					
完工产品数量					
在产品数量					
在产品约当产量					
约当总产量					
分配率					
完工产品成本					
单位成本					
月末在产品成本					

表 3-97

完工产品成本汇总表

生产部门:生产车间　　　　　年　月　　　　　　　金额单位:元

成本项目	油炸方便面		非油炸方便面	
	总成本	单位成本	总成本	单位成本
直接材料				
直接人工				
制造费用				
合计				

【任务 3-8-2】 编制产成品入库单并填制记账凭证,如表 3-98 和表 3-99 所示。

表 3-98

产成品入库单

验收仓库:成品仓库　　　　　年　月　　　　　　　金额单位:元

产品名称	规格	单位	数量	单价	金额							
					十	万	千	百	十	元	角	分
油炸方便面												
非油炸方便面												
合计												

会计主管:王新　　　　　　　　　　　　　　　　　　制单:王建

表 3-99

记 账 凭 证

年　　月　　日　　　　　　记字第　　号

摘　要	会计科目		借方金额									贷方金额									记账
	总账科目	明细科目	百	十	万	千	百	十	元	角	分	百	十	万	千	百	十	元	角	分	
附单据　张	合　计																				

会计主管：　　　复核：　　　记账：　　　出纳：　　　制单：

【任务 3-8-3】 登记基本生产成本，辅助生产成本及制造费用明细账。（使用任务3-1-5 账页）

知识搜索

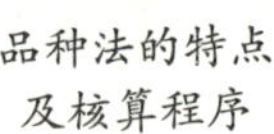

品种法的特点及核算程序

3-1 品种法的基础知识

1. 什么是品种法

产品成本计算的品种法，是以产品品种作为成本计算对象，归集各种生产费用，并计算产品成本的一种方法。各种成本计算方法最终均要计算出每种具体产品的成本，因此直接按产品品种为成本计算对象来归集和计算产品成本的品种法，是产品成本计算的最基本方法。

2. 品种法的特点

(1) 以产品品种作为成本计算对象，并据以设置产品成本明细账归集生产费用，计算产品成本。只生产一种产品的企业，只需以这一种产品开设生产成本明细账，并按成本项目开设专栏。如果企业生产的产品不止一种，就需要以每一种产品作为成本计算对象，分别设置产品成本明细账。

(2) 成本计算期与会计报告期相一致。大量大批的生产是不间断的连续生产，无法按照产品的生产周期来归集生产费用，只能定期按月计算产品成本，因此成本计算期与报告期一致，与产品生产周期不一致。

(3) 期末一般有完工产品和在产品之间的成本分配。大量大批简单生产的企业，由于简单生产是一个生产步骤就完成了整个生产过程，因此采用品种法计算产品成本时不需要将生产费用在完工产品和在产品之间进行分配；管理上不要求分步骤计算产品成本的大量大批复杂生产的企业，由于月末既有在产品，又有完工产品，采用品种法计算产品成本，计算产品成本时就需要将生产费用在完工产品和在产品之间进行分配。

3. 品种法的适用范围

品种法主要适用于大量大批单步骤生产的企业。在大量大批多步骤生产下，如果管理上不要求按照生产步骤计算产品成本，也可以采用品种法计算产品成本。企业的辅助生产车间，也可以采用品种法计算其产品和劳务的成本。

3-2 品种法的核算程序

(1) 按产品品种设置生产成本明细账。

(2) 归集与分配本月发生的生产费用，包括各项要素费用、辅助生产费用和制造费用。

(3) 将生产费用在完工产品与在产品之间进行分配。

(4) 计算完工产品总成本和单位成本。

品种法的核算流程如图 3-1 所示。

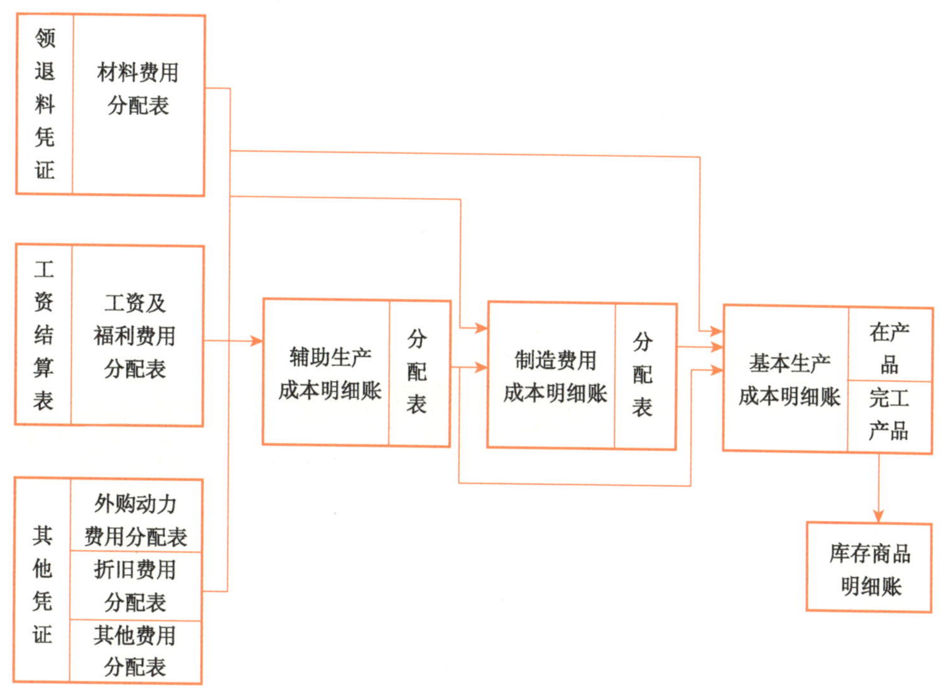

图 3-1 品种法核算流程图

小小案例

永辉机械制造厂原材料系生产开始时一次投入，在产品完工程度为 50%。2019 年 11 月有关成本计算资料如表 3-100 至表 3-110 所示。

表 3-100

生 产 情 况

2019 年 11 月　　单位:件

产品名称	月初在产品	本月投入	本月完工产品	月末在产品	生产工时（小时）
甲产品	60	600	400	260	4 000
乙产品	230	500	550	180	3 500
合计	290	1 100	950	440	7 500

表 3-101

月初在产品成本

2019 年 11 月　　金额单位:元

产品名称	直接材料	直接人工	制造费用
甲产品	1 230	780	340
乙产品	1 520	880	720
合　计	2 750	1 660	1 060

表 3-102

本月材料费用分配表

2019 年 11 月　　金额单位:元

应借科目		直接计入	间接计入			合　计
			分配标准（投入产量）	分配率	应分配金额	
生产成本——基本生产成本	甲产品	12 500	600	38.181 8	22 909.08	35 409.08
	乙产品	16 200	500		19 090.92	35 290.92
小　计		28 700	1 100		42 000	70 700
生产成本——辅助生产成本	供电车间	8 000				8 000
制造费用	生产车间	520				520
管理费用	管理部门	340				340
销售费用	销售部门	250				250
合　计		37 810			42 000	79 810

表 3-103

本月人工费用分配表

2019 年 11 月　　　　金额单位:元

应借科目		直接计入	间接计入			计提福利费(14%)	合　计
			分配标准（生产工时）	分配率	应分配金额		
生产成本——基本生产成本	甲产品	9 800	4 000	3.333 3	13 333.2	1 866.65	24 999.85
	乙产品	8 500	3 500		11 666.8	1 633.35	21 800.15
小　计		18 300	7 500		25 000	3 500	46 800
生产成本——辅助生产成本	供电车间	5 200				728	5 928
制造费用	生产车间	3 680				515.20	4 195.20
管理费用	管理部门	2 980				417.20	3 397.20
销售费用	销售部门	3 410				477.40	3 887.40
合　计		33 570			25 000	5 637.80	64 207.80

表 3-104

本月其他费用分配表

2019 年 11 月　　　　金额单位:元

应借科目		折旧费	办公费	差旅费	租赁费	合　计
生产成本——辅助生产成本	供电车间	8 000	720	1 200	500	10 420
制造费用	生产车间	3 480	834	856	420	5 590
管理费用	管理部门	928	750	645		2 323
销售费用	销售部门	520	240	350		1 110
合　计		12 928	2 544	3 051	920	19 443

表 3-105

辅助费用汇总表

2019 年 11 月　　　　金额单位:元

应借科目		直接材料	直接人工	折旧费	办公费	差旅费	租赁费	合　计
生产成本——辅助生产成本	辅助供电	8 000	5 928	8 000	720	1 200	500	24 348
合　计		8 000	5 928	8 000	720	1 200	500	24 348

表 3-106

本月辅助费用分配表

2019 年 11 月　　金额单位:元

应借科目		待分配费用			合　计
		分配标准（接受劳务量）	分配率	应分配金额	
制造费用	生产车间	2 450	4.999 6	12 249.02	12 249.02
管理费用	管理部门	1 560		7 799.38	7 799.38
销售费用	销售部门	860		4 299.60	4 299.60
合　计		4 870		24 348	24 348

表 3-107

制造费用汇总表

2019 年 11 月　　金额单位:元

应借科目		直接材料	直接人工	辅助费用分配	折旧费	办公费	差旅费	租赁费	合　计
制造费用	生产车间	520	4 195.2	12 249.02	3 480	834	856	420	22 554.22
合　计		520	4 195.2	12 249.02	3 480	834	856	420	2 2554.22

表 3-108

本月制造费用分配表

2019 年 11 月　　金额单位:元

应借科目		待分配费用			合　计
		分配标准（生产工时）	分配率	应分配金额	
生产成本——基本生产成本	甲产品	4 000	3.007 2	12 028.80	12 028.80
	乙产品	3 500		10 525.42	10 525.42
合　计		7 500		22 554.22	22 554.22

表 3-109

产品成本计算单

产品名称:甲产品　　2019 年 11 月　　金额单位:元

摘　要	直接材料	直接人工	制造费用	合　计
期初在产品成本	1 230	780	340	2 350.00
材料费用分配表	35 409.08			35 409.08
人工费用分配表		24 999.85		24 999.85
制造费用分配表			12 028.80	12 028.80
本月生产成本合计	36 639.08	25 779.85	12 368.80	74 787.73
完工产品产量	400	400	400	—
在产品月当产量	260	130	130	—
约当总产量	660	530	530	—
分配率	55.513 8	48.641 2	23.337 4	—
完工产品总成本	22 205.52	19 456.48	9 334.96	50 996.96
月末在产品成本	14 433.56	6 323.37	3 033.84	23 790.77

表 3-110

产品成本计算单

产品名称:乙产品　　2019 年 11 月　　金额单位:元

摘要	直接材料	直接人工	制造费用	合　计
期初在产品成本	1 520	880	720	1 600
材料费用分配表	35 290.92			35 290.92
人工分配表		21 800.15		21 800.15
制造费用分配表			10 525.42	10 525.42
本月生产成本合计	36 810.92	22 680.15	11 245.42	70 736.49
完工产品产量	550	550	550	—
在产品约当产量	180	90	90	—
约当总产量	730	640	640	—
分配率	50.425 9	35.437 7	17.571	—
完工产品总成本	27 734.25	19 490.74	9 664.05	56 889.04
月末在产品成本	9 076.67	3 189.41	1 581.37	13 847.45

3-3 品种法的账务处理

根据以上资料，进行品种法的账务处理，依次填制甲产品、乙产品完工入库的记账凭证，如表 3-111 和表 3-112 所示。

表 3-111

记 账 凭 证

2019 年 11 月 30 日　　记字 第 039 号

摘　要	会计科目		借方									贷方									记账
	总账科目	明细科目	百	十	万	千	百	十	元	角	分	百	十	万	千	百	十	元	角	分	
甲产品完工入库	库存商品	甲产品			5	0	9	9	6	9	6										
	生产成本													5	0	9	9	6	9	6	
附单据　张	合　计			¥	5	0	9	9	6	9	6		¥	5	0	9	9	6	9	6	

会计主管：李华　复核:王建　记账:肖婷　出纳:何灵　制单:刘刚

表 3-112

记 账 凭 证

2019 年 11 月 30 日　　记字 第 040 号

摘　要	会计科目		借方金额									贷方金额									记账
	总账科目	明细科目	百	十	万	千	百	十	元	角	分	百	十	万	千	百	十	元	角	分	
乙产品完工入库	库存商品	乙产品			5	6	8	8	9	0	4										
	生产成本													5	6	8	8	9	0	4	
附单据　张	合　计			¥	5	6	8	8	9	0	4		¥	5	6	8	8	9	0	4	

会计主管：李华　复核:王建　记账:肖婷　出纳:何灵　制单:刘刚

依次登记各批次明细账账簿，如表 3-113 和表 3-114 所示。

表 3-113

生产成本明细账

第 1 页

账户名称：甲产品

2019年 月	日	凭证字号	摘要	借方	贷方	借或贷	余额	(借方)金额分析 直接材料	直接人工	制造费用
11	1	（略）	期初余额			借	2350.00	1230.00	780.00	340.00
11	30		材料费用分配表	35409.08		借	37759.08	35409.08		
11	30		人工费用分配表	24999.85		借	62758.93		24999.85	
11	30		制造费用分配表	12028.80		借	74787.73			12028.80
11	30		完工产品转出		50996.96	借	23790.77	22205.52	19456.48	9334.96
11	30		本月合计	72437.43	50996.96	借	23790.77	14433.56	6323.37	3033.84

注：“完工产品转出”行的“(借方)金额分析”栏中所填数字应为红色，表示贷方发生额。

表 3-114

生产成本明细账

第 2 页

账户名称：乙产品

2019年 月	日	凭证字号	摘要	借方	贷方	借或贷	余额	(借方)金额分析 直接材料	直接人工	制造费用
11	1	（略）	期初余额			借	3120.00	1520.00	880.00	720.00
11	30		材料费用分配表	35290.92		借	38410.92	35290.92		
11	30		人工费用分配表	21800.15		借	60211.07		21800.15	
11	30		制造费用分配表	10525.42		借	70736.49			10525.42
11	30		完工产品转出		56889.04	借	13847.45	27734.25	19490.74	9664.05
11	30		本月合计	67616.49	56889.04	借	13847.45	9076.67	3189.41	1581.37

注：“完工产品转出”行的“(借方)金额分析”栏中所填数字应为红色，表示贷方发生额。

任务小结

利用品种法核算产品成本

基础知识

- 品种法的基础知识及核算程序

账务处理

- 根据各要素费用分配表填制记账凭证
- 根据记账凭证登记相关总账及明细账账簿

任务剖析

- 根据原始凭证，对各项要素费用和综合费用进行归集与分配
- 根据原始凭证，在完工产品与产成品之间分配生产费用

自我测评

一、单项选择题

1. 工业企业产品成本是指(　　)。
   A. 生产费用与期间费用之和
   B. 生产费用与管理费用之和
   C. 生产一定种类、一定数量的产品所支出的各种生产费用之和
   D. 生产费用与制造费用之和
2. 属于产品成本项目的是(　　)。
   A. 制造费用
   B. 销售费用
   C. 财务费用
   D. 管理费用
3. 产品成本计算的品种法适用于(　　)。
   A. 大量大批多步骤生产，管理要求提供半成品成本资料
   B. 小批单件单步骤生产
   C. 大量大批多步骤生产
   D. 大量大批单步骤生产
4. 下列各项中，属于直接生产费用的是(　　)。
   A. 生产工人工资
   B. 机器设备耗用电费
   C. 机器设备折旧费用
   D. 车间厂房折旧费用

5. 属于产品成本项目的是(　　)。
   A. 外购材料费用
   B. 职工工资
   C. 折旧费用
   D. 制造费用

二、多项选择题

1. 以下属于品种法特征的有(　　)。
   A. 以产品的品种为成本计算对象
   B. 按月定期计算产品成本
   C. 一般适用于大量大批的生产
   D. 成本计算期与生产周期一致
2. 下列对品种法的表述中,正确的有(　　)。
   A. 以产品品种作为成本计算对象
   B. 成本计算程序较为复杂
   C. 成本计算期与会计报告期一致
   D. 可用于大量单步骤生产产品的企业
3. 产品成本计算的基本方法包括(　　)。
   A. 分批法
   B. 分步法
   C. 品种法
   D. 分类法
4. 工业企业确定产品成本计算方法时,要考虑的因素有(　　)。
   A. 生产组织
   B. 生产特点
   C. 工艺过程
   D. 管理要求
   E. 成本核算要求
5. 工业企业的生产,按照生产组织可以划分为(　　)。
   A. 大量生产
   B. 成批生产
   C. 单步骤生产
   D. 单件生产
   E. 多步骤生产

三、判断题(正确的打"√",错误的打"×")

1. 对费用按经济用途分类形成要素费用。(　　)
2. 生产车间生产产品品种的多少与生产费用处理方法无关。(　　)
3. 品种法的成本计算期与会计报告期不一致,与生产周期一致。(　　)
4. "直接材料"项目所归集的费用,均属于直接生产费用,"制造费用"项目所归集的费用,均属于间接费用。(　　)
5. 无论采用什么方法对制造费用进行分配,"制造费用"账户月末都没有余额。(　　)
6. 按所耗材料计算在产品成本法,月末在产品只计算其所耗材料费用,不计算直接人工等加工费

用。（ ）

7. 品种法不需要在各种产品之间分配费用，也不需要在完工产品和月末在产品之间分配费用，所以也称简单法。（ ）

8. 品种法一般适用于计算大量大批多步骤生产的产品成本。（ ）

9. 产品成本构成要素不同于要素费用。（ ）

10. 辅助生产费用的直接分配法适用于辅助生产车间之间提供劳务较多的企业。（ ）

四、实务练习

光明公司采用品种法核算产品成本，生产的甲产品须经过三道加工工序完成，原材料分别在各个工序开始时一次投入。甲产品单位成本原材料消耗定额为250元，其中，各工序投料定额分别为150元、75元和25元。2017年11月月末盘点确定的完工甲产品数量为500件，在产品数量为350件，其中，各工序分别为90件、130件和130件。月初在产品成本直接材料、直接人工、制造费用分别为6 000元、1 800元和2 000元，本月发生生产费用直接材料、直接人工、制造费用分别为24 000元、15 000元和13 000元。各工序在产品完工程度为：第一工序为60%；第二工序为80%；第三工序为90%。

要求：

(1) 每道工序的在产品投料程度及约当产量是多少？（数据填入表3-115中）

表3-115

在产品约当产量计算表

单位名称：光明公司　　2019年11月　　产品名称：甲产品

工　序	甲产品	
	投料程度（列出计算过程）	在产品约当产量
第一道工序		
第二道工序		
第三道工序		
合　计		

(2) 计算甲产品月末各工序在产品直接人工和制造费用的约当产量。（数据填入表3-116中）

表3-116

在产品约当产量计算表

单位名称：光明公司　　2019年11月　　产品名称：甲产品

工　序	甲产品	
	完工程度（列出计算过程）	在产品约当产量
第一道工序		
第二道工序		
第三道工序		
合　计		

(3) 采用约当产量法计算本月完工甲产品总成本和单位成本。（数据填入表3-117中）

表 3-117

产品成本计算单

产品名称:甲产品　　2019 年 11 月　　金额单位:元

摘　　要	直接材料	直接人工	制造费用	合计
月初在产品成本				
本月发生生产费用				
生产费用合计				
完工产品产量(件)				
在产品产量(件)				
在产品约当产量(件)				
约当总产量(件)				
分配率(元/件)				
完工产品总成本				
完工产品单位成本				
月末在产品成本				

项 目 4

利用分批法核算产品成本

能力目标

专业能力：能够较熟练识别生产月报资料；熟悉分批法的核算程序，根据企业或车间各批次生产情况分批进行成本核算，熟练进行相关账务处理；熟悉简化分批法的核算程序，对生产批次较多的特殊企业或车间，能根据具体情况进行简化分批成本核算，熟练进行相关账务处理。

方法和学习能力：锻炼对复杂信息的筛选和分类处理能力；提高对事务的逻辑分析能力，有利于培养耐心、细致、严谨的学习态度。

个人和社会能力：强化与相关方的沟通协调能力，培养团队合作意识。

技能要求

1. 能识别生产月报资料，选择成本核算方法。
2. 能熟练运用分批法进行成本核算。
3. 能熟练建立基本生产成本二级账，并运用简化分批法进行成本核算。
4. 能熟练进行成本核算后的相关账务处理。

工作项目描述

1. 企业简介

企业名称：珠海童巧玩具制造厂（简称玩具厂）

企业地址：广东省珠海市金湾区珠海大道南侧9号

纳税性质：一般纳税人

开户银行：中国工商银行金湾分行

账号：2002023609100021618

会计主管：王新　出纳员：何灵　记账会计：肖婷

2. 生产基本情况

玩具厂设立一个基本生产车间，生产工艺分为剪裁、缝纫、装配、填充、整形、包装几个主要工序，玩具厂的生产是按订货单位要求的样式、大小和批量分批生产各式毛绒玩具。生产所需主要面料有剪毛布、毛绒布、密丝绒、棉布、尼龙布、PU皮等，主要配料有丝带、棉花、橡筋、魔术贴、搭扣、拉链等。此外，生产中还需要一些劳保用品，如工作服、工作帽、袖套、毛巾、肥皂等。

各批玩具之间分配费用的方法：材料费用包括主要面料、配料均按产品领用直接计入各批玩具成本；生产工人工资实行计时工资制，因此生产工人工资及提取的职工福利费按生产工时比例在各批玩具之间分配；制造费用也按生产工时比例分配。

各批完工玩具成本和月末未完工玩具成本之间分配费用的方法：主要面料是在生产开始时一次性投入，因此，主要面料按完工产品和月末在产品的实际数量进行分配（配料为简化核算，可以按主要面料费用的分配方法）；工资、福利费及制造费用按完工产品产量和月末在产品约当产量的比例进行分配。

月末在产品约当产量的计算：玩具厂的月末在产品根据生产工序不同，分为剪裁缝纫尚未完工的在产品、装配填充尚未完工的在产品和整形包装尚未完工的在产品（各生产工序在产品数量根据该工序领料、生产月报、完工产品入库数量计算）。玩具厂规定：剪裁缝纫在产品的完工程度为10%，装配填充在产品的完工程度为50%、整形包装在产品的完工程度为90%。各生产工序在产品的约当产量按各工序在产品的数量和规定的完工程度计算。

3. 会计资料

（1）玩具厂2019年11月1日各批玩具在产品生产成本明细账如表4-1和表4-2所示。

（2）玩具厂2019年11月的生产月报资料如表4-3所示。

表 4-1

生产成本明细账

第 1 页

账户名称:批次 170906

2019年		凭证字号	摘要	借方金额									贷方金额									借或贷	余额									(借方)金额分析																										
																																直接材料									直接人工									制造费用								
月	日			百	十	万	千	百	十	元	角	分	百	十	万	千	百	十	元	角	分		百	十	万	千	百	十	元	角	分	百	十	万	千	百	十	元	角	分	百	十	万	千	百	十	元	角	分	百	十	万	千	百	十	元	角	分
11	1		期初余额																			借	1	5	1	5	9	0	4	0	0	1	0	7	2	7	2	1	0	0		2	5	1	8	4	6	4	0		1	9	1	3	3	6	6	0

表 4-2

生产成本明细账

第 2 页

账户名称:批次 171015

2019年		凭证字号	摘要	借方金额									贷方金额									借或贷	余额									(借方)金额分析																										
																																直接材料									直接人工									制造费用								
月	日			百	十	万	千	百	十	元	角	分	百	十	万	千	百	十	元	角	分		百	十	万	千	百	十	元	角	分	百	十	万	千	百	十	元	角	分	百	十	万	千	百	十	元	角	分	百	十	万	千	百	十	元	角	分
11	1		期初余额																			借		1	8	7	9	0	2	0	0	1	3	0	9	9	3	2	0				3	2	6	7	1	6	0			2	4	2	3	7	2	0

表 4-3

11 月生产月报表

2019 年 11 月

订货单位	产品批号	产品名称	产品批量	投产日期	本月投入	完工产品数量	生产工时（小时）
时尚礼品公司	170906	手机挂件	15 600 件	9 月	2 600 件	3 120 件	1 456
思达培训学校	171015	生肖抱枕	8 840 个	10 月	6 760 个	5 200 个	2 355
美琪贸易公司	171103	吉祥物	12 480 件	11 月	5 200 件	尚未完工	808
小天使儿童城	171118	长毛熊	13 000 个	11 月	5 200 个	尚未完工	1 124

（3）11 月材料领用情况如表 4-4 至表 4-15 所示。

表 4-4

领　料　单

领料单位:生产车间　　　　编号:0065

2019 年 11 月 1 日　　　　仓库:材料仓库

材料类别	材料名称	单位	数量		单价（元）	金额（元）	用途
			应收	实收			
主材、辅材	剪毛布	米	13 000	13 000	9	117 000	生产手机挂件 170906
	密丝绒	米	650	650	11.2	7 280	生产手机挂件 170906
	各种辅材	套	650			4 160	生产手机挂件 170906
备注				合计		128 440	

发料人:孙帅　　　　领料人:王林　　　　记账:刘刚

表 4-5

领　料　单

领料单位:生产车间　　　　编号:0066

2019 年 11 月 5 日　　　　仓库:材料仓库

材料类别	材料名称	单位	数量		单价（元）	金额（元）	用途
			应收	实收			
主材、辅材	剪毛布	米	13 000	13 000	9	117 000	生产手机挂件 170906
	密丝绒	米	516.75	516.75	11.2	5 787.6	生产手机挂件 170906
	各种辅材	套	650	650	6.4	4 160	生产手机挂件 170906
备注				合计		126 947.6	

发料人:孙帅　　　　领料人:王林　　　　记账:刘刚

表 4-6

领　料　单

领料单位:生产车间　　　　编号:0067

2019 年 11 月 10 日　　　　仓库:材料仓库

材料类别	材料名称	单位	数　量		单价(元)	金额(元)	用途
			应收	实收			
主材、辅材	毛绒布	米	19 500	19 500	8	156 000	生产生肖抱枕 171015
	棉布	米	806	806	5.5	4 433	生产生肖抱枕 171015
	各种辅材	套	1 131	1 131	4	4 524	生产生肖抱枕 171015
备注				合计		164 957	

发料人:孙帅　　　　领料人:王林　　　　记账:刘刚

表 4-7

领　料　单

领料单位:生产车间　　　　编号:0068

2019 年 11 月 14 日　　　　仓库:材料仓库

材料类别	材料名称	单位	数　量		单价(元)	金额(元)	用途
			应收	实收			
主材、辅材	毛绒布	米	19 500	19 500	8	156 000	生产生肖抱枕 171015
	棉布	米	780	780	5.5	4 290	生产生肖抱枕 171015
	各种辅材	套	1 131	1 131	4	4 524	生产生肖抱枕 171015
备注				合计		164 814	

发料人:孙帅　　　　领料人:王林　　　　记账:刘刚

表 4-8

领　料　单

领料单位:生产车间　　　　编号:0069

2019 年 11 月 18 日　　　　仓库:材料仓库

材料类别	材料名称	单位	数　量		单价(元)	金额(元)	用途
			应收	实收			
主材、辅材	毛绒布	米	19 500	19 500	8	156 000	生产生肖抱枕 171015
	棉布	米	813.8	813.8	5.5	4 475.9	生产生肖抱枕 171015
	各种辅材	套	1 118	1 118	4	4 472	生产生肖抱枕 171015
备注				合计		164 947.9	

发料人:孙帅　　　　领料人:王林　　　　记账:刘刚

表 4-9

领　料　单

领料单位：生产车间　　　　编号：0070

2019 年 11 月 19 日　　　　仓库：修理用料仓库

材料类别	材料名称	单位	数量		单价（元）	金额（元）	用途
			应收	实收			
修理用料	流水线零件		400	400	20.63	8 252	一般生产耗用
	工具		300	300	13.3	3 990	一般生产耗用
	备件		400	400	26.11	10 444	一般生产耗用
备注				合计		22 686	

发料人：孙帅　　　　领料人：王林　　　　记账：刘刚

表 4-10

领　料　单

领料单位：生产车间　　　　编号：0071

2019 年 11 月 20 日　　　　仓库：劳保用品仓库

材料类别	材料名称	单位	数量		单价（元）	金额（元）	用途
			应收	实收			
劳保用品	工作服	套	160	160	84.5	13 520	一般生产耗用
	手套	副	160	160	4.1	656	一般生产耗用
	毛巾、肥皂	套	160	160	4.55	728	一般生产耗用
备注				合计		14 904	

发料人：孙帅　　　　领料人：王林　　　　记账：刘刚

表 4-11

领　料　单

领料单位：厂部　　　　编号：0072

2019 年 11 月 20 日　　　　仓库：劳保用品仓库

材料类别	材料名称	单位	数量		单价（元）	金额（元）	用途
			应收	实收			
劳保用品	袖套	副	24	24	28.6	686.4	管理耗用
	洗手液	瓶	32	32	9.1	291.2	管理耗用
备注				合计		977.6	

发料人：孙帅　　　　领料人：王林　　　　记账：刘刚

表 4-12

领　料　单

领料单位：生产车间　　　　　　　　　　　　　　　　　　　　编号：0073

2019年11月21日　　　　　　　　　　　　　　　　仓库：材料仓库

材料类别	材料名称	单位	数量		单价（元）	金额（元）	用途
			应收	实收			
主材、辅材	尼龙布	米	18 200	18 200	5.3	96 460	生产吉祥物171103
	棉布	米	1 170	1 170	4	4 680	生产吉祥物171103
	各种辅材	套	1 300	1 300	10	13 000	生产吉祥物171103
备注				合计		114 140	

发料人：孙帅　　　　　　　　　　领料人：王林　　　　　　　　　　记账：刘刚

表 4-13

领　料　单

领料单位：生产车间　　　　　　　　　　　　　　　　　　　　编号：0074

2019年11月22日　　　　　　　　　　　　　　　　仓库：材料仓库

材料类别	材料名称	单位	数量		单价（元）	金额（元）	用途
			应收	实收			
	尼龙布	米	18 200	18 200	5.3	96 460	生产吉祥物171103
	棉布	米	975	975	4	3 900	生产吉祥物171103
	各种辅材	套	1 300	1 300	10	13 000	生产吉祥物171103
备注				合计		113 360	

发料人：孙帅　　　　　　　　　　领料人：王林　　　　　　　　　　记账：刘刚

表 4-14

领　料　单

领料单位：生产车间　　　　　　　　　　　　　　　　　　　　编号：0075

2019年11月25日　　　　　　　　　　　　　　　　仓库：材料仓库

材料类别	材料名称	单位	数量		单价（元）	金额（元）	用途
			应收	实收			
主材、辅材	PU皮	米	20 800	20 800	6.1	126 880	生产长毛熊171118
	棉布	米	1 950	1 950	5.6	10 920	生产长毛熊171118
	各种辅材	套	1 300	1 300	3.12	4 056	生产长毛熊171118
备注				合计		141 856	

发料人：孙帅　　　　　　　　　　领料人：王林　　　　　　　　　　记账：刘刚

表 4-15

领　料　单

领料单位:生产车间　　　　编号:0076

2019 年 11 月 26 日　　　　仓库:材料仓库

材料类别	材料名称	单位	数　量		单价（元）	金额（元）	用途
			应收	实收			
主材、辅材	PU 皮	米	20 800	20 800	6.1	126 880	生产长毛熊 171118
	棉布	米	1 950	1 950	5.6	10 920	生产长毛熊 171118
	各种辅材	套	1 300	1 300	3.12	4 056	生产长毛熊 171118
备注				合计		141 856	

发料人:孙帅　　　　领料人:王林　　　　记账:刘刚

(4) 11 月工资结算汇总表如表 4-16 和表 4-17 所示。

表 4-16

工资费用汇总表

2019 年 11 月 30 日　　　　金额单位:元

项　　目	工资总额
生产车间工人工资	327 523.77
车间管理人员工资	43 768.40
厂部管理人员工资	53 331.20
合计	424 623.37

会计主管:王新　　　　制单:王建

表 4-17

职工福利费计算表

2019 年 11 月 30 日　　　　金额单位:元

项　　目	工资总额	提取比例	职工福利费
生产车间工人工资	327 523.77	14%	45 853.33
车间管理人员工资	43 768.4	14%	6 127.58
厂部管理人员工资	53 331.2	14%	7 466.37
合计	424 623.37		59 447.28

会计主管:王新　　　　制单:王建

(5) 本月固定资产折旧计算汇总表如表 4-18 所示。

表 4-18

固定资产折旧计算汇总表

2019 年 11 月 30 日　　　　金额单位:元

部　　门	月折旧额
生产车间	2 020.20
厂部	85.02
合计	2 105.22

会计主管:王新　　　　制单:王建

(6) 本月发生其他费用情况如表 4-19 所示。

表 4-19

其他费用发生额汇总表

2019 年 11 月 30 日　　　　金额单位:元

单位 项　目	厂　部	生产车间	合　计
办公费	773.76		773.76
差旅费	3 332.68		3 332.68
水电费	2 172.04	10 339.78	12 511.82
维护费		2 730	2 730
其他费用	1 507.48	1 124.40	2 631.88
合计	7 785.96	14 194.18	21 980.14

会计主管:王新　　　　制单:王建

(7) 本月生产月报详细资料如下:

批号 170906:本月全部完工。

批号 171015:整形包装工序月末在产品 1 560 个。

批号 171103:装配填充工序月末在产品 2 080 件,整形包装工序月末在产品3 120件。

批号 171118:剪裁缝纫工序月末在产品 3 900 个,装配填充工序月末在产品1 300个。

4. 项目说明

对于玩具、服装之类的企业而言,企业通常按客户订单组织相应的批次进行生产,不同的批次(订单)意味着不同的产品品种、不同的生产数量、不同的生产要求,因此产品成本的核算通常也按批次(订单)进行。事实上,如果将一个批次看作一种产品,一般分批法的核算与品种法是非常相似的。各个企业因为生产规模、生产技术等原因接到的订单数量有多有少,根据企业生产批次的多少及各批次每月完工的情况,在一般分批法的基础上还可采用简化分批法核算成本。

为了核算珠海童巧玩具制造厂 2019 年 11 月所发生的经济业务,根据该厂组织生产的形式,基于成本会计工作过程,将项目的完成分解为两个工作任务:

(1) 利用一般分批法核算产品成本。

(2) 利用简化分批法核算产品成本。

接下来,我们一起通过两个工作任务的完成来实现珠海童巧玩具制造厂 2019 年 11 月的成本核算。

工作任务 4-1　利用一般分批法核算产品成本

为了利用一般分批法完成成本核算的工作任务,我们需要学习和掌握哪些基本知识和技能?

任务描述

本任务是根据该项目中组织生产的特点,通过对生产月报资料的分析,对生产过程中的材料、人工、折旧、其他等要素费用以及制造费用等综合费用按照批次进行归集和分配,各批次内根据实际情况进行完工产品与在产品之间的分配,最终对核算后的生产成本费用进行相关的账务处理。

任务实操

根据珠海童巧玩具制造厂 2019 年 11 月生产过程中生产资料,利用一般分批法核算该厂本月生产成本。

【任务 4-1-1】 编制材料费用汇总分配表并填制记账凭证,如表 4-20 和表 4-21 所示。

表 4-20

材料费用汇总分配表

2019 年 11 月　　　　金额单位:元

会计科目		明细科目	主材、辅材	修理用料	劳保用品	合　计
生产成本	基本生产成本	170906				
		171015				
		171103				
		171118				
制造费用						
管理费用						
合　计						

表 4-21

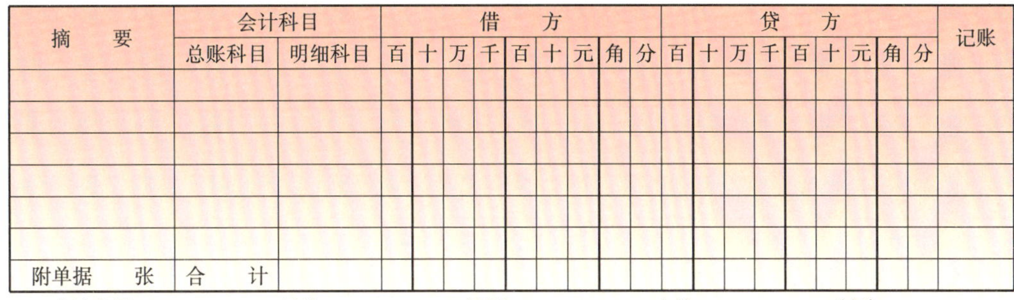

记 账 凭 证

年 月 日 记字 第 号

摘 要	会计科目		借 方									贷 方									记账
	总账科目	明细科目	百	十	万	千	百	十	元	角	分	百	十	万	千	百	十	元	角	分	
附单据 张	合 计																				

会计主管： 复核： 记账： 出纳： 制单：

【任务 4-1-2】 编制工资及福利费用分配表并填制记账凭证，如表 4-22 和表 4-23所示。

表 4-22

工资及职工福利费用分配表

2019 年 11 月 金额单位：元

会计科目		明细科目	工 资			职工福利费		合 计
			分配标准	分配率	金额	计提率	金额	
生产成本	基本生产成本	170906						
		171015						
		171103						
		171118						
		小计						
制造费用								
管理费用								
合 计								

表 4-23

记 账 凭 证

年 月 日 记字 第 号

摘 要	会计科目		借 方									贷 方									记账
	总账科目	明细科目	百	十	万	千	百	十	元	角	分	百	十	万	千	百	十	元	角	分	
附单据 张	合 计																				

会计主管： 复核： 记账： 出纳： 制单：

【任务 4-1-3】 编制折旧费用分配表并填制记账凭证，如表 4-24和表 4-25 所示。

表 4-24

折旧费用分配表

2019 年 11 月　　　　金额单位：元

应借科目	车间部门	月固定资产折旧额	月增加固定资产折旧额	月减少固定资产折旧额	本月固定资产折旧额
制造费用	生产车间				
管理费用	管理部门				
合　计					

表 4-25

记 账 凭 证

年　月　日　　　　记字　第　号

摘　要	会计科目		借　方									贷　方									记账
	总账科目	明细科目	百	十	万	千	百	十	元	角	分	百	十	万	千	百	十	元	角	分	
附单据　张	合　计																				

会计主管：　　复核：　　记账：　　出纳：　　制单：

【任务 4-1-4】 编制其他费用分配表并填制记账凭证，如表 4-26 和表 4-27 所示。

表 4-26

其他费用分配表

2019 年 11 月　　　　金额单位：元

会计科目	成本或费用项目					合　计
	办公费	差旅费	水电费	修理费	其他	
制造费用						
管理费用						
合　计						

表 4-27

记 账 凭 证

年　　月　　日　　　　　　　　　　记字　第　　号

摘　要	会计科目		借　方									贷　方									记账
	总账科目	明细科目	百	十	万	千	百	十	元	角	分	百	十	万	千	百	十	元	角	分	
附单据　张	合　计																				

会计主管：　　　　复核：　　　　记账：　　　　出纳：　　　　制单：

【任务 4-1-5】 编制制造费用汇总表及制造费用分配表并填制记账凭证，如表 4-28至表 4-30 所示。

表 4-28

制造费用汇总表

2019 年 11 月　　　　　　　　金额单位:元

项　目	材料	人工	折旧	其他	合计
材料费用汇总分配表					
工资及职工福利费用分配表					
折旧费用分配表					
其他费用分配表					
合　计					

表 4-29

制造费用分配表

2019 年 11 月　　　　　　　　金额单位:元

批次	生产工时	分配率	分配费用
170906			
171015			
171103			
171118			
合计			

表 4-30

记 账 凭 证

年 月 日 记字 第 号

摘 要	会计科目		借 方									贷 方									记账
	总账科目	明细科目	百	十	万	千	百	十	元	角	分	百	十	万	千	百	十	元	角	分	
附单据 张	合 计																				

会计主管： 复核： 记账： 出纳： 制单：

【任务 4-1-6】 填制各批次产品成本计算单及记账凭证，如表 4-31 至表4-35所示。

表 4-31

产品成本计算单

投产日期：9 月

产品批次：170906　　完工日期：11 月

产品批量：15 600 件　　2019 年 11 月　　金额单位：元

日期	摘 要	直接材料	直接人工	制造费用	合计
11 月 1 日	月初在产品成本				
11 月 30 日	材料费用汇总分配表				
	工资及职工福利费用分配表				
	制造费用分配表				
	本月生产成本合计				
	生产成本累计				
	本月完工产品成本				

表 4-32

产品成本计算单

投产日期：10 月

产品批次：171015　　完工日期：

产品批量：8 840 个　　2019 年 11 月　　金额单位：元

日期	摘 要	直接材料	直接人工	制造费用	合计
11 月 1 日	月初在产品成本				
11 月 30 日	材料费用汇总分配表				
	工资及职工福利费用分配表				
	制造费用分配表				
	本月生产成本合计				
	生产成本累计				
	完工产品产量				
	在产品约当产量				
	约当总产量				
	分配率				
	完工产品成本				
	月末在产品成本				

表 4-33

记 账 凭 证

年 月 日 记字 第 号

摘 要	会计科目		借方金额									贷方金额									记账
	总账科目	明细科目	百	十	万	千	百	十	元	角	分	百	十	万	千	百	十	元	角	分	
附单据 张	合 计																				

会计主管： 复核： 记账： 出纳： 制单：

表 4-34

产品成本计算单

投产日期：11月
产品批次：171103 完工日期：
产品批量：12 480 件 2019 年 11 月 金额单位：元

日期	摘 要	直接材料	直接人工	制造费用	合计
11 月 30 日	材料费用汇总分配表				
	工资及职工福利费用分配表				
	制造费用分配表				
	本月生产成本合计				

表 4-35

产品成本计算单

投产日期：11月
产品批次：171118 完工日期：
产品批量：13 000 个 2019 年 11 月 金额单位：元

日期	摘 要	直接材料	直接人工	制造费用	合计
11 月 30 日	材料费用汇总分配表				
	工资及职工福利费用分配表				
	制造费用分配表				
	本月生产成本合计				

【任务 4-1-7】 登记基本生产成本明细账，如表 4-36 至表 4-39 所示。

表 4-36

生产成本明细账

第 1 页

账户名称:批次 170906

2019 年 月	2019 年 日	凭证字号	摘要	借方金额	贷方金额	借或贷	余额	(借方)金额分析 直接材料	(借方)金额分析 直接人工	(借方)金额分析 制造费用
11	1		期初余额			借	1515904.00	1072721.00	251846.40	191336.60

表 4-37

生产成本明细账

第 2 页

账户名称:批次 171015

2019 年 月	2019 年 日	凭证字号	摘要	借方金额	贷方金额	借或贷	余额	(借方)金额分析 直接材料	(借方)金额分析 直接人工	(借方)金额分析 制造费用
11	1		期初余额			借	187902.00	130993.20	32671.60	24237.20

表 4-38

生产成本明细账

第 3 页

账户名称:批次 171103

年		凭证字号	摘要	借方金额									贷方金额									借或贷	余额									(借方)金额分析																										
																																直接材料									直接人工									制造费用								
月	日			百	十	万	千	百	十	元	角	分	百	十	万	千	百	十	元	角	分		百	十	万	千	百	十	元	角	分	百	十	万	千	百	十	元	角	分	百	十	万	千	百	十	元	角	分	百	十	万	千	百	十	元	角	分

表 4-39

生产成本明细账

第 4 页

账户名称:批次 171118

年		凭证字号	摘要	借方金额									贷方金额									借或贷	余额									(借方)金额分析																										
																																直接材料									直接人工									制造费用								
月	日			百	十	万	千	百	十	元	角	分	百	十	万	千	百	十	元	角	分		百	十	万	千	百	十	元	角	分	百	十	万	千	百	十	元	角	分	百	十	万	千	百	十	元	角	分	百	十	万	千	百	十	元	角	分

知识搜索

4-1-1 分批法的基础知识

1. 什么是分批法

产品成本计算的分批法是按照产品批别或订单作为成本计算对象来归集生产费用,计算产品成本的一种方法。分批法是产品成本计算的基本方法之一。由于按照产品批别计算产品成本,往往也就是按照订单来计算产品成本,所以分批法也称"订单法"。

分批法概述

2. 分批法的特点

(1) 以产品的批别或订单为成本计算对象。如果一批产品中有两种或两种以上的产品,还要分批为每一种产品设置生产成本明细账。

(2) 成本计算期与产品生产周期基本一致,与会计报告期不一致。如果一批产品的生产跨越几个月份,就会出现生产周期内月末没有完工产品,或只有很少量完工产品的情况,因此,可以暂时不计算完工产品成本或者采用简化的方法进行计算。

(3) 生产费用一般不需要在完工产品与月末在产品之间进行分配。单件小批生产由于月末要么全部是在产品成本,要么全部是完工产品成本,所以一般不存在完工产品与在产品费用分配问题;如果是跨月陆续完工的生产,就要区分不同情况在完工产品与月末在产品之间分配费用,只有很少量完工产品的情况,完工产品成本可以按定额成本计算,完工产品数量较多,则可以采用约当产量法核算。

3. 分批法的适用范围

分批法适用于单件小批且管理上不要求分步计算成本的复杂生产企业或车间,如船舶制造、重型机器制造、专用工具、模具和专用设备、精密仪器、服装、印刷、家具制造以及新产品试制等。通常有以下四种情形:

(1) 根据客户订单组织生产的企业。

(2) 产品种类经常变动的小规模制造厂。

(3) 承揽修理业务的工厂。

(4) 新产品试制车间。

4-1-2 生产月报资料的识别

生产月报资料包括企业或车间在生产过程中的许多信息,涉及的表格有许多,但对于成本会计而言关注的主要是生产订单表。

一些企业的生产订单表如表 4-40 和表 4-41 所示。

表 4-40

订单统计表

接单日期	制造单号	品名	规格	订货量	单价	金额	需要日期	物料供应状况				预定日期				品质记录	完工日期
											其他						

表 4-41

生产订单表

下单日期：

订单号	物品编号	物品名称	规格型号	数量	交货期	完成数量	未完成数量	未完成原因

【知识小提示】

月末各批次的完工情况直接关系到分批法核算中生产费用在完工与在产品之间的分配，因此各批次的投产日期、完工日期、总产量、各月投产数量、各月完工及在产品数量等信息非常重要。

4-1-3 一般分批法的核算程序

(1) 按照产品的批次或订单，设置“基本生产成本明细账”或产品成本计算单，并按照规定的成本项目设专栏，以便归集生产费用。

(2) 归集和分配生产费用：要素费用按批次直接汇总计入各批产品的基本生产成本明细账中，综合费用按特定的方法在各批产品之间进行分配，再计入各批产品的基本生产成本明细账中。

(3) 计算各批完工产品的成本：月末全部完工的批次，将基本生产成本明细账中的成本项目加总即可；月末尚无完工产品的批次，基本生产成本明细账中的成本全部作为在产品成本；只有该批次出现跨月完工的产品时，需按约当产量法等计算完工产品和在产品成本。

一般分批法

分批法成本核算流程如图 4-1 所示。

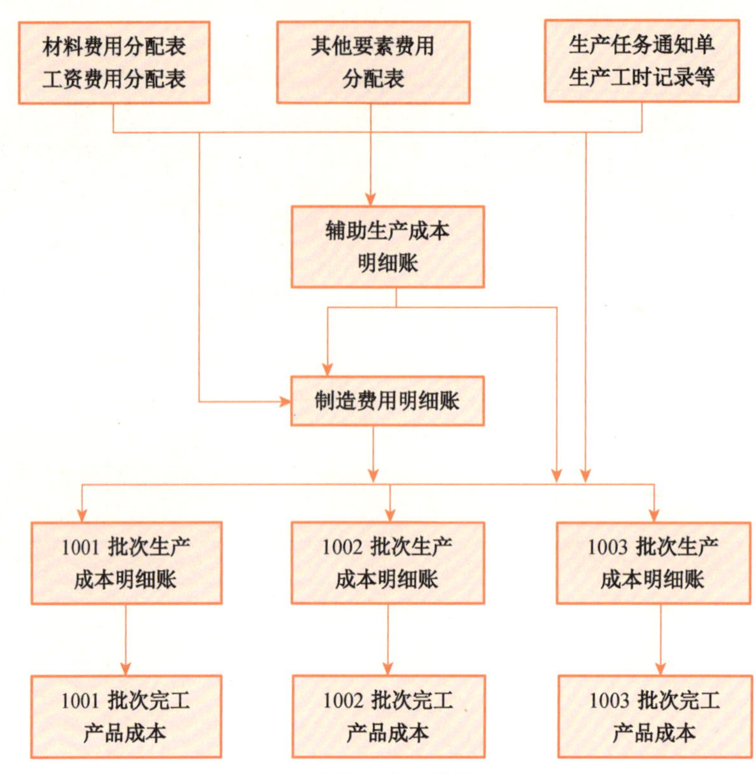

图 4-1　分批法成本核算流程图

【知识小提示】

在分批法中，若将某个批次看作某个品种，即：
1001 批次——甲产品
1002 批次——乙产品
……
则分批法的核算程序与品种法基本相同。

小小案例

世成机械制造厂 2019 年 10 月有关成本计算资料如表 4-42 和表 4-43 所示。

表 4-42

生 产 情 况

产品批次	批量(件)	投产时间	完工情况	耗用工时(小时)
171001	150	8 月 25 日	10 月全部完工	2 000
171002	90	9 月 21 日	10 月完工 65 件	5 000
171003	100	10 月 18 日	10 月全部未完工	1 500
171004	75	10 月 20 日	10 月全部完工	1 000

表 4-43

本月生产费用

金额单位:元

产品批次	直接材料	直接人工	制造费用
171001	8 376	6 000	3 200
171002	15 500	15 000	8 000
171003	6 843	4 500	2 400
171004	2 500	3 000	1 600
合计	33 219	28 500	15 200

原材料系一次投入,在产品完工程度为50%。

根据以上资料,编制四批产品成本计算单如表4-44至表4-47所示。

表 4-44

产品成本计算单

投产日期:8月25日
产品批次:171001　　　　完工日期:10月
产品批量:150件　　2019年10月　　金额单位:元

日期	摘　　要	直接材料	直接人工	制造费用	合计
8月31日	本月生产成本	824	271.56	336.44	1 432
9月30日	本月生产成本	6 500	1 500	1 000	9 000
10月31日	原材料分配表	8 376			8 376
10月31日	工资分配表		6 000		6 000
10月31日	制造费用分配表			3 200	3 200
	本月生产成本合计	8 376	6 000	3 200	17 576
	完工产品总成本	15 700	7 771.56	4 536.44	28 008

表 4-45

产品成本计算单

投产日期:9月21日
产品批次:171002　　　　完工日期:
产品批量:90件　　2019年10月　　金额单位:元

日期	摘　　要	直接材料	直接人工	制造费用	合计
10月1日	月初在产品成本	1 600	1 063.12	896.5	3 559.62
10月31日	原材料分配表	15 500			15 500
10月31日	工资分配表		15 000		15 000
10月31日	制造费用分配表			8 000	8 000
	本月生产成本合计	15 500	15 000	8 000	38 500
	生产成本累计	17 100	16 063.12	8 896.5	42 059.62

（续表）

日期	摘　要	直接材料	直接人工	制造费用	合计
	完工产品产量	65	65	65	
	在产品约当产量	25	12.5	12.5	
	约当总产量	90	77.5	77.5	
	分配率	190	207.27	114.79	
	完工产品成本	12 350	13 472.55	7 461.35	33 283.9
	月末在产品成本	4 750	2 590.57	1 435.15	8 775.72

表 4-46

产品成本计算单

投产日期:10 月 18 日

产品批次:171003　　　　完工日期:

产品批量:100 件　　　　2019 年 10 月　　　　金额单位:元

日期	摘　要	直接材料	直接人工	制造费用	合计
10 月 31 日	原材料分配表	6 843			6 843
10 月 31 日	工资分配表		4 500		4 500
10 月 31 日	制造费用分配表			2 400	2 400
	本月生产成本合计	6 843	4 500	2 400	13 743

表 4-47

产品成本计算单

投产日期:10 月 20 日

产品批次:171004　　　　完工日期:10 月 30 日

产品批量:75 件　　　　2019 年 10 月　　　　金额单位:元

日期	摘　要	直接材料	直接人工	制造费用	合计
10 月 31 日	原材料分配表	2 500			2 500
10 月 31 日	工资分配表		3 000		3 000
10 月 31 日	制造费用分配表			1 600	1 600
	本月生产成本合计	2 500	3 000	1 600	7 100
	完工产品成本	2 500	3 000	1 600	7 100

4-1-4　一般分批法的账务处理

(1) 依次填制完工批次 171001、171002、171004 产品入库的记账凭证,如表 4-48 至表 4-50 所示。

表 4-48

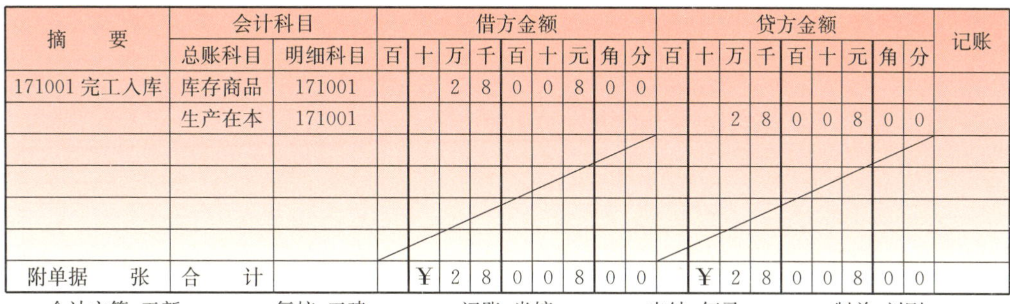

记 账 凭 证

2019 年 10 月 31 日　　　　记字第 039 号

摘要	会计科目		借方金额									贷方金额									记账
	总账科目	明细科目	百	十	万	千	百	十	元	角	分	百	十	万	千	百	十	元	角	分	
171001 完工入库	库存商品	171001			2	8	0	0	8	0	0										
	生产在本	171001												2	8	0	0	8	0	0	
附单据 张	合 计			¥	2	8	0	0	8	0	0		¥	2	8	0	0	8	0	0	

会计主管：王新　　复核：王建　　记账：肖婷　　出纳：何灵　　制单：刘刚

表 4-49

记 账 凭 证

2019 年 10 月 31 日　　　　记字第 040 号

摘要	会计科目		借方金额									贷方金额									记账
	总账科目	明细科目	百	十	万	千	百	十	元	角	分	百	十	万	千	百	十	元	角	分	
171002 完工入库	库存商品	171002			3	3	2	8	3	9	0										
	生产在本	171002												3	3	2	8	3	9	0	
附单据 张	合 计			¥	3	3	2	8	3	9	0		¥	3	3	2	8	3	9	0	

会计主管：王新　　复核：王建　　记账：肖婷　　出纳：何灵　　制单：刘刚

表 4-50

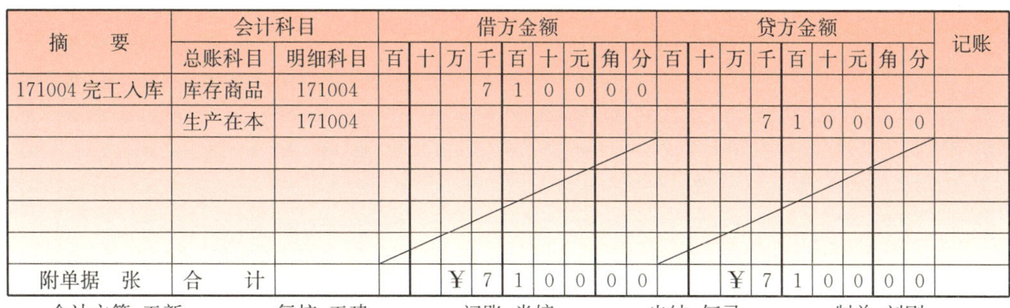

记 账 凭 证

2019 年 10 月 31 日　　　　记字第 041 号

摘要	会计科目		借方金额									贷方金额									记账
	总账科目	明细科目	百	十	万	千	百	十	元	角	分	百	十	万	千	百	十	元	角	分	
171004 完工入库	库存商品	171004				7	1	0	0	0	0										
	生产在本	171004													7	1	0	0	0	0	
附单据 张	合 计				¥	7	1	0	0	0	0			¥	7	1	0	0	0	0	

会计主管：王新　　复核：王建　　记账：肖婷　　出纳：何灵　　制单：刘刚

（2）依次登记各个批次明细账账簿，如表 4-51 至表 4-54 所示。（假设各批次本月的料、工、费均发生在月末，现实中应按料、工、费的记账凭证登记入账）

表 4-51

生产成本明细账

第 1 页

账户名称：批次 171001

2019年 月	日	凭证字号	摘要	借方金额	贷方金额	借或贷	余额	(借方)金额分析 直接材料	直接人工	制造费用
10	1		期初余额			借	10432.00	7324.00	1771.56	1336.44
10	31		材料成本	8376.00		借	18808.00	8376.00		
10	31		人工成本	6000.00		借	24808.00		6000.00	
10	31		制造费用成本	3200.00		借	28008.00			3200.00
10	31	记 039	完工产品转出		28008.00	平	0	15700.00	7771.56	4536.44
10	31		本月合计	17576.00	28008.00	平	0			

表 4-52

生产成本明细账

第 2 页

账户名称：批次 171002

2019年 月	日	凭证字号	摘要	借方金额	贷方金额	借或贷	余额	(借方)金额分析 直接材料	直接人工	制造费用
10	1		期初余额			借	3559.62	1600.00	1063.12	896.50
10	31		材料成本	15500.00		借	19059.62	15500.00		
10	31		人工成本	15000.00		借	34059.62		15000.00	
10	31		制造费用成本	8000.00		借	42059.62			8000.00
10	31	记 040	完工产品转出		33283.90	借	8775.72	12350.00	13472.55	7461.35
10	31		本月合计	38500.00	33283.90	借	8775.72	4750.00	2590.57	1435.15

表 4-53

生产成本明细账

第 3 页

账户名称：批次 171003

2019年 月	日	凭证字号	摘要	借方金额（百十万千百十元角分）	贷方金额（百十万千百十元角分）	借或贷	余额（百十万千百十元角分）	（借方）金额分析 直接材料（百十万千百十元角分）	直接人工（百十万千百十元角分）	制造费用（百十万千百十元角分）
10	31		材料成本	684300		借	684300	684300		
10	31		人工成本	450000		借	1134300		450000	
10	31		制造费用成本	240000		借	1374300			240000
10	31		本月合计	1374300		借	1374300	684300	450000	240000

表 4-54

生产成本明细账

第 4 页

账户名称：批次 171004

2019年 月	日	凭证字号	摘要	借方金额（百十万千百十元角分）	贷方金额（百十万千百十元角分）	借或贷	余额（百十万千百十元角分）	（借方）金额分析 直接材料（百十万千百十元角分）	直接人工（百十万千百十元角分）	制造费用（百十万千百十元角分）
10	31		材料成本	250000		借	250000	250000		
10	31		人工成本	300000		借	550000		300000	
10	31		制造费用成本	160000		借	710000			160000
10	31	记 041	完工产品转出		710000	平	0	250000	300000	160000
10	31		本月合计	710000	710000	平	0			

注："完工产品转出"行的"（借方）金额分析"栏中所填数字应为红色，表示贷方发生额。

任务小结

利用一般分批法核算产品成本

基础知识	账务处理	任务剖析
● 分批法的含义 ● 分批法的特点 ● 分批法的适用范围 ● 生产月报资料的识别	● 根据各类生产费用分配表填制记账凭证 ● 基本生产成本明细账的设置及登记	● 按批次设置基本生产成本明细账或成本计算单 ● 汇总各类生产费用，登记生产成本明细账 ● 计算并转结完工产品成本

工作任务 4-2　利用简化分批法核算产品成本

为了利用简化分批法完成成本核算的相关工作任务，我们需要学习和掌握哪些基本知识和技能？

任务描述

本任务是根据该项目中组织生产的特点，设置基本生产成本二级账，按成本项目登记所有批次产品的累计生产费用（包括直接费用和间接费用）和累计生产工时。为简化对间接费用的分配，只对完工批次计算应分摊的间接费用。对核算后的生产成本费用作相关的账务处理。

任务实操

根据珠海童巧玩具制造厂 2019 年 11 月生产过程中的生产资料，利用简化分批法核算该厂本月生产成本。

项目补充资料如下。

(1) 月初在产品材料费用及生产工时明细如表4-55和表4-56所示。

表4-55

产品成本计算单

投产日期:9月
产品批次:170906　　　　完工日期:11月
产品批量:15 600件　　2019年11月　　金额单位:元

日期	摘　　要	直接材料	生产工时(小时)	直接人工	制造费用	合计
9月30日	本月生产成本	321 816.3	1 950			
10月31日	本月生产成本	750 904.7	4 550			

表4-56

产品成本计算单

投产日期:10月
产品批次:171015　　　　完工日期:
产品批量:8 840个　　2019年11月　　金额单位:元

日期	摘　　要	直接材料	生产工时(小时)	直接人工	制造费用	合计
10月31日	本月生产成本	130 993.2	858			

(2) 批次170906在9月和10月均无完工产品出现,11月全部完工;批次171015在10月无完工产品出现,10月和11月共投产6 760个,11月部分完工。

(3) 批次171015产品月末在产品生产工时975小时。

【任务4-2-1】 填制基本生产成本二级账如表4-57所示。

表4-57

基本生产成本二级账　　金额单位:元

日期	摘　　要	直接材料	生产工时(小时)	直接人工	制造费用	合计
11月1日	月初在产品成本					
11月30日	本月生产成本					
	生产成本累计					
	累计间接费用分配率					
	完工产品成本转出					
	月末在产品成本					

【任务4-2-2】 填制产品成本计算单及记账凭证如表4-58至表4-63所示。

表 4-58

产品成本计算单

投产日期:9 月
产品批次:170906　　完工日期:11 月
产品批量:15 600 件　　2019 年 11 月　　金额单位:元

日期	摘　要	直接材料	生产工时（小时）	直接人工	制造费用	合计
9 月 30 日	本月生产成本					
10 月 31 日	本月生产成本					
11 月 30 日	本月生产成本					
	生产成本累计数					
	累计间接费用分配率					
	本月完工产品成本					

表 4-59

记　账　凭　证

年　　月　　日　　　　记字第　　号

摘　要	会计科目		借方金额									贷方金额									记账
	总账科目	明细科目	百	十	万	千	百	十	元	角	分	百	十	万	千	百	十	元	角	分	
附单据　张	合　计																				

会计主管:　　复核:　　记账:　　出纳:　　制单:

表 4-60

产品成本计算单

投产日期:10 月
产品批次:171015　　完工日期:
产品批量:8 840 个　　2019 年 11 月　　金额单位:元

日期	摘　要	直接材料	生产工时（小时）	直接人工	制造费用	合计
10 月 30 日	本月生产成本					
11 月 30 日	本月生产成本					
	生产成本累计数					
	累计间接费用分配率					
	本月完工产品成本					
	月末在产品成本					

表 4-61

记 账 凭 证

年 月 日　　　　记字第　号

摘要	会计科目		借方金额									贷方金额									记账
	总账科目	明细科目	百	十	万	千	百	十	元	角	分	百	十	万	千	百	十	元	角	分	
附单据 张	合 计																				

会计主管：　　复核：　　记账：　　出纳：　　制单：

表 4-62

产品成本计算单

投产日期 11 月
产品批次：171103　　　　完工日期：
产品批量：12 480 件　　2019 年 11 月　　金额单位：元

日期	摘要	直接材料	生产工时（小时）	直接人工	制造费用	合计
11 月 30 日	本月生产成本					

表 4-63

产品成本计算单

投产日期：11 月
产品批次：171118　　　　完工日期：
产品批量：13 000 个　　2019 年 11 月　　金额单位：元

日期	摘要	直接材料	生产工时（小时）	直接人工	制造费用	合计
11 月 30 日	本月生产成本					

【任务 4-2-3】 登记基本生产成本明细账如表 4-64 至表 4-67 所示。

表 4-64

生产成本明细账

第 1 页

账户名称:批次 170906

2019 年		凭证字号	摘要	借方金额	贷方金额	借或贷	余额	(借方)金额分析		
								直接材料	直接人工	制造费用
月	日			百十万千百十元角分	百十万千百十元角分		百十万千百十元角分	百十万千百十元角分	百十万千百十元角分	百十万千百十元角分
11	1		期初余额			借	107272100	107272100		

表 4-65

生产成本明细账

第 2 页

账户名称:批次 171015

2019 年		凭证字号	摘要	借方金额	贷方金额	借或贷	余额	(借方)金额分析		
								直接材料	直接人工	制造费用
月	日			百十万千百十元角分	百十万千百十元角分		百十万千百十元角分	百十万千百十元角分	百十万千百十元角分	百十万千百十元角分
11	1		期初余额			借	13099320	13099320		

表 4-66

生产成本明细账

第 3 页

账户名称:批次 171103

2019年		凭证字号	摘要	借方金额									贷方金额									借或贷	余额									(借方)金额分析																																						
																																直接材料									直接人工									制造费用								
月	日			百	十	万	千	百	十	元	角	分	百	十	万	千	百	十	元	角	分		百	十	万	千	百	十	元	角	分	百	十	万	千	百	十	元	角	分	百	十	万	千	百	十	元	角	分	百	十	万	千	百	十	元	角	分

表 4-67

生产成本明细账

第 4 页

账户名称:批次 171118

2019年		凭证字号	摘要	借方金额									贷方金额									借或贷	余额									(借方)金额分析																																						
																																直接材料									直接人工									制造费用								
月	日			百	十	万	千	百	十	元	角	分	百	十	万	千	百	十	元	角	分		百	十	万	千	百	十	元	角	分	百	十	万	千	百	十	元	角	分	百	十	万	千	百	十	元	角	分	百	十	万	千	百	十	元	角	分

知识搜索

4-2-1 简化分批法的基础知识

1. 简化分批法的概念

企业或车间中同一月份内如果投产的产品批次很多，且月末未完工的产品批次也很多，各种间接计入的费用在各批产品之间按月进行分配的工作量就会非常繁重。为了简化核算工作，可以采用累计间接费用的简化分批法来计算产品成本，也就是不分批计算月末在产品成本的分批法。

2. 简化分批法的特点

（1）必须设置基本生产成本二级账，同时按批次设立成本计算单。

（2）简化了间接费用的分配，累计间接计入费用不在在产品之间分配。

（3）各批次产品成本计算单中除完工产品成本外，均不反映间接费用的项目成本，月末在产品只反映直接费用和生产工时。

简化分批法

3. 简化分批法的适用条件

（1）各个月份间接计入费用水平比较一致。

（2）同一月份投产批次较多，且月末未完工批次也较多。

4-2-2 基本生产成本二级账及成本计算单的设置

简化分批法需按月登记所有批次产品的累计生产费用（包括直接费用和间接费用）和累计生产工时。基本生产成本二级账中不仅要按成本项目登记所有批次产品的月初在产品费用、本月生产费用和累计生产费用，而且还要登记所有批次产品的月初在产品生产工时、本月生产工时和累计生产工时，如表 4-68 所示。

表 4-68

基本生产成本二级账

（各批产品总成本）

金额单位：元

月	日	摘　　要	直接材料	生产工时（小时）	直接人工	制造费用	合计
10	31	期初余额	413 745	66 500	117 538.2	23 000	554 283.2
11	30	本月发生	702 220	53 500	212 461.8	277 000	1 191 681.8
11	30	累计	1 115 965	120 000	330 000	300 000	1 745 965
11	30	全部产品累计间接费用分配率（元/件）			2.75	2.5	
11	30	本月完工产品转出	420 040	69 000	189 750	172 500	782 290
11	30	期末余额	695 925	51 000	140 250	127 500	963 675

【知识小提示】

$$全部产品某项累计间接费用分配率=\frac{全部产品该项累计间接费用}{全部产品累计生产工时}$$

$$某批完工产品应分摊的间接费用=\begin{matrix}该批完工产品\\累计生产工时\end{matrix}\times\begin{matrix}全部产品某项累计\\间接费用分配率\end{matrix}$$

各批产品的成本计算单中，平时只登记直接费用和发生的工时，当月有完工产品时，再加计直接费用累计数，计算完工产品应分摊的间接费用和工时，如表 4-69 所示。

表 4-69

产品成本明细账

投产日期：9 月

产品批号：901　　购货单位：华光工厂　　完工日期：11 月

产品名称：甲　　批量：8 台　　金额单位：元

月	日	摘　　要	直接材料	生产工时（小时）	直接人工	制造费用	合计
9	30	本月发生	89 740	6 000			
10	31	本月发生	30 260	4 000			
11	30	本月发生		2 000			
11	30	累计数及累计间接费用分配率(元/台)	120 000	12 000	2.75	2.5	
11	30	本月完工产品转出	120 000	12 000	33 000	30 000	183 000
11	30	完工产品单位成本	15 000		4 125	3 750	22 875

各批次产品成本计算单的累计直接费用与累计生产工时相加之和，应该等于基本生产成本二级账中所反映的全部批次的在产品直接费用和生产工时累计数。

4-2-3　间接费用分配的简化

各月发生的间接费用先在基本生产成本二级账中进行累计，只在有完工产品的月份，月末才计算完工产品应分摊的间接费用和应保留在二级账中的月末在产品成本，没有完工产品的月份，各项费用只作累计不作分配，如表 4-70 所示。

表 4-70

产品成本明细账

投产日期：10 月

产品批号：903　　购货单位：南通工厂　　完工日期：

产品名称：甲　　批量：　　金额单位：元

月	日	摘　　要	直接材料	生产工时（小时）	直接人工	制造费用	合计
5	31	本月发生	9 000	8 500			
6	30	本月发生	291 000	6 500			

4-2-4 简化分批法的核算程序

(1) 按产品批次设置产品成本计算单，并登记月初在产品的直接费用和生产工时。

(2) 设置基本生产成本二级账，并登记月初在产品的累计直接费用和累计生产工时。

(3) 归集当月发生的生产费用和生产工时。

(4) 月末，根据累计间接费用和累计生产工时计算各项间接费用分配率。

(5) 根据各批完工产品累计生产工时，计算并分摊完工产品的间接费用。

(6) 平行登记基本生产成本二级账和明细账。

(7) 填制相应的记账凭证。

简化分批法成本核算的流程如图 4-2 所示。

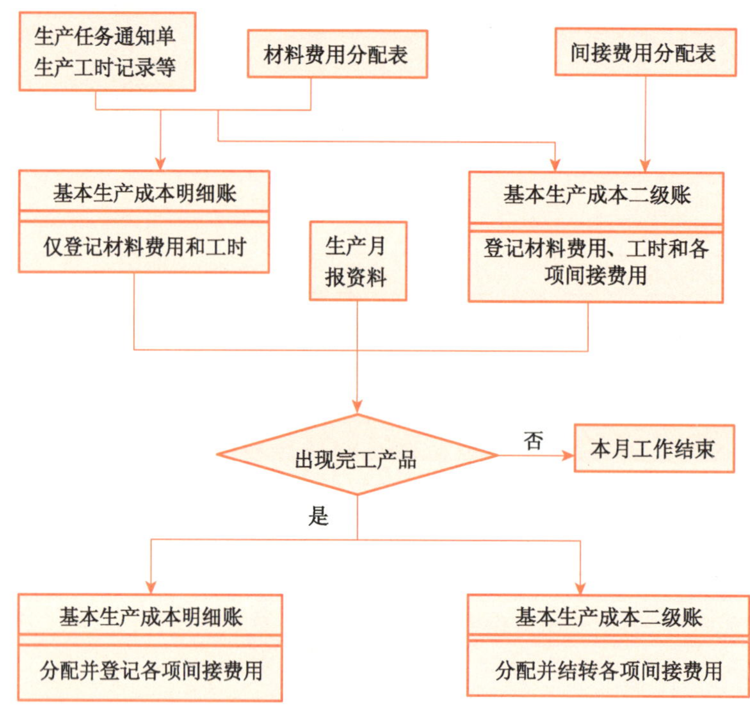

图 4-2　简化分批法成本核算流程图

小小案例

世成机械制造厂 2019 年 10 月的成本计算资料如前所述，其基本生产成本二级账及各批次的成本计算单如表 4-71 至表 4-75 所示。

表 4-71

基本生产成本二级账

金额单位:元

日期	摘　　要	直接材料	生产工时（小时）	直接人工	制造费用	合计
10月1日	月初在产品成本	8 924	945	2 834.68	2 232.94	13 991.62
10月30日	本月生产成本	33 219	9 500	28 500	15 200	76 919
	生产成本累计	42 143	10 445	31 334.68	17 432.94	90 910.62
	累计间接费用分配率①（元/件）			2.999 9	1.669	
	完工产品成本转出②	30 550	7 155	21 464.28	11 941.7	63 955.98
	月末在产品成本	11 593	3 290	9 870.4	5 491.24	26 954.64

① 累计人工费用分配率＝31 334.68÷10 445＝2.999 9

累计制造费用分配率＝17 432.94÷10 445＝1.669

② 完工产品直接材料费用和生产工时，根据各批产品成本计算单中完工产品的直接材料和生产工时数汇总登记；完工产品结转的各项间接费用可以根据账内完工产品工时乘以累计间接费用分配率计算登记，也可以根据各批产品成本计算单中完工产品的间接费用汇总数登记。

表 4-72

产品成本计算单

投产日期:8月25日

产品批次:171001　　　　完工日期:10月

产品批量:150件　　　　2019年10月　　　　金额单位:元

日期	摘　　要	直接材料	生产工时（小时）	直接人工	制造费用	合计
8月31日	本月生产成本	824	200			
9月30日	本月生产成本	6 500	600			
10月31日	本月生产成本	8 376	2 000			
	生产成本累计数	15 700	2 800			
	累计间接费用分配率（元/件）			2.999 9①	1.669	
	本月完工产品成本	15 700	2 800	8 399.72②	4 673.2	28 772.92

① 累计间接费用分配率根据基本生产成本二级账登记。

② 完工产品的各项间接费用根据单内完工产品生产工时乘以累计间接费用分配率计算。

表 4-73

产品成本计算单

投产日期:9月21日

产品批次:171002　　　　完工日期:

产品批量:90件　　　　2019年10月　　　　金额单位:元

日期	摘　　要	直接材料	生产工时（小时）	直接人工	制造费用	合计
9月30日	本月生产成本	1 600	145			
10月31日	本月生产成本	15 500	5 000			

（续表）

日期	摘　　要	直接材料	生产工时（小时）	直接人工	制造费用	合计
10月31日	生产成本累计数	17 100	5 145			
	累计间接费用分配率（元/件）			2.999 9	1.669	
	本月完工产品成本	12 350①	3 355	10 064.66	5 599.5	28 014.16
	月末在产品成本	4 750	1 790②			

① 完工产品与月末在产品之间材料费用分配按产品实际数量比例。
② 在产品工时按定额工时计算。

表 4-74

产品成本计算单

投产日期：10月18日
产品批次：171003　　完工日期：
产品批量：100件　　2019年10月　　金额单位：元

日期	摘　　要	直接材料	生产工时（小时）	直接人工	制造费用	合计
10月31日	本月生产成本	6 843	1 500			

表 4-75

产品成本计算单

投产日期：10月20日
产品批次：171004　　完工日期：10月30日
产品批量：75件　　2019年10月　　金额单位：元

日期	摘　　要	直接材料	生产工时（小时）	直接人工	制造费用	合计
10月31日	本月生产成本	2 500	1 000			
	累计间接费用分配率（元/件）			2.999 9	1.669	
	本月完工产品成本	2 500	1 000	2 999.9	1 669	7 168.9

4-2-5　简化分批法的账务处理

（1）依次填制完工批次171001、171002、171004产品入库的记账凭证，如表4-76、表4-77和表4-78所示。

表 4-76

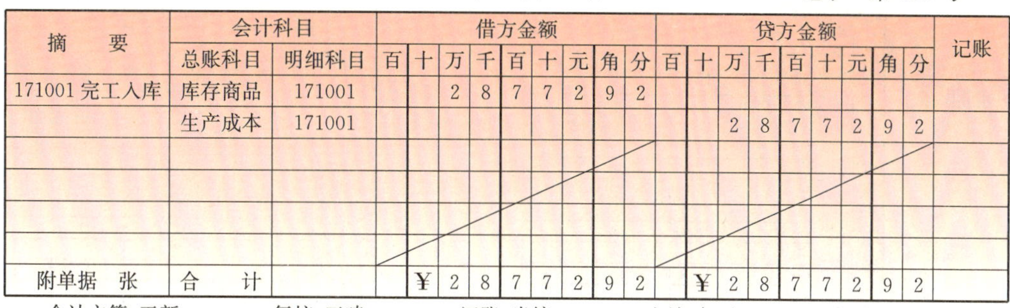

记 账 凭 证

2019 年 10 月 31 日　　　　记字　第 039 号

摘　要	会计科目		借方金额									贷方金额									记账
	总账科目	明细科目	百	十	万	千	百	十	元	角	分	百	十	万	千	百	十	元	角	分	
171001 完工入库	库存商品	171001			2	8	7	7	2	9	2										
	生产成本	171001												2	8	7	7	2	9	2	
附单据　张	合　计			¥	2	8	7	7	2	9	2		¥	2	8	7	7	2	9	2	

会计主管:王新　　复核:王建　　记账:肖婷　　出纳:何灵　　制单:刘刚

表 4-77

记 账 凭 证

2019 年 10 月 31 日　　　　记字　第 040 号

摘　要	会计科目		借方金额									贷方金额									记账
	总账科目	明细科目	百	十	万	千	百	十	元	角	分	百	十	万	千	百	十	元	角	分	
171002 完工入库	库存商品	171002			2	8	0	1	4	1	6										
	生产成本	171002												2	8	0	1	4	1	6	
附单据 1 张	合　计			¥	2	8	0	1	4	1	6		¥	2	8	0	1	4	1	6	

会计主管:王新　　复核:王建　　记账:肖婷　　出纳:何灵　　制单:刘刚

表 4-78

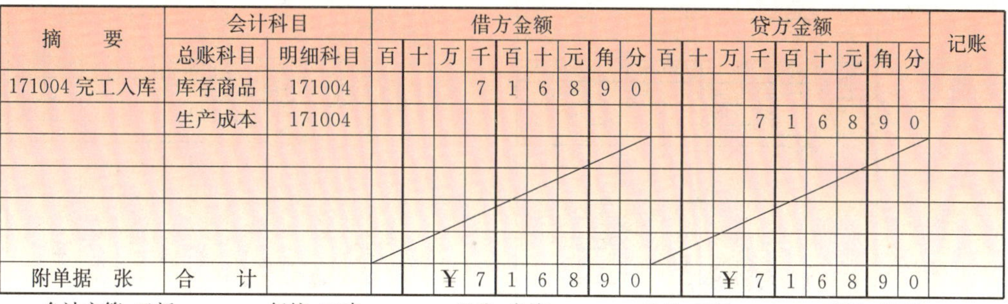

记 账 凭 证

2019 年 10 月 31 日　　　　记字第 041 号

摘　要	会计科目		借方金额									贷方金额									记账
	总账科目	明细科目	百	十	万	千	百	十	元	角	分	百	十	万	千	百	十	元	角	分	
171004 完工入库	库存商品	171004				7	1	6	8	9	0										
	生产成本	171004													7	1	6	8	9	0	
附单据　张	合　计				¥	7	1	6	8	9	0			¥	7	1	6	8	9	0	

会计主管:王新　　复核:王建　　记账:肖婷　　出纳:何灵　　制单:刘刚

(2) 依次登记各批次明细账账簿,如表 4-79 至表 4-82 所示。

表 4-79

生产成本明细账

第 1 页

账户名称:批次 171001

2019年 月	日	凭证字号	摘要	借方金额	贷方金额	借或贷	余额	(借方)金额分析 直接材料	直接人工	制造费用
10	1		期初余额			借	7324.00	7324.00		
10	31		材料成本	8376.00		借	15700.00	8376.00		
10	31		人工成本	8399.72		借	24099.72		8399.72	
10	31		制造费用成本	4673.20		借	28772.92			4673.20
10	31	记 039	完工产品转出		28772.92	平		15700.00	8399.72	4673.20
10	31		本月合计	21448.92	28772.92	平				

表 4-80

生产成本明细账

第 2 页

账户名称:批次 171002

2019年 月	日	凭证字号	摘要	借方金额	贷方金额	借或贷	余额	(借方)金额分析 直接材料	直接人工	制造费用
10	1		期初余额			借	1600.00	1600.00		
10	31		材料成本	15500.00		借	17100.00	15500.00		
10	31		人工成本	10064.66		借	27164.66		10064.66	
10	31		制造费用成本	5599.50		借	32764.16			5599.50
10	31	记 040	完工产品转出		28014.16	借	4750.00	12350.00	10064.66	5599.50
10	31		本月合计	31164.16	28014.16	借	4750.00	4750.00		

表 4-81

生产成本明细账

第 3 页

账户名称：批次 171003

2019年 月	2019年 日	凭证字号	摘要	借方金额	贷方金额	借或贷	余额	(借方)金额分析 直接材料	(借方)金额分析 直接人工	(借方)金额分析 制造费用
10	31		材料成本	6843.00		借	6843.00	6843.00		
10	31		本月合计	6843.00		借	6843.00	6843.00		

表 4-82

生产成本明细账

第 4 页

账户名称：批次 171004

2019年 月	2019年 日	凭证字号	摘要	借方金额	贷方金额	借或贷	余额	(借方)金额分析 直接材料	(借方)金额分析 直接人工	(借方)金额分析 制造费用
10	31		材料成本	2500.00		借	2500.00	2500.00		
10	31		人工成本	2999.90		借	5499.90		2999.90	
10	31		制造费用成本	1669.00		借	7168.90			1669.0
10	31	记 041	完工产品转出		7168.90	平	0	2500.00	2999.90	1669.0
10	31		本月合计	7168.90		平	0			

注："完工产品转出"行的"(借方)金额分析"栏中所填数字应为红色，表示贷方发生额。

任务小结

基础知识

- 简化分批法的含义
- 简化分批法的特点
- 简化分批法的适用条件
- 基本生产成本二级账的设置

账务处理

- 根据各类生产费用分配表填制记账凭证
- 基本生产成本明细账、二级账的设置及登记

任务剖析

- 按批次开设基本生产成本明细账和二级账（增设工时登记）
- 根据累计间接费用和累计生产工时计算各项间接费用分配率
- 计算并分摊完工产品的间接费用
- 计算并转结完工产品成本

自我测评

一、单项选择题

1. 分批法的成本计算单是按(　　)设置的。
   A. 产品品种
   B. 产品批别
   C. 产品类别
   D. 生产车间
2. 分批法成本计算对象的确定通常是根据(　　)。
   A. 客户的订单
   B. 产品的品种
   C. 企业的生产工艺
   D. 生产任务通知单
3. 分批法的成本计算期一般按(　　)。
   A. 月份归集
   B. 生产合同
   C. 生产周期
   D. 会计核算期
4. 单件、小批且管理上不要求分步计算成本的企业，计算成本时应采用(　　)。
   A. 品种法
   B. 分批法
   C. 分步法

D. 分类法

5. 产品成本计算的分批法又称(　　)。

A. 订单法

B. 简化分批法

C. 累计间接费用分配率法

D. 定额法

6. 在简化分批法下(　　)。

A. 要计算月末在产品成本

B. 不计算月末在产品的直接材料成本

C. 月末在产品不分配结转间接计入费用

D. 月末在产品要分配结转间接计入费用

7. 简化分批法之所以简化,是由于(　　)。

A. 不计算在产品成本

B. 不分批计算在产品成本

C. 采用累计的间接费用分配率分配生产费用

D. 在产品完工以前不登记产品成本明细账

8. 简化分批法不宜在下列情况下采用的是(　　)。

A. 月末未完工产品批数较多

B. 投产批量繁多

C. 各月间接费用水平相差较大

D. 各月间接费用水平相差不大

9. 简化分批法又称为(　　)。

A. 累计间接费用分配法

B. 订单法

C. 一般分批法

D. 定额法

10. 简化分批法与分批法的主要区别是(　　)。

A. 不分批计算完工产品成本

B. 不分配间接费用

C. 分批核算原材料费用

D. 不分批计算在产品成本

二、多项选择题

1. 分批法的最主要特点有(　　)。

A. 成本计算期与产品生产周期一致

B. 必须设置基本生产成本二级账

C. 以产品的批别为成本计算对象

D. 成本计算期与会计报告期一致

2. 分批法适用于(　　)。

A. 小批生产

B. 分批轮番生产同一种产品

C. 单件生产

D. 大批大量生产

3. 简化分批法的应用条件包括(　　)。
   A. 同一月份投产的产品批次很少
   B. 各月生产费用水平相差不多
   C. 各月间接费用水平相差不多
   D. 月末未完工产品的批数较多
4. 采用简化分批法(　　)。
   A. 必须设置基本生产成本二级账
   B. 在产品完工前,产品计算单只登记直接材料和生产工时
   C. 在生产成本二级账中只登记费用
   D. 不分批计算在产品成本
5. 下列关于分批法的说法中,不正确的有(　　)。
   A. 分批法也称定额法
   B. 分批法适用于大量大批的简单生产企业
   C. 如果一张订单中规定有几种产品,也可合为一批组织生产
   D. 按产品批别计算产品成本也就是按照订单计算产品成本

三、判断题(正确的打"√",错误的打"×")

1. 分批法由于按批组织生产,因此在任何情况下都不存在在产品的计价问题。(　　)
2. 分批法一般是根据用户的订单组织生产的,在一份订单中即便存在多种产品也应合为一批组织生产。(　　)
3. 分批法是以产品的批别为成本计算对象,归集费用,计算产品成本的一种方法。(　　)
4. 分批法也称为订单法,实际上是几个品种法的分别应用。(　　)
5. 分批法的成本计算应定期进行,成本计算期与某批次或订单产品的生产周期也应保持一致。(　　)
6. 简化分批法不存在在产品计价问题。(　　)
7. 采用简化分批法计算产品成本,各批完工产品的间接计入费用是根据累计间接计入费用减去月末在产品间接计入费用计算的。(　　)
8. 如果各月份的间接费用水平相差悬殊,采用简化分批法会影响到各月成本计算的准确性。(　　)
9. 采用简化分批法,其基本生产成本二级账的余额应与各批别产品成本明细账的余额之和核对相符。(　　)
10. 在分批法下,月末一般不存在完工产品与在产品之间分配费用的问题。(　　)

四、实务练习

1. 某工业企业生产甲、乙两种产品,属于小批生产,采用分批法计算成本。生产情况和生产费用资料如下:

(1) 2019 年 4 月生产的产品批号为:301 批号甲产品 5 台,3 月投产,本月完工;401 批号乙产品 10 台,本月投产,月末完工 2 台。

(2) 2019 年 4 月的成本资料如下:301 批号甲产品的月初在产品费用为:直接材料 6 000 元,直接人工 2 000 元,制造费用 5 000 元,合计 13 000 元。

各批产品本月发生的费用为:301 批号甲产品无材料费用,直接人工费用 500 元,制造费用 1 000 元;401 批号乙产品直接材料费用 7 000 元,直接人工费用 2 000 元,制造费用 4 000 元。

401 批号乙产品完工数量少,按计划成本结转,每台计划成本为:直接材料 900 元,直接人工 230 元,制造费用 500 元,合计 1 630 元。

(3) 2019 年 5 月的成本资料为:401 批号乙产品全部完工,5 月发生的直接人工费用为 800 元,制

造费用为 1 400 元。

要求：

(1) 计算 4 月各批产品完工产品和月末在产品成本(填入表 4-83 和表 4-84 中)。

(2) 计算 5 月 401 批号乙产品完工产品成本(填入表 4-85 中)。

(3) 计算 401 批号乙产品全部完工产品实际总成本和单位成本(填入表 4-86 中)。

表 4-83

产品成本计算单

投产日期:3 月
完工日期:4 月
产品批次:301
产品批量:5 台　　2019 年 4 月　　金额单位:元

项　　目	直接材料	直接人工	制造费用	合计
月初在产品成本				
本月生产成本				
本月生产成本合计				
完工产品总成本				
完工产品单位成本				

表 4-84

产品成本计算单

投产日期:4 月
完工日期:5 月
(本月完工 2 台)
产品批次:401
产品批量:10 台　　2019 年 4 月　　金额单位:元

项　　目	直接材料	直接人工	制造费用	合计
本月生产成本				
单台计划成本				
完工 2 台产品成本				
月末在产品成本				

表 4-85

产品成本计算单

投产日期:4 月
完工日期:5 月
(本月完工 8 台)
产品批次:401
产品批量:10 台　　2019 年 5 月　　金额单位:元

项　　目	直接材料	直接人工	制造费用	合计
月初在产品成本				
本月生产成本				
本月生产成本合计				
完工 8 台产品成本				

表 4-86

产品成本汇总表

产品批次:401　　　　完工日期:5 月
产品批量:10 台　　　　金额单位:元

项　　目	直接材料	直接人工	制造费用	合计
完工产品总成本				
完工产品单位成本				

2. 某产品制造企业小批生产多种产品,该企业 20××年 9 月的产品批号如下:9210 批号甲产品 6 件,7 月投产,本月完工;9211 批号乙产品 12 件,8 月投产,本月完工 2 件;9241 批号甲产品 8 件,8 月投产,尚未完工;9261 批号丙产品 4 件,9 月投产,尚未完工。

各批号产品各月份发生的原材料和工时的资料如表 4-87 所示。

表 4-87

各批号产品各月份发生的原材料和工时资料

产品批号	月　份	原材料(元)	生产工时(小时)
9210	7	5 800	5 430
	8	1 130	8 870
	9	1 210	16 700
9211	8	13 350	28 630
	9		14 140
9241	8	9 480	19 070
	9	2 980	42 080
9261	9	19 910	28 580

9211 批号产品的原材料在生产开始时一次性投入,其完工 2 件的工时为 10 460 小时,在产品 10 件的工时为 32 310 小时。

8 月该厂全部在产品的人工费用为 23 850 元,制造费用为 36 060 元;9 月该厂发生的人工费用为 41 550 元,制造费用为 45 690 元。

要求:

根据上述资料,用简化分批法分配计算产品成本。(填入表 4-88 至表 4-92 中)

表 4-88

基本生产成本二级账　　　　金额单位:元

日期	摘　　要	直接材料	生产工时(小时)	直接人工	制造费用	合计
8 月 31 日	月初在产品成本					
9 月 30 日	本月生产成本					
	生产成本累计					
	累计间接费用分配率(元/件)					
	完工产品成本转出					
	月末在产品成本					

表 4-89

产品成本计算单

投产日期:7 月
产品批次:9210　　　　完工日期:9 月
产品批量:6 件　　　　2019 年 9 月　　　　金额单位:元

日期	摘　　要	直接材料	生产工时（小时）	直接人工	制造费用	合计
7 月 31 日	本月生产成本					
8 月 31 日	本月生产成本					
9 月 30 日	本月生产成本					
	生产成本累计数					
	累计间接费用分配率(元/件)					
	本月完工产品成本					

表 4-90

产品成本计算单

投产日期:8 月
产品批次:9211　　　　完工日期:9 月完工 2 件
产品批量:12 件　　　　2019 年 9 月　　　　金额单位:元

日期	摘　　要	直接材料	生产工时（小时）	直接人工	制造费用	合计
8 月 31 日	本月生产成本					
9 月 30 日	本月生产成本					
	生产成本累计数					
	累计间接费用分配率(元/件)					
	本月完工产品成本					
	在产品					

表 4-91

产品成本计算单

投产日期:8 月
产品批次:9241　　　　完工日期:
产品批量:8 件　　　　2019 年 9 月　　　　金额单位:元

日期	摘　　要	直接材料	生产工时（小时）	直接人工	制造费用	合计
8 月 31 日	本月生产成本					
9 月 30 日	本月生产成本					

表 4-92

产品成本计算单

投产日期:9 月

产品批次:9261　　　　完工日期:

产品批量:4 件　　　　2019 年 9 月　　　　金额单位:元

日期	摘　要	直接材料	生产工时（小时）	直接人工	制造费用	合计
9 月 30 日	本月生产成本					

项目 5

利用分步法核算产品成本

能力目标

专业能力：掌握分步法的基本原理，熟知分步法的适用范围，能熟练地应用逐步结转分步法的综合结转方式、分项结转方式和平行结转分步法对生产费用归集和分配，计算产品成本，结转产品成本。

方法和学习能力：扩展、延伸相应的知识和技能及收集相关信息的能力。

个人和社会能力：培养分析问题、解决问题的能力，培养严谨的工作作风以及创新意识，培养沟通能力及团队协作精神，提高自己的团队工作计划和实施能力，并提高整体组织和管理能力。

技能要求

1. 熟知分步法核算成本的基本程序。
2. 能按照企业具体情境认定其生产类型，并结合企业管理要求选择成本计算对象。
3. 能按照成本计算对象正确设置成本、费用明细账。
4. 能正确选择成本计算的基本方法。
5. 能正确利用逐步结转分步法、平行结转分步法核算产品成本。

工作项目描述

1. 企业简介

企业名称:珠海龙兴机械制造厂

企业地址:广东省珠海市金湾区珠海大道南侧 23 号

纳税性质:一般纳税人

开户银行:中国工商银行金湾支行

账号:2002023609100021618

会计主管:李静　出纳员:张洋　记账会计:潘贵

珠海龙兴机械制造厂是生产专用机械设备的企业,主要生产小型粉碎机产品。产品的生产有铸造、加工和装配三个基本生产车间,有供电车间一个辅助生产车间。产品生产过程为铸造车间通过浇铸锻造生产出各种产品所需铸造件,由加工车间进行精加工,形成组装主机的各种零部件,然后由装配车间将精加工车间完成的半成品与新领用各种外购材料及辅料组装成产成品,生产工艺流程如图 5-1 所示。

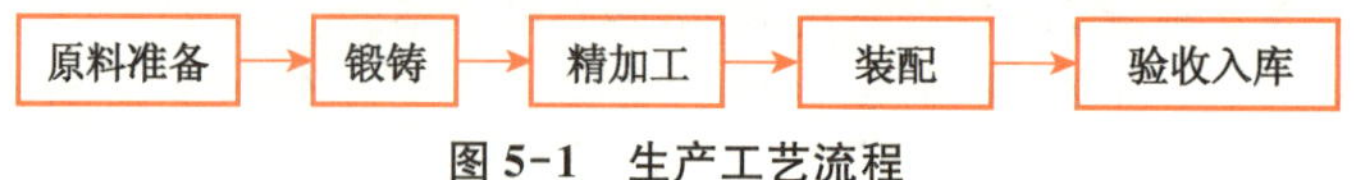

图 5-1　生产工艺流程

1) 各车间成本核算资料

(1) 材料费用按实际成本计价,铸造车间和加工车间完工后的半成品交半成品库管理,各步骤从半成品库领用半成品,领用时成本采用按月一次加权平均法计算,各车间耗用的前一车间的半成品均为 1 件,所有工序的材料费用均于生产开始时一次投入,在产品完工程度均为 50%。生产费用在完工与在产品之间分配均按约当产量法分配。生产成本需设置"直接材料""燃料及动力""直接人工""制造费用"成本项目。

(2) 供电车间的辅助生产费用采用直接分配法,按各部门耗用电的度数分配,其费用通过"辅助生产成本"账户核算,辅助生产车间不设置"制造费用"账户。

2) 2019 年 3 月相关生产资料

(1) 2019 年 3 月产量统计,如表 5-1 所示。

表 5-1

产量统计表

单位:件

项　目	铸造车间	加工车间	装配车间
月初在产品数量	5	6	2
本月投产量(领用)	12	18	24
本月完工量(入库)	14	16	20
月末在产品数量	3	8	6

(2) 企业 2019 年 3 月 1 日有关账户月初余额资料如表 5-2 至表 5-5 所示。

此资料仅供逐步结转分步法使用,"辅助生产成本""制造费用"账户月初余额均为零。

表 5-2

生产成本明细账

第　页

账户名称：第一步骤（铸造件）

2019年		凭证字号	摘要	借方金额	贷方金额	借或贷	余额	（借方）金额分析					
月	日			百十万千百十元角分	百十万千百十元角分		百十万千百十元角分	半成品	直接材料	燃料及动力	直接人工	制造费用	
3	1		期初余额			借	1976939		1078208	483421	160536	254774	

表 5-3

生产成本明细账

第　页

账户名称：第二步骤（零部件）

2019年		凭证字号	摘要	借方金额	贷方金额	借或贷	余额	（借方）金额分析					
月	日			百十万千百十元角分	百十万千百十元角分		百十万千百十元角分	半成品	直接材料	燃料及动力	直接人工	制造费用	
3	1		期初余额			借	7253769	2898118	3778212	256625	100519	220295	

表 5-4

生产成本明细账

第　页

账户名称：第三步骤（粉碎机）

2019年 月	日	凭证字号	摘要	借方金额	贷方金额	借或贷	余额	（借方）金额分析 半成品	直接材料	燃料及动力	直接人工	制造费用	
3	1		期初余额			借	126 315.48	52 106.12	67 524.84	4 589.02	707.58	1 387.92	

表 5-5

基本生产成本月初半成品余额构成表

（此表仅供分项结转时使用）

金额单位：元

账户名称 总账	明细账	摘要	成本项目 直接材料	燃料及动力	直接人工	制造费用	合计
基本生产成本	第一步骤	上步半成品费用					
		月初本步骤费用	10 782.08	4 834.21	1 605.36	2 547.74	19 769.39
	第二步骤	上步半成品费用	25 188.08	1 654.34	670.13	1 468.63	28 981.18
		月初本步骤费用	37 782.12	2 566.25	1 005.19	2 202.95	43 556.51
	第三步骤	上步半成品费用	45 016.56	5 692.56	471.72	925.28	52 106.12
		月初本步骤费用	67 524.84	4 589.02	707.58	1 387.92	74 209.36

(3)“自制半成品”月初明细资料,如表5-6至表5-9所示。

以下资料仅供综合逐步结转时使用。

表5-6

自制半成品　明细账　　　　第　页

品名:铸造件　　　　单位:件

2019年		凭证字号	摘要	收入											发出											结存										
月	日			数量	单价	金额									数量	单价	金额									数量	单价	金额								
						百	十	万	千	百	十	元	角	分			百	十	万	千	百	十	元	角	分			百	十	万	千	百	十	元	角	分
3	1		期初余额																							6	9 083.1			5	4	4	9	8	6	0

表5-7

自制半成品　明细账　　　　第　页

品名:零部件　　　　单位:件

2019年		凭证字号	摘要	收入											发出											结存										
月	日			数量	单价	金额									数量	单价	金额									数量	单价	金额								
						百	十	万	千	百	十	元	角	分			百	十	万	千	百	十	元	角	分			百	十	万	千	百	十	元	角	分
3	1		期初余额																							10	21 815.99		2	1	8	1	5	9	9	0

以下资料仅供分项逐步结转时使用。

表 5-8

自制半成品 明细账

第　页

账户名称：自制半成品——铸造件

2019年 月	2019年 日	凭证字号	摘要	借方金额	贷方金额	借或贷	余额	（借方）金额分析 直接材料	（借方）金额分析 直接人工	（借方）金额分析 燃料及动力	（借方）金额分析 制造费用
3	1		期初余额			借	54498.60	22875.00	7321.32	7461.90	16840.38

表 5-9

自制半成品 明细账

第　页

账户名称：自制半成品——零部件

2019年 月	2019年 日	凭证字号	摘要	借方金额	贷方金额	借或贷	余额	（借方）金额分析 直接材料	（借方）金额分析 直接人工	（借方）金额分析 燃料及动力	（借方）金额分析 制造费用
3	1		期初余额			借	218159.00	158526.00	11802.50	7258.00	40572.50

（4）本月材料费用资料，如表 5-10 至表 5-17 所示。

表 5-10

领　料　单

编号：0005

领料单位：铸造车间　　　　仓库：材料仓库

2019 年 3 月 1 日　　　　金额单位：元

材料类别	材料名称	单位	数　量		单价	金额	用途
			应收	实收			
主要材料	钢材	吨				49 328.49	生产铸造件
辅料	焦炭	米				1 548.56	生产铸造件
备注				合计		50 877.05	

发料人：孙帅　　　　领料人：王林　　　　记账：刘刚

表 5-11

领　料　单

编号：0009

领料单位：铸造车间　　　　仓库：材料仓库

2019 年 3 月 5 日　　　　金额单位：元

材料类别	材料名称	单位	数　量		单价	金额	用途
			应收	实收			
工具	车刀	套				7 532.51	车间耗用
低值易耗品	管理工具	套				4 183.08	车间耗用
备注				合计		11 715.59	

发料人：孙帅　　　　领料人：王林　　　　记账：刘刚

表 5-12

领　料　单

编号：0011

领料单位：加工车间　　　　仓库：材料仓库

2019 年 3 月 1 日　　　　金额单位：元

材料类别	材料名称	单位	数　量		单价	金额	用途
			应收	实收			
主要材料	钢材	吨				12 827.10	生产零部件
辅料	小五金	件				4 071.40	生产零部件
配件	接头	件				98 678.49	生产零部件
备注				合计		115 576.99	

发料人：孙帅　　　　领料人：王林　　　　记账：刘刚

表 5-13

领　料　单

编号:0015

领料单位:加工车间　　　　仓库:材料仓库

2019 年 3 月 4 日　　　　金额单位:元

材料类别	材料名称	单位	数量		单价	金额	用途
			应收	实收			
工具	车刀	套				49 065.03	车间耗用
低值易耗品	办公用品	套				2 883.89	车间耗用
备注				合计		51 948.92	

发料人:孙帅　　　　领料人:王林　　　　记账:刘刚

表 5-14

领　料　单

编号:0025

领料单位:装配车间　　　　仓库:材料仓库

2019 年 3 月 1 日　　　　金额单位:元

材料类别	材料名称	单位	数量		单价	金额	用途
			应收	实收			
包装物	塑料	千克				8 816.66	生产粉碎机
辅料	润滑油	升				1 858.27	生产粉碎机
配件	螺栓	件				18 270.77	生产粉碎机
备注				合计		28 945.70	

发料人:孙帅　　　　领料人:王林　　　　记账:刘刚

表 5-15

领　料　单

编号:0022

领料单位:装配车间　　　　仓库:材料仓库

2019 年 3 月 2 日　　　　金额单位:元

材料类别	材料名称	单位	数量		单价	金额	用途
			应收	实收			
工具	板牙	套				28 887.49	车间耗用
低值易耗品	办公用品	套				5 856.31	车间耗用
备注				合计		34 743.80	

发料人:孙帅　　　　领料人:王林　　　　记账:刘刚

表 5-16

领　料　单

编号:0023

领料单位:供电车间　　　　　　仓库:材料仓库

2019 年 3 月 2 日　　　　　　金额单位:元

材料类别	材料名称	单位	数　量		单价	金额	用途
			应收	实收			
工具	丝锥	套				2 710.01	辅助供电
辅料	电料	升				10 027.50	辅助供电
低值易耗品	办公用品	件				1 541.37	辅助供电
备注				合计		14 278.88	

发料人:孙帅　　　　领料人:王林　　　　记账:刘刚

表 5-17

领　料　单

编号:0012

领料单位:厂部　　　　　　仓库:材料仓库

2019 年 3 月 1 日　　　　　　金额单位:元

材料类别	材料名称	单位	数　量		单价	金额	用途
			应收	实收			
工具	丝锥	套				2 809.10	行政管理
低值易耗品	办公用品	件				6 340.51	行政管理
备注				合计		9 149.61	

发料人:孙帅　　　　领料人:王林　　　　记账:刘刚

(5) 本月燃料费用资料如表 5-18 所示。

表 5-18

发出材料汇总表

品名:汽油　　　　2019 年 3 月 31 日　　　　金额单位:元

会计科目(用途)	领料部门	原材料	燃料	合计
生产成本	装配车间		5 720.52	5 720.52
	供电车间		3 520.25	3 520.25
	小　计			
制造费用	车间一般耗用			
管理费用	管理部门耗用		6 742.12	6 742.12
合计			15 982.89	15 982.89

会计主管:王新　　　　会计:王建　　　　记账:赵娜　　　　制单:王建

(6) 供电部门费用资料如表5-19所示。各部门耗用情况如下,其中,动力用电直接用于产品生产,分配计入基本生产成本的燃料及动力成本项目,车间照明及行政管理部门用电计入间接费用。

表5-19

各部门产品生产及照明用电资料

部　门	动力用电(度)	照明用电(度)
铸造车间	187 628	3 385
加工车间	125 924	6 583
装配车间	155 148	4 102
厂　部		5 637
合　计	468 700	19 707

(7) 各部门工资费用资料如表5-20所示。

表5-20

各部门人员工资结算表　　金额单位:元

部门	职务	应付工资					代扣款项		实发工资
		基本工资	加班津贴	奖金	病事假	小计	住房公积金	小计	
铸造车间	工人	13 280	1 605.7	1 800		16 685.7	792	792	15 893.7
	管理	4 680	403	480		5 563	272	272	5 291
	小计	17 960	2 008.7	2 280		22 248.7	1 064	1 064	21 184.7
加工车间	工人	13 280	1 784.8	1 800		16 864.8	782	782	16 082.8
	管理	4 680	404	400		5 484	302	302	5 182
	小计	17 960	2 188.8	2 200		22 348.8	1 084	1 084	21 264.8
装配车间	工人	10 950	1 529.4	1 500		13 979.4	648.58	648.58	13 330.8
	管理	6 944	654	640		8 238	441.6	441.6	7 796.4
	小计	17 894	2 183.4	2 140		22 217.4	1 090.18	1 090.18	21 127.2
供电部门	工人	6 670	839.5	900		8 409.5	391.5	391.5	8 018
	管理	2 362	205	200		2 767	154.3	154.3	2 612.7
	小计	9 032	1 044.5	1 100		11 176.5	545.8	545.8	10 630.7
厂部	管理	12 180	1 100	1 000		14 280	783	783	13 497
	小计	12 180	1 100	1 000		14 280	783	783	13 497
合计		75 026	8 525.4	8 720		92 271.4	4 566.98	4 566.98	87 704.4

(8) 各部门固定资产原值明细资料如表5-21所示。

表 5-21

固定资产原值明细表

金额单位:元

部门	固定资产类别	期初数	增加数	减少数	期末数
铸造车间	机器设备	368 157			368 157
	房屋建筑物	957 976			957 976
加工车间	机器设备	676 817			676 817
	房屋建筑物	984 297			984 297
装配车间	机器设备	360 274			360 274
	房屋建筑物	586 200			586 200
供电车间	机器设备	35 825			35 825
	房屋建筑物	58 322			58 322
厂部	房屋建筑物	524 064			524 064
合　计		4 551 932			4 551 932

注:① 固定资产的机器设备月折旧率按 0.8%计算,房屋建筑物按 0.3%计算。
② 计提固定资产折旧按账面固定资产原值计算,固定资产上月月末发生增减变动情况。

(9) 各部门其他费用的明细资料如表 5-22 所示。

表 5-22

其他费用汇总表

金额单位:元

部门	办公费	水费	交通补贴	其他	合计
铸造车间	8 361.5	5 378	648	1 930	16 317.5
加工车间	4 780.84	9 736	1 087	6 778	22 381.84
装配车间	5 344.14	6 135.24	873	1 053	13 405.38
供电车间	5 433	2 354	453	3 246	11 486
厂部	29 371.5	2 145.2	2 046.8	4 185.4	37 748.9
合计	53 290.98	25 748.44	5 107.8	17 192.4	101 339.6

2. 项目说明

对机械制造、冶金、汽车之类的企业而言,产品的生产通常要分成若干个步骤来进行,前一步骤生产完工的半成品转到下一步骤继续进行生产,也可以作为完工产品直接对外销售。事实上,如果将各步半成品看作是一个产品品种,每一步便是一个品种法,分步法也就是若干个品种法的连续使用,关键是各步之间成本的结转。根据企业半成品是否需要对外销售或者核算成本,企业可以采用综合逐步结转也可以采用分项逐步结转。如果企业各步之间如果可以同时进行生产,最后将各步的半成品装配成产成品,企业则可以采用平行结转分步法。

为了利用分步法对珠海龙兴机械制造有限公司 2019 年 3 月的各项生产费用归集和分配,计算产品成本,基于工作过程,将项目的完成按照逐步结转分步法和平行结转分步法的核算程序,分解为以下三个工作任务:

(1) 利用逐步结转分步法核算产品成本(综合结转)。

(2) 利用逐步结转分步法核算产品成本(分项结转)。

(3) 利用平行结转分步法核算产品成本。

接下来,我们一起分别利用综合逐步结转分步法、分项逐步结转分步法和平行结转分步法通过三个工作任务完成珠海龙兴机械制造有限公司 2019 年 3 月产品成本的核算。

工作任务 5-1 利用逐步结转分步法核算产品成本(综合结转方式)

为了完成与综合逐步结转分步法核算相关的工作任务,我们需要学习和掌握哪些基本知识和技能?

任务描述

本任务是根据该项目中组织生产的特点,按照产品品种及其所经过的生产步骤对生产过程中的材料、人工、折旧、其他要素费用以及制造费用等综合费用进行归集和分配,按照生产步骤逐步计算并结转半成品综合成本,直到最后步骤计算出产成品成本。最终对核算后的生产成本费用进行相关的账务处理。

任务实操

根据珠海龙兴机械制造有限公司 2019 年 3 月生产过程中生产资料,利用综合逐步结转分步法,计算并结转产品成本。

【任务 5-1-1】 按产品品种和各生产步骤设置基本生产成本明细账,并登记期初余额。(相关明细账账页见后面相关表格)

【任务 5-1-2】 编制材料费用汇总分配表,并填制有关记账凭证,如表 5-23 和表 5-24所示。

表 5-23

材料费用汇总分配表

2019 年 3 月　　　　金额单位:元

会计科目		明细科目	原材料	配件	包装物	辅料	工具	低值易耗品	合　计
生产成本	基本生产成本								
		小　计							

（续表）

会计科目		明细科目	原材料	配件	包装物	辅料	工具	低值易耗品	合 计
生产成本	辅助生产成本								
		小计							
制造费用									
		小计							
管理费用									
合 计									

表 5-24

记 账 凭 证

年 月 日 记字第 号

摘 要	会计科目		借方金额									贷方金额									记账
	总账科目	明细科目	百	十	万	千	百	十	元	角	分	百	十	万	千	百	十	元	角	分	
附单据 张	合 计																				

会计主管： 复核： 记账： 出纳： 制单：

【任务 5-1-3】 编制燃料费用分配表，并填制有关记账凭证，如表5-25和表 5-26所示。

表 5-25

燃料费用分配表

2019 年 3 月 金额单位：元

会计科目		明细科目	成本项目	耗用量	单价	费用合计
生产成本	基本生产成本					
		小 计				
	辅助生产成本					
		小计				
制造费用						
管理费用						
合 计						

表 5-26

记 账 凭 证

年　　月　　日　　　　　　　　记字第　　号

摘　要	会计科目		借方金额									贷方金额									记账
	总账科目	明细科目	百	十	万	千	百	十	元	角	分	百	十	万	千	百	十	元	角	分	
附单据　张	合　计																				

会计主管：　　　复核：　　　记账：　　　出纳：　　　制单：

【任务 5-1-4】 编制工资及福利费用分配表，并填制有关记账凭证，如表 5-27 和表 5-28 所示（注：福利费按工资总额的 14%提取）。

表 5-27

工资及福利费用分配表

2019 年 3 月　　　　　　　　金额单位：元

会计科目		明细科目	工　资			福　利　费		合计
			分配标准	分配率	金额	计提率	金额	
生产成本	基本生产成本							
		小　计						
生产成本	辅助生产成本							
		小　计						
制造费用								
		小计						
管理费用								
合　计								

表 5-28

记 账 凭 证

年 月 日 记字 第 号

摘 要	会计科目		借方金额									贷方金额									记账
	总账科目	明细科目	百	十	万	千	百	十	元	角	分	百	十	万	千	百	十	元	角	分	
附单据 张	合 计																				

会计主管： 复核： 记账： 出纳： 制单：

【任务 5-1-5】 编制折旧费用分配表，并填制有关记账凭证，如表 5-29 和表 5-30 所示。

表 5-29

折旧费用分配表

2019 年 3 月 金额单位：元

应借科目	车间部门	月固定资产折旧额	月增加固定资产折旧额	月减少固定资产折旧额	本月固定资产折旧额
辅助生产成本					
制造费用					
管理费用					
合 计					

表 5-30

记 账 凭 证

年 月 日 记字第 号

摘 要	会计科目		借方金额									贷方金额									记账
	总账科目	明细科目	百	十	万	千	百	十	元	角	分	百	十	万	千	百	十	元	角	分	
附单据 张	合 计																				

会计主管： 复核： 记账： 出纳： 制单：

【任务 5-1-6】 编制其他费用汇总分配表，并填制有关记账凭证，如表 5-31 和表 5-32所示(假定其他费用一次性用银行存款支付)。

表 5-31

其他费用分配表

2019 年 3 月　　　　金额单位:元

会计科目	明细科目	成本或费用项目				合　计
		办公费	水费	交通补贴	其他	
辅助生产成本						
制造费用						
管理费用						
合　计						

表 5-32

记　账　凭　证

年　　月　　日　　　　记字　第　　号

摘　　要	会计科目		借方金额									贷方金额									记账
	总账科目	明细科目	百	十	万	千	百	十	元	角	分	百	十	万	千	百	十	元	角	分	
附单据　张	合　　计																				

会计主管:　　复核:　　记账:　　出纳:　　制单:

【任务 5-1-7】 登记辅助生产成本明细账，归集辅助生产费用，并编制辅助生产费用分配表；填制有关记账凭证，并登记有关明细账，如表 5-33 至表 5-35 所示。

表 5-33

辅助生产成本明细账

第　页

账户名称：________

<table>
<tr><th colspan="2">年</th><th rowspan="2">凭证字号</th><th rowspan="2">摘　要</th><th>借方金额</th><th>贷方金额</th><th rowspan="2">借或贷</th><th>余　额</th><th colspan="5">（借方）金额分析</th></tr>
<tr><th>月</th><th>日</th><th>百十万千百十元角分</th><th>百十万千百十元角分</th><th>百十万千百十元角分</th><th>直接材料
百十万千百十元角分</th><th>燃料及动力
百十万千百十元角分</th><th>直接人工
百十万千百十元角分</th><th>折旧费用
百十万千百十元角分</th><th>其他
百十万千百十元角分</th></tr>
<tr><td></td><td></td><td></td><td></td><td></td><td></td><td></td><td></td><td></td><td></td><td></td><td></td><td></td></tr>
<tr><td></td><td></td><td></td><td></td><td></td><td></td><td></td><td></td><td></td><td></td><td></td><td></td><td></td></tr>
<tr><td></td><td></td><td></td><td></td><td></td><td></td><td></td><td></td><td></td><td></td><td></td><td></td><td></td></tr>
<tr><td></td><td></td><td></td><td></td><td></td><td></td><td></td><td></td><td></td><td></td><td></td><td></td><td></td></tr>
<tr><td></td><td></td><td></td><td></td><td></td><td></td><td></td><td></td><td></td><td></td><td></td><td></td><td></td></tr>
<tr><td></td><td></td><td></td><td></td><td></td><td></td><td></td><td></td><td></td><td></td><td></td><td></td><td></td></tr>
<tr><td></td><td></td><td></td><td></td><td></td><td></td><td></td><td></td><td></td><td></td><td></td><td></td><td></td></tr>
</table>

表 5-34

辅助生产成本费用分配表（直接分配法）

2019 年 3 月

金额单位：元

<table>
<tr><th colspan="2" rowspan="2">项　　　目</th><th colspan="3">供电车间</th></tr>
<tr><th>耗用数量</th><th>分配率</th><th>分配金额</th></tr>
<tr><td colspan="2">待分配辅助生产费用</td><td></td><td rowspan="11"></td><td></td></tr>
<tr><td rowspan="4">基本生产成本</td><td></td><td></td><td></td></tr>
<tr><td></td><td></td><td></td></tr>
<tr><td></td><td></td><td></td></tr>
<tr><td>小计</td><td></td><td></td></tr>
<tr><td rowspan="4">制造费用</td><td></td><td></td><td></td></tr>
<tr><td></td><td></td><td></td></tr>
<tr><td></td><td></td><td></td></tr>
<tr><td>小计</td><td></td><td></td></tr>
<tr><td colspan="2">管理费用</td><td></td><td></td></tr>
<tr><td colspan="2">合　计</td><td></td><td></td></tr>
</table>

表 5-35

记 账 凭 证

年　月　日　　　　记字第　号

摘　要	会计科目		借方金额									贷方金额									记账
	总账科目	明细科目	百	十	万	千	百	十	元	角	分	百	十	万	千	百	十	元	角	分	
附单据　张	合　计																				

会计主管：　　复核：　　记账：　　出纳：　　制单：

【任务 5-1-8】 登记制造费用明细账，归集制造费用，并编制制造费用分配表；填制有关记账凭证，并登记有关明细账，如表 5-36 至表 5-40 所示。

表 5-36

制造费用明细账

第　页

账户名称：________

年		凭证字号	摘　要	借方金额	贷方金额	借或贷	余　额	(借方)金额分析				
								直接材料	燃料及动力	直接人工	折旧费用	其他
月	日			百十万千百十元角分	百十万千百十元角分		百十万千百十元角分	百十万千百十元角分	百十万千百十元角分	百十万千百十元角分	百十万千百十元角分	百十万千百十元角分

表 5-37

制造费用明细账

第　页

账户名称：________

年		凭证字号	摘　要	借方金额	贷方金额	借或贷	余　额	(借方)金额分析				
								直接材料	燃料及动力	直接人工	折旧费用	其他
月	日			百十万千百十元角分	百十万千百十元角分		百十万千百十元角分	百十万千百十元角分	百十万千百十元角分	百十万千百十元角分	百十万千百十元角分	百十万千百十元角分

表 5-38

制造费用明细账

第　页

账户名称：________

<table>
<tr><th colspan="2" rowspan="2">年</th><th rowspan="3">凭证字号</th><th rowspan="3">摘　要</th><th colspan="9" rowspan="2">借方金额</th><th colspan="9" rowspan="2">贷方金额</th><th rowspan="3">借或贷</th><th colspan="9" rowspan="2">余　额</th><th colspan="45">（借方）金额分析</th></tr>
<tr><th colspan="9">直接材料</th><th colspan="9">燃料及动力</th><th colspan="9">直接人工</th><th colspan="9">折旧费用</th><th colspan="9">其他</th></tr>
<tr><th>月</th><th>日</th><th>百</th><th>十</th><th>万</th><th>千</th><th>百</th><th>十</th><th>元</th><th>角</th><th>分</th><th>百</th><th>十</th><th>万</th><th>千</th><th>百</th><th>十</th><th>元</th><th>角</th><th>分</th><th>百</th><th>十</th><th>万</th><th>千</th><th>百</th><th>十</th><th>元</th><th>角</th><th>分</th><th>百</th><th>十</th><th>万</th><th>千</th><th>百</th><th>十</th><th>元</th><th>角</th><th>分</th><th>百</th><th>十</th><th>万</th><th>千</th><th>百</th><th>十</th><th>元</th><th>角</th><th>分</th><th>百</th><th>十</th><th>万</th><th>千</th><th>百</th><th>十</th><th>元</th><th>角</th><th>分</th><th>百</th><th>十</th><th>万</th><th>千</th><th>百</th><th>十</th><th>元</th><th>角</th><th>分</th><th>百</th><th>十</th><th>万</th><th>千</th><th>百</th><th>十</th><th>元</th><th>角</th><th>分</th></tr>
<tr><td></td><td></td><td></td><td></td><td></td><td></td><td></td><td></td><td></td><td></td><td></td><td></td><td></td><td></td><td></td><td></td><td></td><td></td><td></td><td></td><td></td><td></td><td></td><td></td><td></td><td></td><td></td><td></td><td></td><td></td><td></td><td></td><td></td><td></td><td></td><td></td><td></td><td></td><td></td><td></td><td></td><td></td><td></td><td></td><td></td><td></td><td></td><td></td><td></td><td></td><td></td><td></td><td></td><td></td><td></td><td></td><td></td><td></td><td></td><td></td><td></td><td></td><td></td><td></td><td></td><td></td><td></td><td></td><td></td><td></td><td></td><td></td><td></td><td></td><td></td><td></td><td></td></tr>
<tr><td></td><td></td><td></td><td></td><td></td><td></td><td></td><td></td><td></td><td></td><td></td><td></td><td></td><td></td><td></td><td></td><td></td><td></td><td></td><td></td><td></td><td></td><td></td><td></td><td></td><td></td><td></td><td></td><td></td><td></td><td></td><td></td><td></td><td></td><td></td><td></td><td></td><td></td><td></td><td></td><td></td><td></td><td></td><td></td><td></td><td></td><td></td><td></td><td></td><td></td><td></td><td></td><td></td><td></td><td></td><td></td><td></td><td></td><td></td><td></td><td></td><td></td><td></td><td></td><td></td><td></td><td></td><td></td><td></td><td></td><td></td><td></td><td></td><td></td><td></td><td></td><td></td></tr>
<tr><td></td><td></td><td></td><td></td><td></td><td></td><td></td><td></td><td></td><td></td><td></td><td></td><td></td><td></td><td></td><td></td><td></td><td></td><td></td><td></td><td></td><td></td><td></td><td></td><td></td><td></td><td></td><td></td><td></td><td></td><td></td><td></td><td></td><td></td><td></td><td></td><td></td><td></td><td></td><td></td><td></td><td></td><td></td><td></td><td></td><td></td><td></td><td></td><td></td><td></td><td></td><td></td><td></td><td></td><td></td><td></td><td></td><td></td><td></td><td></td><td></td><td></td><td></td><td></td><td></td><td></td><td></td><td></td><td></td><td></td><td></td><td></td><td></td><td></td><td></td><td></td><td></td></tr>
<tr><td></td><td></td><td></td><td></td><td></td><td></td><td></td><td></td><td></td><td></td><td></td><td></td><td></td><td></td><td></td><td></td><td></td><td></td><td></td><td></td><td></td><td></td><td></td><td></td><td></td><td></td><td></td><td></td><td></td><td></td><td></td><td></td><td></td><td></td><td></td><td></td><td></td><td></td><td></td><td></td><td></td><td></td><td></td><td></td><td></td><td></td><td></td><td></td><td></td><td></td><td></td><td></td><td></td><td></td><td></td><td></td><td></td><td></td><td></td><td></td><td></td><td></td><td></td><td></td><td></td><td></td><td></td><td></td><td></td><td></td><td></td><td></td><td></td><td></td><td></td><td></td><td></td></tr>
<tr><td></td><td></td><td></td><td></td><td></td><td></td><td></td><td></td><td></td><td></td><td></td><td></td><td></td><td></td><td></td><td></td><td></td><td></td><td></td><td></td><td></td><td></td><td></td><td></td><td></td><td></td><td></td><td></td><td></td><td></td><td></td><td></td><td></td><td></td><td></td><td></td><td></td><td></td><td></td><td></td><td></td><td></td><td></td><td></td><td></td><td></td><td></td><td></td><td></td><td></td><td></td><td></td><td></td><td></td><td></td><td></td><td></td><td></td><td></td><td></td><td></td><td></td><td></td><td></td><td></td><td></td><td></td><td></td><td></td><td></td><td></td><td></td><td></td><td></td><td></td><td></td><td></td></tr>
<tr><td></td><td></td><td></td><td></td><td></td><td></td><td></td><td></td><td></td><td></td><td></td><td></td><td></td><td></td><td></td><td></td><td></td><td></td><td></td><td></td><td></td><td></td><td></td><td></td><td></td><td></td><td></td><td></td><td></td><td></td><td></td><td></td><td></td><td></td><td></td><td></td><td></td><td></td><td></td><td></td><td></td><td></td><td></td><td></td><td></td><td></td><td></td><td></td><td></td><td></td><td></td><td></td><td></td><td></td><td></td><td></td><td></td><td></td><td></td><td></td><td></td><td></td><td></td><td></td><td></td><td></td><td></td><td></td><td></td><td></td><td></td><td></td><td></td><td></td><td></td><td></td><td></td></tr>
<tr><td></td><td></td><td></td><td></td><td></td><td></td><td></td><td></td><td></td><td></td><td></td><td></td><td></td><td></td><td></td><td></td><td></td><td></td><td></td><td></td><td></td><td></td><td></td><td></td><td></td><td></td><td></td><td></td><td></td><td></td><td></td><td></td><td></td><td></td><td></td><td></td><td></td><td></td><td></td><td></td><td></td><td></td><td></td><td></td><td></td><td></td><td></td><td></td><td></td><td></td><td></td><td></td><td></td><td></td><td></td><td></td><td></td><td></td><td></td><td></td><td></td><td></td><td></td><td></td><td></td><td></td><td></td><td></td><td></td><td></td><td></td><td></td><td></td><td></td><td></td><td></td><td></td></tr>
</table>

表 5-39

制造费用分配表

2019 年 3 月　　　　金额单位:元

会计科目	明细科目	分配标准	分配金额
基本生产成本			
合　计			

表 5-40

记　账　凭　证

年　　月　　日　　　　记字第　　号

摘　　要	会计科目		借方金额									贷方金额									记账
	总账科目	明细科目	百	十	万	千	百	十	元	角	分	百	十	万	千	百	十	元	角	分	
附单据　张	合　　计																				

会计主管:　　　复核:　　　记账:　　　出纳:　　　制单:

【任务 5-1-9】 编制第一步骤铸造车间铸造件基本生产成本计算表,并填制有关记账凭证,登记生产成本明细账,如表 5-41 和表 5-42 所示。

表 5-41

铸造车间基本生产成本计算表

产品名称:铸造件　　　　2019 年 3 月　　　　金额单位:元

摘　要	直接材料	燃料及动力	直接人工	制造费用	合　计
月初在产品成本					
本月发生生产费用					
生产费用合计					
本月完工产品数量(件)					
月末在产品约当量(件)					
约当总产量(件)					
完工半成品单位成本					
完工半成品总成本					
月末在产品成本					

表 5-42

记 账 凭 证

年 月 日 记字第 号

摘要	会计科目		借方金额									贷方金额									记账
	总账科目	明细科目	百	十	万	千	百	十	元	角	分	百	十	万	千	百	十	元	角	分	
附单据 张	合 计																				

会计主管： 复核： 记账： 出纳： 制单：

【任务 5-1-10】 完成自制半成品铸造件完工入库和领用的核算，填制有关记账凭证，并登记有关明细账，如表 5-43 和表 5-44 所示。

表 5-43

自制半成品 进销存明细账

第 页

品名：________ 单位：________

年		凭证字号	摘要	收入											发出											结存										
月	日			数量	单价	金额									数量	单价	金额									数量	单价	金额								
						百	十	万	千	百	十	元	角	分			百	十	万	千	百	十	元	角	分			百	十	万	千	百	十	元	角	分

表 5-44

记 账 凭 证

年 月 日 记字第 号

摘要	会计科目		借方金额									贷方金额									记账
	总账科目	明细科目	百	十	万	千	百	十	元	角	分	百	十	万	千	百	十	元	角	分	
附单据 张	合 计																				

会计主管： 复核： 记账： 出纳： 制单：

【任务 5-1-11】 编制第二步骤加工车间零部件基本生产成本计算表，并填制有关记账凭证，登记生产成本明细账，如表 5-45 和表 5-46 所示。

表 5-45

加工车间基本生产成本计算表

产品名称：零部件　　　　2019 年 3 月　　　　金额单位：元

摘　要	自制半成品	直接材料	燃料及动力	直接人工	制造费用	合　计
月初在产品成本						
本月发生生产费用						
生产费用合计						
本月完工产品数量(件)						
月末在产品约当量(件)						
约当总产量(件)						
完工半成品单位成本						
完工半成品总成本						
月末在产品成本						

表 5-46

记　账　凭　证

年　　月　　日　　　　记字第　　号

摘　要	会计科目		借方金额									贷方金额									记账
	总账科目	明细科目	百	十	万	千	百	十	元	角	分	百	十	万	千	百	十	元	角	分	
附单据　张	合　计																				

会计主管：　　复核：　　记账：　　出纳：　　制单：

【任务 5-1-12】 完成自制半成品零部件完工入库和领用的核算，填制有关记账凭证，并登记有关明细账，如表 5-47 和表 5-48 所示。

表 5-47

自制半成品　进销存明细账　　　　第　页

品名：________　　　　单位：________

年		凭证字号	摘　要	收入											发出											结存										
				数量	单价	金额									数量	单价	金额									数量	单价	金额								
月	日					百	十	万	千	百	十	元	角	分			百	十	万	千	百	十	元	角	分			百	十	万	千	百	十	元	角	分

表 5-48

记　账　凭　证

年　　月　　日　　　　　　　　　　记字第　　号

摘　要	会计科目		借方金额									贷方金额									记账
	总账科目	明细科目	百	十	万	千	百	十	元	角	分	百	十	万	千	百	十	元	角	分	
附单据　张	合　计																				

会计主管：　　　　复核：　　　　记账：　　　　出纳：　　　　制单：

【任务 5-1-13】 编制第三步骤装配车间产成品基本生产成本计算表，并填制有关记账凭证，登记生产成本明细账，如表 5-49 和表 5-50 所示。

表 5-49

装配车间基本生产成本计算表

产品名称：粉碎机　　　　　　2019 年 3 月　　　　　　金额单位：元

摘　要	自制半成品	直接材料	燃料及动力	直接人工	制造费用	合　计
月初在产品成本						
本月发生生产费用						
生产费用合计						
本月完工产品数量(件)						
月末在产品约当量(件)						
约当总产量(件)						
完工产成品单位成本						
完工产成品总成本						
月末在产品成本						

表 5-50

记　账　凭　证

年　　月　　日　　　　　　　　　　记字第　　号

摘　要	会计科目		借方金额									贷方金额									记账
	总账科目	明细科目	百	十	万	千	百	十	元	角	分	百	十	万	千	百	十	元	角	分	
附单据　张	合　计																				

会计主管：　　　　复核：　　　　记账：　　　　出纳：　　　　制单：

【任务 5-1-14】 分别采用两种方法，编制产成品成本还原计算表，如表 5-51 和表 5-52所示。

表 5-51

产成品成本还原计算表(按成本还原率还原)

产品名称:粉碎机　　2019 年 3 月　　金额单位:元

摘　要	还原率	半成品	直接材料	燃料及动力	直接人工	制造费用	合计
还原前完工产品总成本							
第二步骤完工半成品成本							
第三步骤半成品还原成本							
第一步骤完工半成品成本							
第二步骤半成品还原成本							
还原后产成品总成本							
还原后产成品单位成本							

表 5-52

产成品成本还原计算表(按成本项目比重还原)

产品名称:粉碎机　　2019 年 3 月　　金额单位:元

摘　要	半成品	直接材料	燃料及动力	直接人工	制造费用	合　计
还原前完工产品总成本						
第二步骤完工半成品成本						
第二步骤完工半成品成本结构(%)						
第三步骤半成品还原成本						
第一步骤完工半成品成本						
第一步骤完工半成品成本结构(%)						
第二步骤半成品还原成本						
还原后产成品总成本						
还原后产成品单位成本						

【任务 5-1-15】 编制完工产成品成本汇总表并登记有关明细账,如表 5-53 至表 5-56所示。

表 5-53

产成品成本汇总表

产品名称:粉碎机　　2019 年 3 月　　金额单位:元

项　目	直接材料	燃料及动力	直接人工	制造费用	合　计
完工产成品总成本					
完工产成品单位成本					

表 5-54

生产成本明细账

第　页

账户名称：________

年		凭证字号	摘要	借方金额									贷方金额									借或贷	余额									(借方)金额分析																																												
																																直接材料									燃料及动力									直接人工									折旧费用									其他								
月	日			百	十	万	千	百	十	元	角	分	百	十	万	千	百	十	元	角	分		百	十	万	千	百	十	元	角	分	百	十	万	千	百	十	元	角	分	百	十	万	千	百	十	元	角	分	百	十	万	千	百	十	元	角	分	百	十	万	千	百	十	元	角	分	百	十	万	千	百	十	元	角	分

表 5-55

生产成本明细账

第　页

账户名称：________

年		凭证字号	摘要	借方金额									贷方金额									借或贷	余额									(借方)金额分析																																												
																																直接材料									燃料及动力									直接人工									折旧费用									其他								
月	日			百	十	万	千	百	十	元	角	分	百	十	万	千	百	十	元	角	分		百	十	万	千	百	十	元	角	分	百	十	万	千	百	十	元	角	分	百	十	万	千	百	十	元	角	分	百	十	万	千	百	十	元	角	分	百	十	万	千	百	十	元	角	分	百	十	万	千	百	十	元	角	分

表 5-56

生产成本明细账

第　页

账户名称：________

<table>
<tr><th colspan="2" rowspan="2">年</th><th rowspan="3">凭证字号</th><th rowspan="3">摘　要</th><th colspan="9" rowspan="2">借方金额</th><th colspan="9" rowspan="2">贷方金额</th><th rowspan="3">借或贷</th><th colspan="9" rowspan="2">余　额</th><th colspan="45">（借方）金额分析</th></tr>
<tr><th colspan="9">直接材料</th><th colspan="9">燃料及动力</th><th colspan="9">直接人工</th><th colspan="9">折旧费用</th><th colspan="9">其他</th></tr>
<tr><th>月</th><th>日</th><th>百</th><th>十</th><th>万</th><th>千</th><th>百</th><th>十</th><th>元</th><th>角</th><th>分</th><th>百</th><th>十</th><th>万</th><th>千</th><th>百</th><th>十</th><th>元</th><th>角</th><th>分</th><th>百</th><th>十</th><th>万</th><th>千</th><th>百</th><th>十</th><th>元</th><th>角</th><th>分</th><th>百</th><th>十</th><th>万</th><th>千</th><th>百</th><th>十</th><th>元</th><th>角</th><th>分</th><th>百</th><th>十</th><th>万</th><th>千</th><th>百</th><th>十</th><th>元</th><th>角</th><th>分</th><th>百</th><th>十</th><th>万</th><th>千</th><th>百</th><th>十</th><th>元</th><th>角</th><th>分</th><th>百</th><th>十</th><th>万</th><th>千</th><th>百</th><th>十</th><th>元</th><th>角</th><th>分</th><th>百</th><th>十</th><th>万</th><th>千</th><th>百</th><th>十</th><th>元</th><th>角</th><th>分</th></tr>
</table>

知识搜索

5-1-1 逐步结转分步法的基础知识

1. 什么是分步法及其种类

产品成本计算的分步法是以产品的生产步骤作为成本计算对象,归集各种生产费用,计算产品成本的一种方法。采用分步法计算产品成本,成本计算期与会计报告期一致,各步骤间往往需要进行半成品成本的结转。分步法包括逐步结转分步法和平行结转分步法。逐步结转分步法又可以根据半成品成本结转方式的不同分为综合结转和分项结转两种方式。分步法的种类如图 5-2 所示。

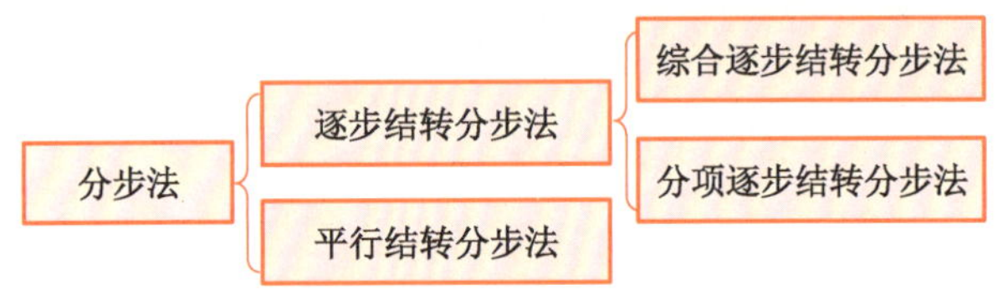

图 5-2　分步法的种类

2. 什么是逐步结转分步法

逐步结转分步法是按照生产步骤逐步计算并结转半成品成本,直到最后步骤计算出产品成本的方法,也称为计算半成品成本的分步法。逐步结转分步法又可以根据半成品成本结转方式的不同分为综合结转和分项结转两种方式。

综合结转方式是将上一生产步骤转入下一步骤的半成品成本,全部计入下一生产步骤成本计算单中的“直接材料”项目或专设的“半成品”项目,综合反映该生产步骤所耗用上一步骤所产半成品的成本。

分项结转方式是将上一生产步骤转入下一生产步骤的半成品成本,按照原来的成本项目分项转入下一步骤成本计算单中相对应的成本项目中。

3. 逐步结转分步法的特点

(1) 成本计算对象是各步骤的半成品和最后步骤的产成品。

(2) 半成品成本随实物转移同步转移。

(3) 各步骤产品成本明细账中的期末余额是狭义在产品成本,即在产品成本按实物所在地集中。

4. 逐步结转分步法的适用范围

逐步结转分步法适用于半成品可以加工为不同产品,或者有半成品对外销售和需要考核半成品成本,管理上要求提供半成品成本资料的企业,特别是大量大批连续式多步骤生产企业,如纺织业等。

5-1-2 综合逐步结转分步法的核算程序

利用逐步结转分步法从第一步骤开始逐步计算半成品成本,半成品成本在各步骤之间结转，最终计算出产成品成本，实际上是多个品种法的应用，利用逐步结转分步法计算产品成本具体步骤如下：

（1）以产品品种和各生产步骤确定成本计算对象，并设置基本生产成本明细账。

（2）归集和分配各步骤要素费用。

（3）计算和结转各步骤完工半成品成本。

（4）成本还原。

（5）结转完工产品成本。

综合逐步结转分步法的特点和核算程序

在实际生产中，半成品完工后，如果该半成品直接为下一步骤领用，则其成本可直接转入下一步骤的计算单中。如果该半成品完工后要经过半成品库收发，则需设置“自制半成品”账户，按照其品种进行半成品收、发、存的明细核算，其计算程序如图 5-3 所示。

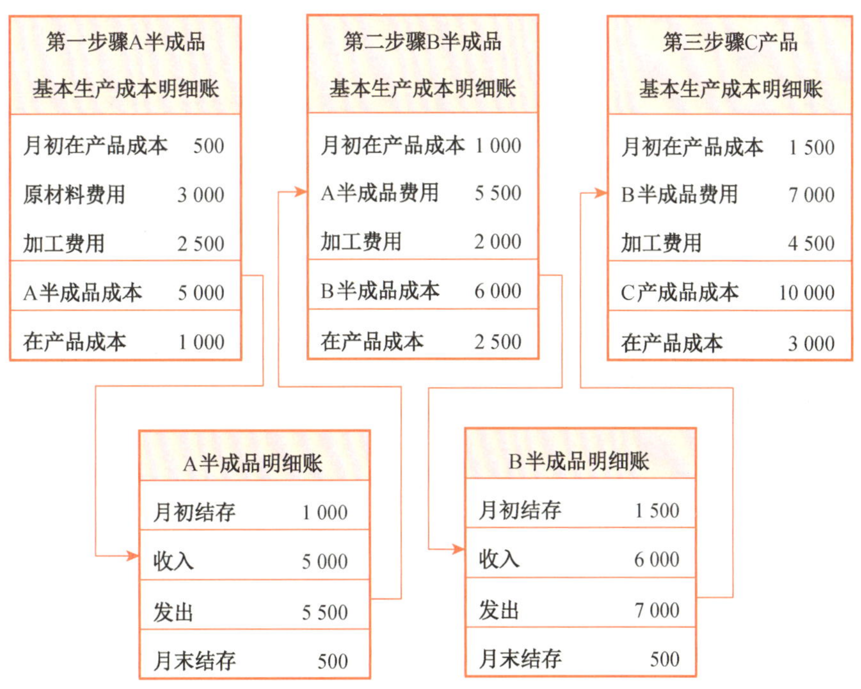

图 5-3　逐步结转分步法计算程序图

小小案例

企业名称：龙兴公司。

生产类型：大量大批连续式多步骤生产。

生产过程：主要产品为甲产品，甲产品经过三个车间连续加工制成，一车间生产 A 半成品，直接转入二车间加工制成 B 半成品，B 半成品完工后交给半成品仓库，第三车间从仓库领用 B 半成品继续加工成甲产成品。其中，1 件甲产品耗用 1 件 B 半成品，1

件B半成品耗用1件A半成品。原材料于生产开始时一次性投入，各车间月末在产品完工率均为50%。各车间生产费用在完工产品和在产品之间的分配采用约当产量法。

成本核算要求：提供各步骤半成品成本和最终完工产品成本，成本计算采用分步法，成本计算按照实际成本综合结转，成本项目有直接材料、直接人工、制造费用。设置“自制半成品——B半成品”明细账对B半成品的收、发、存的核算。第三车间领用B半成品采用一次加权平均法计算其实际成本。

2019年10月相关生产资料如下。

(1) 本月各车间产量资料如表5-57所示。

表5-57

产量统计表　　单位：件

摘　要	一车间	二车间	三车间
月初在产品数量	100	30	110
本月投产数量或上步转入	80	120	130
本月完工产品数量	120	130	160
月末在产品数量	60	20	80

(2) 各车间月初及本月费用资料如表5-58所示。

表5-58

各车间基本生产成本月初余额表　　金额单位：元

摘　要		直接材料	直接人工	制造费用	合计
一车间	月初在产品成本	7 000	2 000	1 000	10 000
	本月生产费用	11 000	4 000	2 000	17 000
二车间	月初在产品成本	4 800	1 500	1 200	7 500
	本月生产费用		5 500	5 100	10 600
三车间	月初在产品成本	6 630	2 500	1 300	10 430
	本月生产费用		3 500	2 500	6 000

(3) 自制半成品明细账月初资料如表5-59所示。

表5-59

自制半成品月初余额表　　金额单位：元

摘　要	数量	直接材料	直接人工	制造费用	合计
B半成品月初在产品	15	1 500	1 350	975	3 825

要求：

根据资料，采用逐步结转分步法中的综合结转方式进行费用的归集与分配，计算并结转各步骤半成品成本和完工产品成本，编制记账凭证，并登记基本生产成本明细账和自制半成品明细账。

操作1：第一步骤A半成品基本生产成本计算如表5-60所示。

表 5-60

第一步骤基本生产成本计算表

产品名称:A 半成品　　2019 年 10 月　　金额单位:元

摘　要	直接材料	直接人工	制造费用	合　计
月初在产品成本①	7 000	2 000	1 000	10 000
本月发生生产费用②	11 000	4 000	2 000	17 000
生产费用合计③=①+②	18 000	6 000	3 000	27 000
本月完工产品数量(件)④	120	120	120	—
月末在产品约当量(件)⑤	60	30	30	—
约当总产量(件)⑥=④+⑤	180	150	150	—
完工 A 半成品单位成本⑦=③÷⑥	100	40	20	160
完工 A 半成品总成本⑧=④×⑦	12 000	4 800	2 400	19 200
月末 A 在产品成本⑨=③-⑧	6 000	1 200	600	7 800

【知识小提示】

A 半成品完工后,直接为下一步骤领用,因此,A 半成品成本可直接转入下一步骤的计算单中。

相关的会计分录为:

借:生产成本——第二步骤(B 半成品)　　19 200

　贷:生产成本——第一步骤(A 半成品)　　19 200

操作 2:第二步骤 B 半成品基本生产成本计算如表 5-61 所示。

表 5-61

第二步骤基本生产成本计算表

产品名称:B 半成品　　2019 年 10 月　　金额单位:元

摘　要	A 半成品	直接人工	制造费用	合　计
月初在产品成本①	4 800	1 500	1 200	7 500
本月发生生产费用②	19 200	5 500	5 100	29 800
生产费用合计③=①+②	24 000	7 000	6 300	37 300
本月完工产品数量(件)④	130	130	130	—
月末在产品约当量(件)⑤	20	10	10	—
约当总产量(件)⑥=④+⑤	150	140	140	—
完工 B 半成品单位成本(元/件)⑦=③÷⑥	160	50	45	255
完工 B 半成品总成本⑧=④×⑦	20 800	6 500	5 850	33 150
月末 B 在产品成本⑨=③-⑧	3 200	500	450	4 150

【知识小提示】

由于B半成品完工后交给半成品仓库，第三车间从仓库领用B半成品继续加工成甲产成品，因此，需设置“自制半成品”账户，按照其品种进行半成品收、发、存的明细核算。

填写B半成品完工入库单如表5-62所示。

表5-62

入　库　单

编号：003

类别：自制半成品　　2019年10月9日　　金额单位：元

品　名	规格型号	单位	数量	单　价	金　额									备注
					百	十	万	千	百	十	元	角	分	
B半成品		件	130	255			3	3	1	5	0	0	0	
合　计						¥	3	3	1	5	0	0	0	

库管员：李丽　　交货人：王兰　　制单：李丽

注：本单一式三联，第一联仓库记账联，第二联材料成本会计记账联，第三联返交货人作有关结算凭证或回执联。

第三步骤领用B半成品时，填写B半成品领料单如表5-63所示。

表5-63

领　料　单

编号：0065

领料单位：第三车间　　仓库：半成品仓库

2019年10月10日　　金额单位：元

材料类别	材料名称	规格型号	单位	数　量		单价	金额	用途
				应收	实收			
自制半成品	B半成品		件	130	130	255	33 150	生产甲产品
备注					合计	255	33 150	

发料人：孙帅　　领料人：王林　　记账：刘刚

【知识小提示】

企业每个月所生产半成品的实际单位成本是不同的，因而所耗用半成品的实际单位成本，可根据企业的实际情况，选择先进先出法、加权平均法和个别计价法等方法计算。

操作 3:第三步骤甲产品基本生产成本计算如表 5-64 所示。

表 5-64

第三步骤基本生产成本计算表

产品名称:甲产品　　2019 年 10 月　　金额单位:元

摘　要	B半成品	直接人工	制造费用	合　计
月初在产品成本①	6 630	2 500	1 300	10 430
本月发生生产费用②	33 150	3 500	2 500	39 150
生产费用合计③=①+②	39 780	6 000	3 800	49 580
本月完工产品数量(件)④	160	160	160	—
月末在产品约当量(件)⑤	80	40	40	—
约当总产量(件)⑥=④+⑤	240	200	200	—
完工甲产成品单位成本⑦=③÷⑥	165.75	30	19	214.75
完工甲产成品总成本⑧=④×⑦	26 520	4 800	3 040	34 360
月末甲在产品成本⑨=③-⑧	13 260	1 200	760	15 220

填写产成品完工入库单如表 5-65 所示。

表 5-65

入　库　单

编号:067

类别:库存商品　　2019 年 10 月 27 日　　金额单位:元

品　名	规格型号	单位	数量	单　价	金　额									备注
					百	十	万	千	百	十	元	角	分	
甲产品		件	160	214.75			3	4	3	6	0	0	0	
合　计						¥	3	4	3	6	0	0	0	

库管员:李丽　　交货人:王兰　　制单:李丽

注:本单一式三联,第一联仓库记账联,第二联材料成本会计记账联,第三联返交货人作有关结算凭证或回执联。

操作 4:编制成本还原计算表。采用综合结转方式计算的产品成本,不能反映产品成本的项目真实结构,因此需要将半成品成本的综合成本还原为原始成本项目。具体的做法就是从最后一个步骤起逐步将半成品的成本还原为原始项目,成本还原的方法有按成本还原率还原法和按成本项目比重还原法两种。甲产品成本还原计算如表 5-66 和表 5-67 所示。

综合逐步结转分步法的成本还原

表 5-66

甲产品成本还原计算表(按成本还原率还原)

产品名称:甲产品　　2019 年 10 月　　金额单位:元

摘　要	还原率	半成品	直接材料	直接人工	制造费用	合　计
还原前完工产品总成本	—	26 520	—	4 800	3 040	34 360
第二步骤完工 B 半成品成本	—	20 800	—	6 500	5 850	33 150
第三步骤半成品还原成本	0.8	16 640	—	5 200	4 680	—
第一步骤完工 A 半成品成本	—	—	12 000	4 800	2 400	19 200
第二步骤半成品还原成本	0.866 7	—	10 400	4 160	2 080	—
还原后产成品总成本	—	—	10 400	14 160	9 800	34 360
还原后产成品单位成本	—	—	65	88.5	61.25	214.75

注:第三步骤:成本还原率=26 520÷33 150=0.8

第二步骤:成本还原率=16 640÷19 200=0.866 7

还原后产成品成本:直接材料=10 400(元)

直接人工=4 800+5 200+4 160=14 160(元)

制造费用=3 040+4 680+2 080=9 800(元)

产成品总成本=10 400+14 160+9 800=34 360(元)

注意:通过比较我们会发现,还原前后产成品的总成本金额不发生改变,变的只是产成品成本项目结构。

【知识小提示】

成本还原的方法主要有还原分配率法和项目比重法。

成本还原的还原分配率法的公式如下:

$$还原分配率=\frac{产成品耗用上步骤半成品成本}{上步骤完工该半成品总成本}$$

成本项目还原成本 = 上步骤完工该半成品成本项目金额 × 还原分配率

表 5-67

甲产品成本还原计算表(按成本项目比重还原)

产品名称:甲产品　　2019 年 10 月　　金额单位:元

摘　要	半成品	直接材料	直接人工	制造费用	合　计
还原前完工产品总成本	26 520	—	4 800	3 040	34 360
第二步骤完工 B 半成品成本	20 800	—	6 500	5 850	33 150
第二步骤完工 B 半成品成本结构	62.745%	—	19.608%	17.647%	100%
第三步骤半成品还原成本	16 640	—	5 200	4 680	
第一步骤完工 A 半成品成本	—	12 000	4 800	2 400	19 200
第一步骤完工 A 半成品成本结构	—	62.5%	25%	12.5%	100%
第二步骤半成品还原成本	—	10 400	4 160	2 080	
还原后产成品总成本	—	10 400	14 160	9 800	34 360
还原后产成品单位成本	—	65	88.5	61.25	214.75

【知识小提示】

> 项目比重还原法的公式如下：
>
> $$半成品成本项目结构比例=\frac{上步骤完工该半成品成本项目金额}{上步骤完工该半成品总成本}$$
>
> 成本项目还原成本＝产成品耗用上步骤半成品成本×半成品成本项目结构比例

操作5：编制完工产品成本汇总表如表5-68所示。

表5-68

完工产品成本汇总表

产品名称：甲产品　　2019年10月　　金额单位：元

项　目	直接材料	直接人工	制造费用	成本合计
完工产品总成本	10 400	14 160	9 800	34 360
完工产品单位成本	65	88.5	61.25	214.75

【知识小提示】

> 按计划成本综合结转半成品成本的计算和按实际成本结转方式原理相同，只不过在“自制半成品明细账”和“基本生产成本计算表”中不仅要反映半成品的实际成本，而且要增加计划成本、成本差异等栏目，反映其计划成本、成本差异和差异率。

5-1-3　综合逐步结转分步法的账务处理

操作1：根据A半成品基本生产成本计算表，填制记账凭证并登记生产成本明细账，如表5-69和表5-70所示。

表5-69

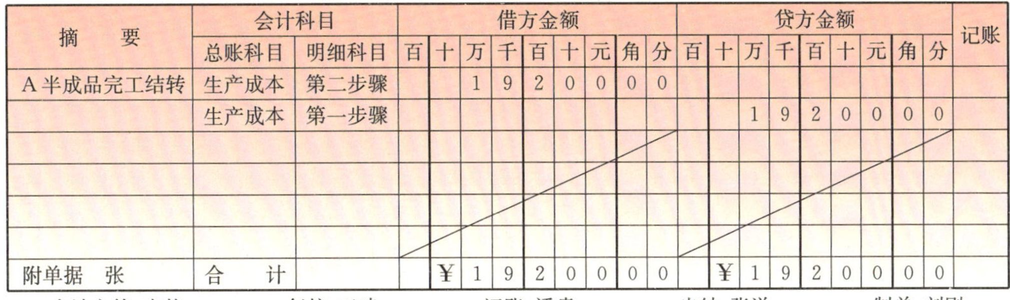

记　账　凭　证

2019年10月31日　　记字第007号

摘　要	会计科目		借方金额									贷方金额									记账
	总账科目	明细科目	百	十	万	千	百	十	元	角	分	百	十	万	千	百	十	元	角	分	
A半成品完工结转	生产成本	第二步骤			1	9	2	0	0	0	0										
	生产成本	第一步骤												1	9	2	0	0	0	0	
附单据　张	合　计			¥	1	9	2	0	0	0	0		¥	1	9	2	0	0	0	0	

会计主管：李静　　复核：王建　　记账：潘贵　　出纳：张洋　　制单：刘刚

表 5-70

生产成本明细账

第 1 页

账户名称:第一步骤(A 半成品)

2019年 月	日	凭证字号	摘要	借方金额(百十万千百十元角分)	贷方金额(百十万千百十元角分)	借或贷	余额(百十万千百十元角分)	(借方)金额分析 直接材料	直接人工	制造费用
10	1		期初余额			借	10000.00	7000.00	2000.00	1000.00
10	31		材料成本	11000.00		借	21000.00	11000.00		
10	31		人工成本	4000.00		借	25000.00		4000.00	
10	31		制造费用成本	2000.00		借	27000.00			2000.00
10	31	记 007	完工产品转出		19200.00	借	7800.00	12000.00	4800.00	2400.00
10	31		本月合计	17000.00	19200.00	借	7800.00	6000.00	1200.00	600.00

注:"完工产品转出"行的"(借方)金额分析"栏中所填数字应为红色,表示贷方发生额。

操作 2:根据 B 半成品基本生产成本计算表,填制记账凭证并登记生产成本明细账,如表 5-71 所示。

表 5-71

生产成本明细账

第 2 页

账户名称:第二步骤(B 半成品)

2019年 月	日	凭证字号	摘要	借方金额(百十万千百十元角分)	贷方金额(百十万千百十元角分)	借或贷	余额(百十万千百十元角分)	(借方)金额分析 直接材料	直接人工	制造费用
10	1		期初余额			借	7500.00	4800.00	1500.00	1200.00
10	31		材料成本	19200.00		借	26700.00	19200.00		
10	31		人工成本	5500.00		借	32200.00		5500.00	
10	31		制造费用成本	5100.00		借	37300.00			5100.00
10	31	记 009	完工产品转出		33150.00	借	4150.00	20800.00	6500.00	5850.00
10	31		本月合计	29800.00	33150.00	借	4150.00	3200.00	500.00	450.00

注:"完工产品转出"行的"(借方)金额分析"栏中所填数字应为红色,表示贷方发生额。

（1）根据B半成品入库单填制记账凭证，并登记基本生产成本明细账和自制半成品明细账，结转B半成品成本，如表5-72所示。

表 5-72

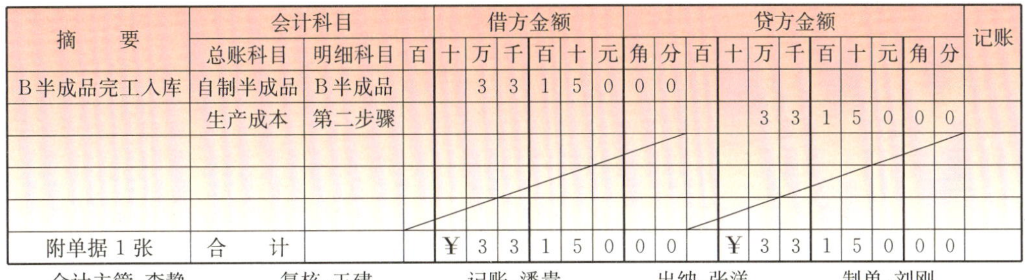

记 账 凭 证

2019年10月31日　　　　记字第009号

摘要	会计科目		借方金额									贷方金额									记账
	总账科目	明细科目	百	十	万	千	百	十	元	角	分	百	十	万	千	百	十	元	角	分	
B半成品完工入库	自制半成品	B半成品			3	3	1	5	0	0	0										
	生产成本	第二步骤												3	3	1	5	0	0	0	
附单据1张	合　计			¥	3	3	1	5	0	0	0		¥	3	3	1	5	0	0	0	

会计主管：李静　　复核：王建　　记账：潘贵　　出纳：张洋　　制单：刘刚

（2）根据B半成品领料单填制相关记账凭证，并登记自制半成品明细账，如表5-73和表5-74所示。

表 5-73

记 账 凭 证

2019年10月31日　　　　记字第010号

摘要	会计科目		借方金额									贷方金额									记账
	总账科目	明细科目	百	十	万	千	百	十	元	角	分	百	十	万	千	百	十	元	角	分	
三车间领用半成品	生产成本	第三步骤			3	3	1	5	0	0	0										
	自制半成品	B半成品												3	3	1	5	0	0	0	
附单据1张	合　计			¥	3	3	1	5	0	0	0		¥	3	3	1	5	0	0	0	

会计主管：李静　　复核：王建　　记账：潘贵　　出纳：张洋　　制单：刘刚

表 5-74

总第　页

自制半成品　进销存明细账

分第　页

部类______　产地______　单位　件　规格______　品名　B半成品

2019年		凭证字号	摘要	收入											发出											结存										
月	日			数量	单价	金额									数量	单价	金额									数量	单价	金额								
						百	十	万	千	百	十	元	角	分			百	十	万	千	百	十	元	角	分			百	十	万	千	百	十	元	角	分
10	1		期初余额																							15	225				3	8	2	5	0	0
10	31	009	自制半成品入库	130	225			3	3	1	5	0	0	0												145	225			3	6	9	7	5	0	0
10	31	010	生产部门领用												130	225			3	3	1	5	0	0	0	15	225				3	8	2	5	0	0

操作 3:根据第三车间基本生产成本计算表填制记账凭证,并登记基本生产成本明细账,如表 5-75 所示。

表 5-75

生产成本明细账

第　页

账户名称:第三步骤(甲产品)

2019年		凭证字号	摘要	借方金额	贷方金额	借或贷	余额	(借方)金额分析		
月	日							直接材料	直接人工	制造费用
10	1		期初余额			借	1043000	663000	250000	130000
10	31		材料成本	3315000		借	4358000	3315000		
10	31		人工成本	350000		借	4708000		350000	
10	31		制造费用	250000		借	4958000			250000
10	31	记 011	完工产品转出		3436000	借	1522000	2652000	480000	304000
10	31		本月合计	3915000	3436000	借	1522000	1326000	120000	76000

注:“完工产品转出”行的“(借方)金额分析”栏中所填数字应为红色,表示贷方发生额。

操作4：根据甲产品入库单和第三车间基本生产成本计算表填制记账凭证，结转甲产品成本，如表5-76所示。

表5-76

记 账 凭 证

2019年10月31日　　　　记字第011号

摘　　要	会计科目		借方金额									贷方金额									记账
	总账科目	明细科目	百	十	万	千	百	十	元	角	分	百	十	万	千	百	十	元	角	分	
产品完工入库	库存商品	甲产品			3	4	3	6	0	0	0										
	生产成本	第三步骤												3	4	3	6	0	0	0	
附单据1张	合　　计			¥	3	4	3	6	0	0	0		¥	3	4	3	6	0	0	0	

会计主管：李华　　复核：王建　　记账：肖婷　　出纳：何灵　　制单：刘刚

任务小结

利用综合逐步结转分步法核算产品成本

基础知识

- 分步法的含义
- 逐步结转分步法的特点
- 逐步结转分步法的适用范围
- 综合逐步结转分步法

核算程序

- 按品种和步骤设置基本生产成本明细账
- 归集和分配各步骤费用
- 计算和结转各步骤完工产品（半成品）成本
- 成本还原

账务处理

- 根据各类生产费用分配表填制
- 记账凭证的填制
- 基本生产成本明细账的设置及登记

工作任务5-2　利用逐步结转分步法核算产品成本（分项结转方式）

为了完成与分项逐步结转分步法核算相关的工作任务，我们需要学习和掌握哪些基本知识和技能？

任务描述

本任务是根据该项目中组织生产的特点，按照产品品种及其所经过的生产步骤对生产过程中的材料、人工、折旧、其他要素费用以及制造费用等综合费用进行归集和分配，按照生产步骤逐步计算并分项结转半成品成本，直到最后步骤计算出产成品成本。然而，对核算后的生产成本费用进行相关的账务处理。

任务实操

根据工作任务 5-1 的任务实操中归集和分配的生产费用资料，采用逐步结转分步法中的分项结转方式，计算并结转产成品成本。

【任务 5-2-1】 编制第一步骤铸造车间铸造件基本生产成本计算表，并填制有关记账凭证，登记生产成本明细账，如表 5-77 和表 5-78 所示。

表 5-77

铸造车间基本生产成本计算表

产品名称：铸造件　　2019 年 3 月　　金额单位：元

摘　要	直接材料	燃料及动力	直接人工	制造费用	合　计
月初在产品成本					
本月发生生产费用					
生产费用合计					
本月完工产品数量(件)					
月末在产品约当量(件)					
约当总产量(件)					
完工半成品单位成本					
完工半成品总成本					
月末在产品成本					

表 5-78

记　账　凭　证

年　　月　　日　　　　记字第　　号

摘　要	会计科目		借方金额									贷方金额									记账
	总账科目	明细科目	百	十	万	千	百	十	元	角	分	百	十	万	千	百	十	元	角	分	
附单据　张	合　　计																				

会计主管：　　复核：　　记账：　　出纳：　　制单：

【任务 5-2-2】 完成自制半成品铸造件完工入库和领用的核算，填制有关记账凭证，登记自制半成品明细账，如表 5-79 和表 5-80 所示。

表 5-79

自制半成品　明细账

第　页

账户名称：________

年		凭证字号	摘要	借方金额									贷方金额									借或贷	余额									直接材料									直接人工									燃料及动力									制造费用								
月	日			百	十	万	千	百	十	元	角	分	百	十	万	千	百	十	元	角	分		百	十	万	千	百	十	元	角	分	百	十	万	千	百	十	元	角	分	百	十	万	千	百	十	元	角	分	百	十	万	千	百	十	元	角	分	百	十	万	千	百	十	元	角	分
3	1																					借																																												

表 5-80

记 账 凭 证

年 月 日 记字第 号

摘 要	会计科目		借方金额									贷方金额									记账
	总账科目	明细科目	百	十	万	千	百	十	元	角	分	百	十	万	千	百	十	元	角	分	
附单据 张	合 计																				

会计主管： 复核： 记账： 出纳： 制单：

【任务 5-2-3】 编制第二步骤加工车间零部件成本计算表，并填制有关记账凭证，登记生产成本明细账，如表 5-81 和表 5-82 所示。

表 5-81

加工车间基本生产成本计算表

产品名称：零部件 2019 年 3 月 金额单位：元

摘 要	成本项目	直接材料	燃料及动力	直接人工	制造费用	合 计
月初在产品成本	上步骤半成品费用					
	本步骤费用					
本月发生生产费用	上步骤半成品费用					
	本步骤费用					
生产费用合计	上步骤半成品费用					
	本步骤费用					
本月完工产品数量(件)						
月末在产品约当产量(件)	上步骤半成品费用					
	本步骤费用					
约当总产量(件)	上步骤半成品费用					
	本步骤费用					
完工半成品单位成本	上步骤半成品费用					
	本步骤费用					
完工半成品总成本	上步骤半成品费用					
	本步骤费用					
	合计					
月末在产品成本	上步骤半成品费用					
	本步骤费用					

表 5-82

记 账 凭 证

年 月 日 记字 第 号

摘要	会计科目		借方金额									贷方金额									记账
	总账科目	明细科目	百	十	万	千	百	十	元	角	分	百	十	万	千	百	十	元	角	分	
附单据 张	合 计																				

会计主管： 复核： 记账： 出纳： 制单：

【任务 5-2-4】 完成自制半成品零部件完工入库和领用的核算，填制有关记账凭证，并登记有关明细账，如表 5-83 和表 5-84 所示。

表 5-83

自制半成品　明细账

第　页

账户名称：________

年		凭证字号	摘要	借方金额									贷方金额									借或贷	余额									(借方)金额分析																																			
																															直接材料									直接人工									燃料及动力									制造费用								
月	日			百	十	万	千	百	十	元	角	分	百	十	万	千	百	十	元	角	分		百	十	万	千	百	十	元	角	分	百	十	万	千	百	十	元	角	分	百	十	万	千	百	十	元	角	分	百	十	万	千	百	十	元	角	分	百	十	万	千	百	十	元	角	分
3	1																					借																																												

表 5-84

记 账 凭 证

年 月 日　　　　记字第 号

摘 要	会计科目		借方金额									贷方金额									记账
	总账科目	明细科目	百	十	万	千	百	十	元	角	分	百	十	万	千	百	十	元	角	分	
附单据 张	合 计																				

会计主管：　　复核：　　记账：　　出纳：　　制单：

【任务 5-2-5】 编制第三步骤装配车间产成品基本生产成本计算表，并填制有关记账凭证，登记生产成本明细账，如表 5-85 和表 5-86 所示。

表 5-85

装配车间基本生产成本计算表

产品名称：粉碎机　　2019 年 3 月　　金额单位：元

摘 要	成本项目	直接材料	燃料及动力	直接人工	制造费用	合 计
月初在产品成本	上步骤半成品费用					
	本步骤费用					
本月发生生产费用	上步骤半成品费用					
	本步骤费用					
生产费用合计	上步骤半成品费用					
	本步骤费用					
本月完工产品数量(台)						
月末在产品约当产量(台)	上步骤半成品费用					
	本步骤费用					
约当总产量(台)	上步骤半成品费用					
	本步骤费用					
完工半成品单位成本	上步骤半成品费用					
	本步骤费用					
完工半成品总成本	上步骤半成品费用					
	本步骤费用					
	合计					
月末在产品成本	上步骤半成品费用					
	本步骤费用					

表 5-86

记 账 凭 证

年 月 日 记字第 号

摘 要	会计科目		借方金额									贷方金额									记账
	总账科目	明细科目	百	十	万	千	百	十	元	角	分	百	十	万	千	百	十	元	角	分	
附单据 张	合 计																				

会计主管： 复核： 记账： 出纳： 制单：

【任务 5-2-6】 编制完工产成品成本汇总表并登记相关明细账，如表 5-87 至表 5-90 所示。

表 5-87

完工产成品成本汇总表

产品名称：粉碎机 2019 年 10 月 金额单位：元

项 目	直接材料	燃料及动力	直接人工	制造费用	合 计
完工产成品总成本					
完工产成品单位成本					

表 5-88

生产成本明细账

第　页

账户名称：________

年		凭证字号	摘要	借方金额									贷方金额									借或贷	余额									（借方）金额分析																																																									
月	日			百	十	万	千	百	十	元	角	分	百	十	万	千	百	十	元	角	分		百	十	万	千	百	十	元	角	分	直接材料									直接人工									燃料及动力									制造费用																										
																																百	十	万	千	百	十	元	角	分	百	十	万	千	百	十	元	角	分	百	十	万	千	百	十	元	角	分	百	十	万	千	百	十	元	角	分	百	十	万	千	百	十	元	角	分	百	十	万	千	百	十	元	角	分

表 5-89

生产成本明细账

第　页

账户名称：________

年		凭证字号	摘要	借方金额									贷方金额									借或贷	余额									(借方)金额分析																																																						
																																直接材料									直接人工									燃料及动力									制造费用																											
月	日			百	十	万	千	百	十	元	角	分	百	十	万	千	百	十	元	角	分		百	十	万	千	百	十	元	角	分	百	十	万	千	百	十	元	角	分	百	十	万	千	百	十	元	角	分	百	十	万	千	百	十	元	角	分	百	十	万	千	百	十	元	角	分	百	十	万	千	百	十	元	角	分	百	十	万	千	百	十	元	角	分

表 5-90

生产成本明细账

第　页

账户名称：________

年		凭证字号	摘要	借方金额									贷方金额									借或贷	余额									(借方)金额分析																																																						
																																直接材料									直接人工									燃料及动力									制造费用																											
月	日			百	十	万	千	百	十	元	角	分	百	十	万	千	百	十	元	角	分		百	十	万	千	百	十	元	角	分	百	十	万	千	百	十	元	角	分	百	十	万	千	百	十	元	角	分	百	十	万	千	百	十	元	角	分	百	十	万	千	百	十	元	角	分	百	十	万	千	百	十	元	角	分	百	十	万	千	百	十	元	角	分

知识搜索

5-2-1 分项逐步结转分步法的核算程序

分项结转方式是逐步结转分步法的一种，其具体的核算步骤和综合逐步结转分步法相同，但在计算结转成本时，将各生产步骤所耗半成品成本按照原来的成本项目分项转入下一步骤对应的各成本项目中，如半成品通过仓库收发，在“自制半成品明细账”中也要分项反映成本各项目金额。由于半成品成本分项结转，因此也不需要进行成本还原。

小小案例

企业资料同工作任务 5-1 综合结转案例。

要求：

根据资料，采用逐步结转分步法中的分项结转方式进行费用的归集与分配，编制记账凭证并登记各基本生产成本明细账和自制半成品明细账，计算并结转各步骤半成品成本和完工产成品成本。

操作 1：第一步骤 A 半成品基本生产成本计算表如表 5-91 所示。

表 5-91

第一步骤基本生产成本计算表

产品名称：A 半成品　　　　2019 年 10 月　　　　金额单位：元

摘　要	直接材料	直接人工	制造费用	合　计
月初在产品成本	7 000	2 000	1 000	10 000
本月发生生产费用	11 000	4 000	2 000	17 000
生产费用合计	18 000	6 000	3 000	27 000
本月完工产品数量(件)	120	120	120	—
月末在产品约当产量(件)	60	30	30	—
约当总产量(件)	180	150	150	—
完工 A 半成品单位成本	100	40	20	160
完工 A 半成品总成本	12 000	4 800	2 400	19 200
月末 A 在产品成本	6 000	1 200	600	7 800

【知识小提示】

(1) 第一步骤没有上步骤转入费用，因此，第一步骤基本生产成本明细账，不管采用综合结转还是分项结转在成本核算上相同。

(2) A 半成品完工后，直接为下一步骤领用，因此 A 半成品成本可直接转入下一步骤的计算单中。

操作 2：第二步骤 B 半成品基本生产成本计算表如表 5-92 所示。

表 5-92

第二步骤基本生产成本计算表

产品名称：B 半成品　　2019 年 10 月　　金额单位：元

摘　要		直接材料	直接人工	制造费用	合　计
月初在产品成本	上步转入	3 000	1 200	600	4 800
	本步费用		1 500	1 200	2 700
本月发生生产费用	上步转入	12 000	4 800	2 400	19 200
	本步费用		5 500	5 100	10 600
生产费用合计	上步转入	15 000	6 000	3 000	24 000
	本步费用		7 000	6 300	13 300
本月完工产品数量(件)		130	130	130	—
月末在产品约当产量(件)	上步转入	20	20	20	—
	本步费用		10	10	—
约当总产量(件)	上步转入	150	150	150	—
	本步费用		140	140	—
完工 B 半成品单位成本	上步转入	100	40	20	160
	本步费用		50	45	99
完工 B 半成品总成本	上步转入	13 000	5 200	2 600	20 800
	本步费用		6 500	5 850	12 350
月末 B 在产品成本	上步转入	2 000	800	400	3 200
	本步费用		500	450	950

【知识小提示】

(1) 由于采用分项结转方式，上步骤转入的半成品成本应按成本项目分项转入下一步骤对应的成本项目中。

(2) 对于上步骤转入的半成品成本，在分项结转在产品约当产量的计算时，各半成品成本项目均视作材料费用的约当产量计算。

(3) 由于 B 半成品完工后交给半成品仓库，第三车间从仓库领用 B 半成品继续加工成甲产成品，因此需设置“自制半成品”账户，按照其品种进行半成品收、发、存的明细核算。

操作 3：第三步骤甲产品基本生产成本计算表如表 5-93 所示。

表 5-93

第三步骤基本生产成本计算表

产品名称:甲产品　　2019 年 10 月　　金额单位:元

摘　要		直接材料	直接人工	制造费用	合　计
月初在产品成本	上步转入	2 600	2 340	1 690	6 630
	本步费用		2 500	1 300	3 800
本月发生生产费用	上步转入	13 000	11 700	8 450	33 150
	本步费用		3 500	2 500	6 000
生产费用合计	上步转入	15 600	14 040	10 140	39 780
	本步费用		6 000	3 800	9 800
本月完工产品数量(件)		160	160	160	—
月末在产品约当产量(件)	上步转入	80	80	80	—
	本步费用		40	40	—
约当总产量(件)	上步转入	240	240	240	—
	本步费用		200	200	—
完工甲产成品单位成本	上步转入	65	58.5	42.25	165.75
	本步费用		30	19	49
完工甲产成品总成本	上步转入	10 400	9 360	6 760	26 520
	本步费用		4 800	3 040	7 840
月末甲产成品成本	上步转入	5 200	4 680	3 380	13 260
	本步费用		1 200	760	1 960

【知识小提示】

半成品成本分项结转,半成品费用约当产量视同材料费用计算。

操作 4:编制完工产品成本汇总表如表 5-94 所示。

表 5-94

产品成本汇总表

产品名称:甲产品　　2019 年 10 月　　金额单位:元

项　目	直接材料	直接人工	制造费用	成本合计
完工产品总成本	10 400	14 160	9 800	34 360
完工产品单位成本	65	88.5	61.25	214.75

5-2-2　分项逐步结转分步法的账务处理

操作 1:根据 A 半成品基本生产成本计算表,填制记账凭证,并登记生产成本明细账。相关的会计分录如下：

借：生产成本——第二步骤(B半成品)　　19 200
　贷：生产成本——第一步骤(A半成品)　　19 200

记账凭证和生产成本明细账的填制和综合结转方式相同(省略)。

操作2：根据B半成品基本生产成本计算表，填制记账凭证，并登记生产成本明细账，自制半成品明细账。

B半成品完工入库时，相关会计分录如下：

借：自制半成品——B半成品　　33 150
　贷：生产成本——第二步骤(B半成品)　　33 150

领用B半成品时，相关会计分录如下：

借：生产成本——第三步骤(甲产品)　　33 150
　贷：自制半成品——B半成品　　33 150

“自制半成品明细账”中要分项反映成本各项目金额。

记账凭证和生产成本明细账的填制和综合结转方式相同(省略)。

操作3：根据第三车间基本生产成本计算表和产品成本汇总表，填制记账凭证，并登记“基本生产成本明细账”，并结转产品成本。

甲产品完工入库时，入库单同综合结转方式(省略)，相关的会计分录如下：

借：库存商品——甲产品　　34 360
　贷：生产成本——第三步骤(甲产品)　　34 360

记账凭证和生产成本明细账的填制和综合结转方式相同(省略)。

5-2-3　综合结转方式与分项结转方式的比较

通过对综合结转方式和分项结转方式的对比，我们会发现两种方法计算的结果是一致的。

采用综合结转成本计算比较简单，便于反映各步骤的费用水平，但是为了真实反映成本项目构成需要进行成本还原。因此，这种方式适用于在管理上要求计算各步骤所耗半成品成本费用，而不要求分析成本原始构成的情况下采用。

采用分项结转可以直接提供按原始成本项目反映的成本资料，便于从整个企业的角度考核与分析产品成本计划的执行情况；但半成品成本结转和登记工作量较大，各步骤完工产品成本中，不能反映所耗上一步骤半成品成本和本步骤的加工费用，不利于各步骤的成本分析。这种方式适用于管理上不要求计算各步骤完工产品所耗上一步骤半成品费用和本步骤的加工费用，而要求按原始成本项目计算产品成本的企业。

逐步结转分步法能够提供各生产步骤的半成品成本资料，有利于在产品的实物管理和资金管理，有利于成本分析和考核，可以加强成本管理。但是，采用逐步结转分步法的成本核算工作比较复杂，工作量较大，成本核算工作的及时性较差。

任务小结

利用分项逐步结转分步法核算产品成本

基础知识

- 分项逐步结转分步法的含义
- 分项逐步结转分步法的应用
- 分项结转方式和综合结转方式的比较

核算程序

- 按品种和步骤设置基本生产成本明细账
- 归集和分配各步骤费用
- 计算和结转各步骤完工产品（半成品）成本

账务处理

- 根据各类生产费用分配表填制记账凭证
- 基本生产成本明细账的设置及登记

工作任务 5-3　利用平行结转分步法核算产品成本

为了完成与平行结转分步法核算相关的工作任务，我们需要学习和掌握哪些基本知识和技能？

任务描述

本任务是以产品品种及其所经过的生产步骤为成本计算对象，按照成本计算对象设置成本计算单和明细账，分别计算出本步骤应计入产品成本的“份额”，将各步骤应计入产成品成本“份额”平行汇总，最终计算出产成品成本。

任务实操

根据工作任务 5-1 的任务实操归集和分配的生产费用资料，采用平行结转分步法，计算产成品成本。

采用平行分步法，该企业 2019 年 3 月 1 日有关账户月初广义在产品余额资料如表 5-95 所示。

表 5-95

基本生产成本月初余额表

金额单位:元

账户名称		成本项目				合计
总账	明细账	直接材料	燃料及动力	直接人工	制造费用	
基本生产成本	第一步骤	10 782.08	4 834.21	1 605.36	2 547.74	19 769.39
	第二步骤	62 970.20	4 220.59	1 675.32	3 671.58	72 537.69
	第三步骤	112 541.40	10 281.58	1 179.30	2 313.20	126 315.5

【任务 5-3-1】 编制第一步骤铸造车间应计入产成品成本“份额”的计算表,如表5-96所示。

表 5-96

铸造车间基本生产成本计算表

半成品名称:铸造件　　2019 年 3 月　　金额单位:元

摘要	直接材料	燃料及动力	直接人工	制造费用	合计
月初在产品成本					
本月发生生产费用					
生产费用合计					
最终完工产品数量(件)					
本步骤在产品约当产量(件)					
以后各步骤在产品数量(件)					
月末广义在产品约当产量(件)					
约当总产量(件)					
分配率(元/件)					
计入产成品成本份额					
月末在产品成本					

【任务 5-3-2】 编制第二步骤加工车间应计入产成品成本“份额”的计算表,如表5-97所示。

表 5-97

加工车间基本生产成本计算表

半成品名称:零部件　　2019 年 3 月　　金额单位:元

摘要	直接材料	燃料及动力	直接人工	制造费用	合计
月初在产品成本					
本月发生生产费用					
生产费用合计					
最终完工产品数量(件)					
本步骤在产品约当产量(件)					
以后各步骤在产品数量(件)					

（续表）

摘　要	直接材料	燃料及动力	直接人工	制造费用	合　计
月末广义在产品约当产量(件)					
约当总产量(件)					
分配率(元/件)					
计入产成品成本份额					
月末在产品成本					

【任务 5-3-3】 编制第三步骤装配车间应计入产成品成本“份额”的计算表，如表5-98所示。

表 5-98

装配车间基本生产成本计算表

产品名称：粉碎机　　　　2019 年 3 月　　　　金额单位：元

摘　要	直接材料	燃料及动力	直接人工	制造费用	合　计
月初在产品成本					
本月发生生产费用					
生产费用合计					
最终完工产品数量(台)					
本步骤在产品约当产量(台)					
以后各步骤在产品数量(台)					
月末广义在产品约当量(台)					
约当总产量(台)					
分配率(元/台)					
计入产成品成本份额					
月末在产品成本					

【任务 5-3-4】 编制完工产品成本汇总表、记账凭证并登记相关明细账，如表5-99至表 5-103 所示。

表 5-99

产品成本汇总计算表

产品名称：粉碎机　　　　2019 年 3 月　　　　金额单位：元

项　目	直接材料	燃料及动力	直接人工	制造费用	成本合计
铸造车间					
加工车间					
装配车间					
完工产成品总成本					
完工产成品单位成本					

表 5-100

记账凭证

年　月　日　　　　　　　　　　记字第　　号

摘　要	会计科目		借方金额									贷方金额									记账
	总账科目	明细科目	百	十	万	千	百	十	元	角	分	百	十	万	千	百	十	元	角	分	
附单据　张	合　计																				

会计主管：　　复核：　　记账：　　出纳：　　制单：

表 5-101

生产成本明细账

第　页

账户名称：________

年		凭证字号	摘　要	借方金额	贷方金额	借或贷	余　额	(借方)金额分析					
								直接材料	直接人工	燃料及动力	制造费用		
月	日			百十万千百十元角分	百十万千百十元角分		百十万千百十元角分	百十万千百十元角分	百十万千百十元角分	百十万千百十元角分	百十万千百十元角分	百十万千百十元角分	百十万千百十元角分

表 5-102

生产成本明细账

第　页

账户名称：________

年		凭证字号	摘　要	借方金额	贷方金额	借或贷	余　额	(借方)金额分析					
								直接材料	直接人工	燃料及动力	制造费用		
月	日			百十万千百十元角分	百十万千百十元角分		百十万千百十元角分	百十万千百十元角分	百十万千百十元角分	百十万千百十元角分	百十万千百十元角分	百十万千百十元角分	百十万千百十元角分

表 5-103

生产成本明细账

第　页

账户名称：________

年		凭证字号	摘　要	借方金额	贷方金额	借或贷	余　额	(借方)金额分析					
								直接材料	直接人工	燃料及动力	制造费用		
月	日			百十万千百十元角分	百十万千百十元角分		百十万千百十元角分	百十万千百十元角分	百十万千百十元角分	百十万千百十元角分	百十万千百十元角分	百十万千百十元角分	百十万千百十元角分

知识搜索

5-3-1 平行结转分步法的基础知识

1. 什么是平行结转分步法

采用平行结转分步法只归集本生产步骤发生的费用，不计算和结转各生产步骤的半成品成本，最后计算出本步骤应计入产品成本的份额，进行平行汇总得出产成品的成本，也可称作“不计算半成品成本法”。

平行结转分步法的特点和核算程序

2. 平行结转分步法的特点

（1）各生产步骤可以同时进行成本计算。

（2）各生产步骤之间不结转半成品成本。

（3）各步骤费用在完工与在产品之间分配时，在产品是广义在产品，只要最终未完工，均视作在产品。

（4）根据各步骤费用应计入产成品的份额，平行汇总计算产成品成本。

3. 平行结转分步法的适用范围

平行结转分步法一般适用于大量大批装配式多步骤生产，或成本管理上要求分步归集费用，但不要求计算半成品成本的企业，如铸造业等。

5-3-2 平行结转分步法的核算程序

利用平行结转分步法从各步骤同时开始计算半成品成本，并计算应计入产成品中的份额，最终计算出产成品成本，利用平行结转分步法计算产品成本具体步骤如下：

（1）按产品品种和各生产步骤设置基本生产成本明细账。

（2）归集和分配各步骤生产费用。

（3）计算应计入产成品成本的份额。

（4）平行汇总应计入产成品成本的份额，计算产成品成本。

（5）结转完工产品成本。

其计算程序如图5-4所示。

小小案例

企业名称：龙兴公司。

生产类型：大量大批多步骤生产。

生产过程：主要产品为甲产品，甲产品经过三个车间加工制成，第一车间生产A半成品，A半成品完工后直接转入第二车间生产B半成品，B半成品完工后再转入第三车间继续加工成甲产成品。其中，1件甲产品耗用1件B半成品，1件B半成品耗用1件

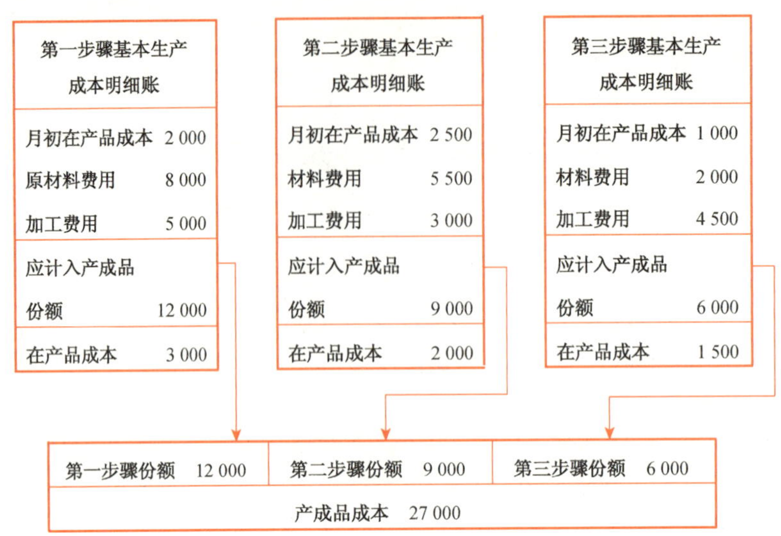

图 5-4 平行结转分步法流程图

A 半成品。原材料于生产开始时一次性投入，各车间月末在产品完工程度均为 50%。各车间生产费用在完工产品和在产品之间的分配采用约当产量法。

成本核算要求：成本计算采用平行结转分步法。

2019 年 10 月相关生产资料如下。

(1) 本月各车间产量资料如表 5-104 所示。

表 5-104

产量统计表

单位：件

摘 要	一车间	二车间	三车间
月初在产品数量	10	50	40
本月投产数量或上步骤转入	230	200	180
本月完工产品数量	200	180	100
月末在产品数量	40	70	120

(2) 各车间月初及本月费用资料如表 5-105 所示。

表 5-105

基本生产成本月初余额表

金额单位：元

摘 要		直接材料	直接人工	制造费用	合计
一车间	月初在产品成本	2 900	4 400	6 500	13 800
	本月生产费用	10 000	12 000	14 000	36 000
二车间	月初在产品成本		2 400	3 300	5 700
	本月生产费用		18 000	12 000	30 000
三车间	月初在产品成本		2 800	5 400	8 200
	本月生产费用		10 000	9 000	19 000

要求：

根据资料进行费用的归集与分配，采用平行结转分步法计算产品成本，并编制相关记账凭证和明细账。

操作1：第一步骤基本生产成本计算表如表5-106所示。

表5-106

第一步骤基本生产成本计算表

步骤：第一步骤　　2019年10月　　金额单位：元

摘　要	直接材料	直接人工	制造费用	合　计
月初在产品成本	2 900	4 400	6 500	13 800
本月发生生产费用	10 000	12 000	14 000	36 000
生产费用合计	12 900	16 400	20 500	49 800
最终完工产品数量(件)	100	100	100	—
本步骤在产品约当产量(件)	40	20	20	—
以后各步骤在产品数量(件)	190	190	190	—
月末广义在产品约当产量(件)	230	210	210	—
约当总产量(件)	330	310	310	—
分配率(元/件)	39.090 9	52.903 2	66.129 0	158.123 1
计入产成品成本份额	3 909.09	5 290.32	6 612.90	15 812.31
月末在产品成本	8 990.91	11 109.68	13 887.10	33 987.69

【知识小提示】

应计入产品成本"份额"的计算公式如下：

本步骤应计入产成品成本"份额" = 最终产成品的产量 × 单位产成品耗用该步骤半成品数量 × 费用分配率

费用分配率 = 本步骤成本项目生产费用合计数 ÷ 本步骤约当总产量

本步骤约当总产量 = 最终产成品的产量 × 单位产成品耗用该步骤半成品数量 + 广义在产品数量

广义在产品约当产量 = 本步骤月末在产品数量 × 完工程度 + 转入后续各步骤未完工半成品数量 × 各步骤耗用该步骤半成品数量

操作2：第二步骤基本生产成本计算表如表5-107所示。

表5-107

第二步骤基本生产成本计算表

步骤：第二步骤　　2019年10月　　金额单位：元

摘　要	直接材料	直接人工	制造费用	合　计
月初在产品成本		2 400	3 300	5 700
本月发生生产费用		18 000	12 000	30 000

（续表）

摘　要	直接材料	直接人工	制造费用	合　计
生产费用合计		20 400	15 300	35 700
最终完工产品数量(件)	100	100	100	—
本步骤在产品约当产量(件)	70	35	35	—
以后各步骤在产品数量(件)	120	120	120	—
月末广义在产品约当产量(件)	190	155	155	—
约当总产量(件)	290	255	255	—
分配率(元/件)		80	60	140
计入产成品成本份额		8 000	6 000	14 000
月末在产品成本		12 400	9 300	21 700

操作 3:第三步骤基本生产成本计算表如表 5-108 所示。

表 5-108

第三步骤基本生产成本计算表

步骤:第三步骤　　2019 年 10 月　　金额单位:元

摘　要	直接材料	直接人工	制造费用	合　计
月初在产品成本		2 800	5 400	8 200
本月发生生产费用		10 000	9 000	19 000
生产费用合计		12 800	14 400	27 200
最终完工产品数量(件)	100	100	100	
本步骤在产品约当产量(件)	120	60	60	
以后各步骤在产品数量(件)	—	—	—	
月末广义在产品约当产量(件)	120	60	60	
约当总产量(件)	220	160	160	
分配率(元/件)		80	90	170
计入产成品成本份额		8 000	9 000	17 000
月末在产品成本		4 800	5 400	10 200

操作 4:编制完工产品成本汇总表如表 5-109 所示。

表 5-109

完工产品成本计算汇总表

产品名称:甲产品　　2019 年 10 月　　金额单位:元

项　目	直接材料	直接人工	制造费用	成本合计
第一车间	3 909.09	5 290.32	6 612.90	15 812.31
第二车间		8 000	6 000	14 000
第三车间		8 000	9 000	17 000
完工产成品总成本	3 909.09	21 290.32	21 612.90	46 812.31
完工产成品单位成本	39.09	212.90	216.13	468.12

根据产品成本计算汇总表填制产品入库单如表5-110所示。

表5-110

入 库 单

编号:003

类别:库存商品　　2019年10月27日

品 名	规格型号	单位	数量	单 价	金额									备 注
					百	十	万	千	百	十	元	角	分	
甲产品		件	100	468.12			4	6	8	1	2	3	1	
合 计						¥	4	6	8	1	2	3	1	

库管员:李丽　　交货人:王兰　　制单:李丽

注:本单一式三联,第一联仓库记账联,第二联材料成本会计记账联,第三联返交货人作有关结算凭证或回执联。

5-3-3 平行结转分步法的账务处理

根据甲产品入库单,各车间基本生产成本明细账结转甲产品成本,并填制相关记账凭证,登记生产成本明细账如表5-111至表5-114所示。

表5-111

记 账 凭 证

2019年10月31日　　记字 第057号

摘 要	会计科目		借方金额									贷方金额									记账
	总账科目	明细科目	百	十	万	千	百	十	元	角	分	百	十	万	千	百	十	元	角	分	
产品完工入库	库存商品	甲产品			4	6	8	1	2	3	1										
	生产成本	第一步骤												1	5	8	1	2	3	1	
	生产成本	第二步骤												1	4	0	0	0	0	0	
	生产成本	第三步骤												1	7	0	0	0	0	0	
附单据1张	合 计			¥	4	6	8	1	2	3	1		¥	4	6	8	1	2	3	1	

会计主管:　　复核:　　记账:　　出纳:　　制单:

表 5-112

生产成本明细账

第　页

账户名称：第一步骤（A 半成品）

2019年 月	日	凭证字号	摘　要	借方金额	贷方金额	借或贷	余　额	（借方）金额分析 直接材料	直接人工	制造费用
10	1		期初余额			借	13800.00	2900.00	4400.00	6500.00
10	31		材料成本	10000.00		借	23800.00	10000.00		
10	31		人工成本	12000.00		借	35800.00		12000.00	
10	31		制造费用成本	14000.00		借	49800.00			14000.00
10	31	记 057	完工产品转出		15812.31	借	33987.69	3909.09	5290.32	6612.90
10	31		本月合计	36000.00	15812.31	借	33987.69	8990.91	11109.68	13887.10

注：“完工产品转出”行的“（借方）金额分析”栏中所填数字应为红色，表示贷方发生额。

表 5-113

生产成本明细账

第　页

账户名称：第二步骤（B 半成品）

2019年 月	日	凭证字号	摘　要	借方金额	贷方金额	借或贷	余　额	（借方）金额分析 直接材料	直接人工	制造费用
10	1		期初余额			借	5700.00		2400.00	3300.00
10	31		人工成本	18000.00		借	23700.00		18000.00	
10	31		制造费用成本	12000.00		借	35700.00			12000.00
10	31	记 057	完工产品转出		14000.00	借	21700.00		8000.00	6000.00
10	31		本月合计	30000.00	14000.00	借	21700.00		12400.00	9300.00

表 5-114

生产成本明细账

第　页

账户名称：第三步骤（甲产品）

2017年 月	2017年 日	凭证字号	摘要	借方金额（百十万千百十元角分）	贷方金额（百十万千百十元角分）	借或贷	余额（百十万千百十元角分）	（借方）金额分析：直接材料（百十万千百十元角分）	（借方）金额分析：直接人工（百十万千百十元角分）	（借方）金额分析：制造费用（百十万千百十元角分）
10	1		期初余额			借	820000		280000	540000
10	31		人工成本	1000000		借	1820000		1000000	
10	31		制造费用成本	900000		借	2720000			900000
10	31	记057	完工产品转出		1700000	借	1020000		800000	900000
10	31		本月合计	1900000	1700000	借	1020000		480000	540000

5-3-4 平行结转分步法与逐步结转分步法的比较

平行结转分步法不必逐步计算半成品成本并结转，只需计算应计入产成品份额平行结转即可，简化了成本计算工作，但同时，平行结转分步法不能提供各生产步骤半成品成本资料，不便于对各生产步骤半成品的实物管理和资金管理。

平行结转分步法和逐步结转分步法相比，主要有以下区别。

1. 适用范围不完全相同

两种方法都适用于管理上要求分生产步骤控制费用、计算成本的大量大批多步骤生产。一般而言，当企业半成品种类较多，但不对外销售，管理上不要求计算半成品成本时，采用平行结转分步法；当企业自制半成品要对外销售时，为了正确计算半成品成本，就应当采用逐步结转分步法。

2. 产品成本的计算方式不同

平行结转分步法只归集本生产步骤发生的各项费用，将应计入产成品成本的份额平行汇总；逐步结转分步法按步骤计算和结转半成品成本，直到最后步骤计算出产成品成本。

3. 在产品的含义不同

采用平行结转分步法，半成品成本不随半成品实物转移而结转，各生产步骤的月末在产品包括本步骤的狭义在产品和整个生产过程中的广义在产品；采用逐步结转分步法，半成品成本随半成品实物转移而结转，各生产步骤的月末在产品指尚在本步骤加工中的在产品，即狭义在产品。

任务小结

利用平行结转分步法核算产品成本

基础知识

- 平行结转分步法的含义、特点
- 平行结转分步法的适用范围
- 平行结转分步法与逐步结转分步法的比较

核算程序

- 按品种和步骤设置基本生产成本明细账
- 归集和分配各步骤费用
- 计算和结转各步骤完工产品（半成品）“份额”
- 产品成本的汇总结转

账务处理

- 根据各步骤生产成本计算表填制记账凭证
- 根据记账凭证登记基本生产成本明细账

自我测评

一、单项选择题

1. 采用分步法计算产品成本，基本生产成本明细账的设立应按照（　　）。

A. 生产批次　　B. 成本项目
C. 生产车间　　D. 生产步骤和产品品种

2. 下列各种分步法中，半成品成本不随实物转移而结转的方法是（　　）。

A. 按实际成本综合结转法　　B. 按计划成本综合结转法
C. 平行结转分步法　　D. 分项结转法

3. 下列方法中，属于不计算半成品成本的分步法是（　　）。

A. 逐步结转分步法　　B. 综合结转法
C. 分项结转法　　D. 平行结转法

4. 采用逐步结转分步法，在完工产品与在产品之间分配费用，是指在（　　）之间分配费用。

A. 产成品与月末在产品
B. 完工半成品与月末加工中的在产品
C. 产成品与广义的在产品
D. 前面步骤的完工半成品与加工中的在产品及最后步骤的产成品与加工中的在产品

5. 综合逐步结转分步法成本还原的对象是（　　）。

A. 产成品　　B. 各步骤所耗上一步骤半成品的综合成本
C. 最后步骤的产成品成本　　D. 各步骤半成品成本

6. 采用平行结转分步法，（　　）。

A. 不能全面反映各个生产步骤产品的生产耗费水平
B. 能够全面反映各个生产步骤产品的生产耗费水平
C. 能够全面地反映第一个生产步骤产品的生产耗费水平
D. 能够全面地反映最后一个步骤产品的生产耗费水平

7. 下列方法中，需要进行成本还原的是（　　）。

A. 平行结转法　　B. 逐步结转法　　C. 综合结转法　　D. 分项结转法

8. 在逐步结转分步法下，在产品是指（　　）。

A. 广义在产品　　B. 各步骤自制半成品
C. 狭义在产品　　D. 各步骤的半成品和在产品

9. 半成品成本结转与实物流转相一致，但不需要成本还原的方法是（　　）。

A. 平行结转法　　B. 逐步结转法　　C. 综合结转法　　D. 分项结转法

10. 进行成本还原，应从最后一个步骤起，把各步骤所耗上一步骤半成品成本，按照（　　）逐步分解，还原计算出按原始成本项目反映的产成品成本。

A. 本月所耗半成品成本结构　　B. 本月完工产品成本的结构
C. 上一步骤所产该种半成品成本的结构　　D. 上一步骤月末在产品成本的结构

二、多项选择题

1. 采用综合结转法结转半成品成本的优点有（　　）。

A. 便于各步骤进行成本管理
B. 便于各生产步骤完工产品的成本分析

C. 便于从整个企业角度分析和考核产品成本的构成和水平

D. 便于同行业间产品成本对比分析

2. 平行结转分步法的特点包括(　　)。

A. 各生产步骤不计算半成品成本,只计算本步骤所发生的生产费用

B. 各步骤间不结转半成品成本

C. 各步骤应计算本步骤所发生的生产费用中应计入产成品成本的份额

D. 将各步骤应计入产成品成本的份额平行结转,汇总计算产成品的总成本和单位成本

3. 在平行结转分步法下,完工产品与在产品之间费用的分配,正确的说法是指(　　)两者之间的费用分配。

A. 产成品与广义的在产品　　B. 产成品与狭义的在产品

C. 各步骤完工半成品与月末加工中的在产品　　D. 应计入产成品的"份额"与广义的在产品

4. 广义的在产品是包括(　　)。

A. 仍在本步骤加工中的在产品

B. 转入各半成品库的半成品

C. 已从半成品库转到以后各步骤进一步加工、尚未最后制成的半成品

D. 全部加工中的在产品和半成品

5. 平行结转分步法适宜在(　　)的情况下采用。

A. 产品种类多,计算和结转半成品工作量大

B. 管理上不要求提供各步骤半成品成本资料

C. 管理上不要求提供原始成本项目反映的产成品成本资料

D. 管理上不要求全面反映各个生产步骤的生产耗费水平

三、判断题(正确的打"√",错误的打"×")

1. 分步法的显著特征是计算半成品成本。(　　)
2. 分步法的成本计算对象只考虑生产步骤,不考虑产品品种。(　　)
3. 采用逐步结转分步法,半成品成本都要随着实物的逐步结转。(　　)
4. 采用逐步结转分步法,不管是综合结转方式还是分项结转方式,第一步骤的成本计算相同。(　　)
5. 采用分项结转法结转半成品成本,可以直接反映半成品和产成品成本的原始成本项目结构,因此不需要成本还原。(　　)
6. 成本还原只改变产成品成本的成本项目构成,不改变成本总额。(　　)
7. 平行结转分步法,应按照广义在产品计算应计入产品成本的份额。(　　)
8. 广义在产品包括狭义在产品和半成品。(　　)
9. 平行结转分步法,各步骤在产品成本与在产品实物量不一致。(　　)
10. 采用平行结转分步法,不计算半成品成本,不利于对半成品成本的管理。(　　)

四、实务练习

1. 资料:某企业生产甲产品,产品经过三个车间加工制成,第一车间生产A半成品,A半成品完工后直接转入第二车间生产B半成品,B半成品完工后再转入第三车间继续加工成甲产成品。其中,1件甲产品耗用1件B半成品和1件A半成品。原材料于生产开始时一次投入,各车间月末在产品完工程度均为50%。各车间生产费用在完工产品和在产品之间的分配采用约当产量法。本月产量记录和成本费用资料如下。

(1) 本月各车间产量资料如表5-115所示。

表 5-115

本月各车间产量资料

单位:件

摘　　要	一车间	二车间	三车间
月初在产品数量	4	10	8
本月投产数量或上步骤转入	56	50	24
本月完工产品数量	50	30	15
月末在产品数量	10	30	17

(2) 各车间月初及本月费用资料如表 5-116 所示。

表 5-116

各车间月初及本月费用资料

金额单位:元

摘　　要		直接材料	直接人工	制造费用	合计
第一车间	月初在产品成本	23 000	7 000	5 000	35 000
	本月生产费用	330 000	90 000	70 000	490 000
第二车间	月初在产品成本		3 000	7 000	10 000
	本月生产费用		15 000	35 000	50 000
第三车间	月初在产品成本		5 000	2 500	7 500
	本月生产费用		15 000	7 000	22 000

2. 要求:采用平行结转分步法,根据上述资料分别编制三个生产车间的成本计算表(见表 5-117 至表 5-120)。

表 5-117

第一车间基本生产成本计算单

金额单位:元

摘　　要	直接材料	直接人工	制造费用	合　计
月初在产品成本				
本月发生生产费用				
生产费用合计				
最终完工产品数量(件)				
本步骤在产品约当产量(件)				
以后各步骤在产品约当产量(件)				
月末广义在产品约当产量(件)				
约当总产量(件)				
分配率(元/件)				
计入产成品成本份额				
月末在产品成本				

表 5-118

第二车间基本生产成本计算单　　金额单位:元

摘　　要	直接材料	直接人工	制造费用	合　计
月初在产品成本				
本月发生生产费用				
生产费用合计				
最终完工产品数量(件)				
本步骤在产品约当产量(件)				
以后各步骤在产品约当产量(件)				
月末广义在产品约当产量(件)				
约当总产量(件)				
分配率(元/件)				
计入产成品成本份额				
月末在产品成本				

表 5-119

第三车间基本生产成本计算单　　金额单位:元

摘　　要	直接材料	直接人工	制造费用	合　计
月初在产品成本				
本月发生生产费用				
生产费用合计				
1. 最终完工产品数量(件)				
2. 本步骤在产品约当产量(件)				
3. 以后各步骤在产品约当产量(件)				
4. 月末广义在产品约当产量(件)				
5. 约当总产量(件)				
分配率(元/件)				
计入产成品成本份额				
月末在产品成本				

表 5-120

完工产品成本计算汇总表

项　　目	直接材料	直接人工	制造费用	成本合计
第一车间				
第二车间				
第三车间				
完工产成品总成本				
完工产成品单位成本				

项目6 利用辅助方法核算产品成本

能力目标

专业能力：了解产品成本计算的辅助方法，掌握分类法的基本原理，熟知分类法的适用范围，能熟练应用分类法对生产费用归集和分配，计算产品成本。理解联产品、副产品、等级产品的含义，能利用正确的方法计算联产品、副产品、等级产品的成本。

方法和学习能力：锻炼对复杂信息的筛选和分类处理能力；提高对事务的逻辑分析能力，有利于培养耐心、细致、严谨的学习态度。

个人和社会能力：培养严谨的工作作风以及创新意识，培养沟通能力及团队协作精神，提高自己的团队工作计划和实施能力，并提高整体组织和管理能力。

技能要求

1. 能根据企业生产特点选择合适的成本核算辅助方法。
2. 能够正确利用分类法核算产品成本。
3. 能够正确核算联产品、副产品、等级产品的成本。
4. 能熟练进行成本核算后的账务处理。

工作任务6-1　利用分类法核算产品成本

为了运用分类方法核算产品成本,我们需要学习和掌握哪些基本知识和技能?

任务描述

本任务是将企业产品先按照产品的性质和用途分成大类,以产品类别为成本计算对象,在计算出每一大类产品总成本的基础上,把该类产品的总成本在类别内向各不同产品进行分配,并对核算后的结果进行账务处理。

任务实操

1. 企业基本情况

广东金鑫服饰有限公司主要生产A、B两类服装产品,因为产品种类繁多,所以产品成本的计算采用分类法。各类产品的原材料在生产开始时一次性投入,各类产品的月末在产品均按所耗原材料的定额成本计算(在产品只承担材料费用);各类产品中不同规格产品成本的系数计算以单位计划成本为标准,A类产品中以A2产品为标准产品,B类产品中以B3产品为标准产品。

2. 该企业2019年3月相关生产资料

(1) 2019年3月原材料定额成本资料如表6-1所示。

表6-1

材料定额成本表

项　目	单位产品耗用材料数量(千克)	计划单价(元)	单位定额成本(元)
A类产品	1.25	8	10
B类产品	1	14	14

(2) 该企业2019年3月份产量及计划单位成本资料如表6-2所示。

表6-2

产品产量及计划成本表

产品类别	产品名称	产　量(件)		计划单位成本合计(元)
		完工产品	在产品	
A类	A1	1 000		12.60
	A2	2 500		14.00
	A3	2 000		15.40

（续表）

产品类别	产品名称	产　量(件)		计划单位成本合计(元)
		完工产品	在产品	
A类	A4	1 500		16.80
	合计	7 000	1 000	
B类	B1	1 250		16.00
	B2	1 500		18.00
	B3	1 750		20.00
	B4	2 000		22.00
	合计	6 500	1 800	

（3）各账户月初及本月费用资料如表6-3所示。

表6-3

账户月初余额及本月费用资料

金额单位：元

产品类别	摘　　要	直接材料	直接人工	制造费用	合计
A类产品	月初在产品成本	1 400			
	本月生产费用	85 000	11 000	8 800	104 800
B类产品	月初在产品成本	4 500			
	本月生产费用	115 000	14 000	11 400	140 400

【任务6-1-1】 计算并填制A类、B类完工产品成本计算表，如表6-4和表6-5所示。

表6-4

基本生产成本计算表

产品类别：A类　　　　金额单位：元

摘　要	直接材料	直接人工	制造费用	合　计

表6-5

基本生产成本计算表

产品类别：B类　　　　金额单位：元

摘　要	直接材料	直接人工	制造费用	合　计

（续表）

摘　要	直接材料	直接人工	制造费用	合　计

【任务 6-1-2】 编制产品系数计算表，如表 6-6 所示。

表 6-6

系数计算表

金额单位：元

产品类别	产品名称	单位计划成本	系数
A类	A1		
	A2		
	A3		
	A4		
B类	B1		
	B2		
	B3		
	B4		

【任务 6-1-3】 编制完工产品成本计算表，填制记账凭证并登记相关账簿，如表 6-7至表 6-12 所示。

表 6-7

完工产品成本计算表

产品类别：A类　　　　年　　月　　　　金额单位：元

产品名称	实际产量(件)	系数	标准产量	成本项目				单位成本
				直接材料	直接人工	制造费用	合　计	
A1								
A2								
A3								
A4								
合　计								

表 6-8

完工产品成本计算表

产品类别：B类　　　　年　　月　　　　金额单位：元

产品名称	实际产量(件)	系数	标准产量	成本项目				单位成本
				直接材料	直接人工	制造费用	合　计	
B1								
B2								
B3								
B4								
合　计								

表 6-9

记　账　凭　证

年　　月　　日　　　　　　　　　　　　记字第　　号

摘　要	会计科目		借方金额									贷方金额									记账
	总账科目	明细科目	百	十	万	千	百	十	元	角	分	百	十	万	千	百	十	元	角	分	
附单据　张	合　计																				

会计主管：　　　　复核：　　　　记账：　　　　出纳：　　　　制单：

表 6-10

记　账　凭　证

年　　月　　日　　　　　　　　　　　　记字第　　号

摘　要	会计科目		借方金额									贷方金额									记账
	总账科目	明细科目	百	十	万	千	百	十	元	角	分	百	十	万	千	百	十	元	角	分	
附单据　张	合　计																				

会计主管：　　　　复核：　　　　记账：　　　　出纳：　　　　制单：

表 6-11

生产成本明细账

第　页

账户名称：__________

年		凭证字号	摘要	借方金额									贷方金额									借或贷	余额									(借方)金额分析																										
																																直接材料									直接人工									制造费用								
月	日			百	十	万	千	百	十	元	角	分	百	十	万	千	百	十	元	角	分		百	十	万	千	百	十	元	角	分	百	十	万	千	百	十	元	角	分	百	十	万	千	百	十	元	角	分	百	十	万	千	百	十	元	角	分
																						借																																				

表 6-12

生产成本明细账

第　页

账户名称：__________

年		凭证字号	摘要	借方金额									贷方金额									借或贷	余额									(借方)金额分析																										
																																直接材料									直接人工									制造费用								
月	日			百	十	万	千	百	十	元	角	分	百	十	万	千	百	十	元	角	分		百	十	万	千	百	十	元	角	分	百	十	万	千	百	十	元	角	分	百	十	万	千	百	十	元	角	分	百	十	万	千	百	十	元	角	分
																						借																																				

知识搜索

6-1-1 分类法的基础知识

1. 什么是分类法

分类法也称作系数法，是按照产品的性质、特点、用途等作为区分的标准，将符合同一标准的产品划分为同一类，按照产品的类别归集生产费用，先计算各类完工产品的总成本，然后再按照一定的标准在同类产品中将各类完工产品的总成本进行分配，并最终计算出各产品成本的方法。

2. 分类法的特点

(1) 分类法不是一种独立的成本计算方法，需要同品种法、分批法、分步法结合使用。

(2) 以产品的类别作为成本计算的对象，设置明细账，归集生产费用，计算产品成本。

(3) 类别内不同品种产品成本的计算，需要按照定额耗用量、定额费用、售价以及体积、重量等标准分配。

3. 分类法的适用范围

分类法适用于产品品种、规格繁多，同时产品可以根据一定标准划分为若干类的企业或车间。例如，钢材企业生产的各种牌号和规格的生铁、钢链和钢材；无线电元件企业生产的各种不同类别和规格的无线电元件等。

6-1-2 分类法的核算程序

利用分类法计算产品成本具体步骤如下：

(1) 按照产品的结构、性质、所用原材料、工艺流程等特点，将产品划分为不同类别，以每一类产品作为成本计算对象，设置明细账。

(2) 根据产品生产特征和生产组织形式，结合成本管理的要求，选择成本计算的基本方法，计算各类产品的完工产品成本和在产品成本。

(3) 通常采用系数法，按一定的分配标准计算类别内各产品的成本。

分类法计算产品成本的计算程序如图 6-1 所示。

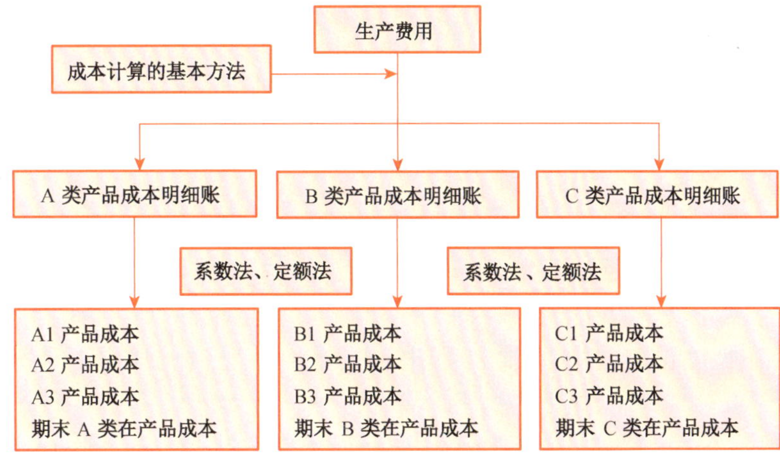

图 6-1 分类法计算程序图

6-1-3 利用系数法计算类别内产品成本

利用成本计算的基本方法计算各类产品的总成本，关于各类产品总成本的计算同前面学习的成本计算的基本方法。计算出各类产品的总成本后，需要采用一定的方法将总成本在类别内各产品之间分配，通常可采用的方法有系数法和定额法，在这里我们选用系数法作为代表学习相关的知识。

系数法是指在利用成本计算的基本方法计算出各类产品的总成本后，在同类产品中按照各产品的系数比例分配生产费用。具体做法是：先确定标准产品，将标准产品的分配标准（常见标准有定额消耗量、定额费用、售价、体积、重量等）系数定为 1，其他各产品系数是其分配标准与标准产品的比值；再根据各产品的产量乘以各自的系数，折算出标准总产量或总系数；最后按照各产品标准产量或总系数的比例，计算出每种产品的成本。具体步骤如下：

（1）选定标准产品，确定该标准产品的系数为 1，通常情况下选择同类产品中产量较大、生产稳定或规格折中的产品为标准产品。

（2）根据其他产品分配标准额与标准产品分配标准额相比，计算类别内各产品的系数。计算公式如下：

$$某产品的分配系数 = \frac{该产品的分配标准数量}{标准产品的分配准数量}$$

【知识小提示】

> 对于不同的成本项目，可以采用不同的分配标准，确定不同的系数进行分配，如材料费用采用定额费用为标准，人工费用采用工时为标准。

（3）计算类别内各产品的折合产量。计算公式如下：

$$某产品的折合产量 = 该产品的实际产量 \times 该产品的分配系数$$

（4）将该类产品各成本项目费用总额与类别内各产品折合总量或总系数相比，计算成本分配率。计算公式如下：

$$某产品费用分配率 = \frac{该类产品的费用总额}{该类产品折合总产量（总系数）}$$

（5）计算类别内各完工产品成本。计算公式如下：

$$某产品的总成本 = 该产品的折合产量 \times 费用分配率$$

$$某产品的单位成本 = \frac{某产品的总成本}{该产品的实际产量}$$

小小案例

利源公司主要生产的产品种类较多，主要有 001、002、003 产品，由于各产品使用的原材料相同，生产工艺相似，因而将其划分为A类产品，A类产品中原材料费用系数按照定额费用确定，其他费用按照定额工时比例分配。月末在产品成本按照月初固定金额计算。

该公司2019年10月相关生产资料如下。

(1) 本月各产品产量及定额资料如表6-13所示。

表6-13

A类产品产量及定额资料

产品类别	产品名称	产量(件)	原材料单位定额(元)	工时单位定额(小时)
A类产品	001	1 000	2 000	20
	002	750	1 600	18
	003	800	2 200	15

(2) 各账户月初及本月费用资料如表6-14所示。

表6-14

账户月初余额及本月费用资料　　金额单位:元

产品类别	摘　要	直接材料	直接人工	制造费用	合　计
A类产品	月初在产品成本	45 000	2 500	4 200	51 700
	本月生产费用	64 770	19 320	62 790	146 880

要求：

根据资料，采用分类法进行费用的归集与分配，类别内各产品成本采用系数法分配，计算并结转各步骤半成品成本和完工产成品成本，编制记账凭证并登记基本生产成本明细账和自制半成品明细账。

操作1:按产品类别编制基本生产成本计算表，计算A类产品成本如表6-15所示。

表6-15

A类产品基本生产成本计算表

产品名称:A类　　2019年10月　　金额单位:元

摘　要	直接材料	直接人工	制造费用	合　计
月初在产品成本	45 000	2 500	4 200	51 700
本月发生生产费用	64 770	19 320	62 790	146 880
生产费用合计	109 770	21 820	66 990	198 580
完工产品总成本	64 770	19 320	62 790	146 880
月末在产品成本	45 000	2 500	4 200	51 700

操作2:计算各产品系数，折合产量和标准总产量(总系数)如表6-16所示。

表 6-16

标准产量计算表

产品类别	产品名称	产量(件)	直接材料费用			其他费用		
			分配标准量	系数	标准产量	分配标准量	系数	标准产量
A类产品	001	1 000	2 000	1	1 000	20	1	1 000
	002	750	1 600	0.8	600	18	0.9	675
	003	800	2 200	1.1	880	15	0.75	600
合　计		2 550	5 800		2 480		53	2 275

注:① 材料费用分配标准为单位定额费用、其他费用分配标准为单位工时定额。

② A类产品选择001产品为标准产品。

操作3:类别内总成本分配计算表如表6-17所示。

表 6-17

类别内总成本分配计算表

2019年10月　　　　金额单位:元

摘　　要	直接材料	直接人工	制造费用	合　计
A类产品完工产品总成本	64 770	19 320	62 790	146 880
标准总产量	2 480	2 275	2 275	
费用分配率	26.116 9	8.492 3	27.6 000	
001产品标准产量	1 000	1 000	1 000	
001产品成本	26 116.9	8 492.3	27 600	62 209.20
002产品标准产量	600	675	675	
002产品成本	15 670.14	5 732.3	18 630	40 032.44
003产品标准产量	880	600	600	
003产品成本	22 982.96	5 095.4	16 560	44 638.36

【知识小提示】

采用系数法对各类产品总成本进行分配,实际上是根据各成本项目的分配标准,计算各产品的系数,对产品产量进行调整后,再进行分配的一种方法。

6-1-4 分类法的账务处理

操作1:根据类别内产品成本分配表,结转各产品成本,编制记账凭证如表6-18所示。

操作2:根据A类产品成本计算表和类别内产品成本分配表,登记生产成本明细账如表6-19所示。

表 6-18

记 账 凭 证

2019 年 1 月 31 日　　　　记字第 009 号

摘　要	会计科目		借　方									贷　方									记账
	总账科目	明细科目	百	十	万	千	百	十	元	角	分	百	十	万	千	百	十	元	角	分	
结转完工成本	库存商品	001			6	2	2	0	9	2	0										
		002			4	0	0	3	2	4	4										
		003			4	4	6	3	8	3	6										
	生产成本	A 类产品											1	4	6	8	8	0	0	0	
附单据 1 张	合　计		¥	1	4	6	8	8	0	0	0	¥	1	4	6	8	8	0	0	0	

会计主管:王新　　复核:　　记账:李杨　　出纳:张强　　制单:张强

表 6-19

生产成本明细账

第　页

账户名称：A 类产品

2019 年		凭证字号	摘　要	借方金额									贷方金额									借或贷	余　额									（借方）金额分析																										
																																直接材料									直接人工									制造费用								
月	日			百	十	万	千	百	十	元	角	分	百	十	万	千	百	十	元	角	分		百	十	万	千	百	十	元	角	分	百	十	万	千	百	十	元	角	分	百	十	万	千	百	十	元	角	分	百	十	万	千	百	十	元	角	分
10	1		期初余额																			借			5	1	7	0	0	0	0			4	5	0	0	0	0	0				2	5	0	0	0	0				4	2	0	0	0	0
10	31		材料成本			6	4	7	7	0	0	0										借		1	1	6	4	7	0	0	0			6	4	7	7	0	0	0																		
10	31		人工成本			1	9	3	2	0	0	0										借		1	3	5	7	9	0	0	0												1	9	3	2	0	0	0									
10	31		制造费用			6	2	7	9	0	0	0										借		1	9	8	5	8	0	0	0																					6	2	7	9	0	0	0
10	31	记 009	完工产品转出											1	4	6	8	8	0	0	0	借			5	1	7	0	0	0	0			6	4	7	7	0	0	0			1	9	3	2	0	0	0			6	2	7	9	0	0	0
10	31		本月合计		1	4	6	8	8	8	0	0		1	4	6	8	8	8	0	0	借			5	1	7	0	0	0	0			4	5	0	0	0	0	0				2	5	0	0	0	0				4	2	0	0	0	0

注：完工产品转出一行为贷方金额，用红字表示。

任务小结

利用分类法核算产品成本

基础知识

- 分类法的含义
  分类法的特点
- 分类法的适用范围
- 类别内成本计算的系数法

核算程序

- 按产品类别设置基本生产成本明细账
- 归集和分配各类产品总成本
- 类别内产品成本的分配

账务处理

- 系数表的填制
- 根据各类生产费用填制分配表
- 记账凭证的填制
- 基本生产成本明细账的设置及登记

工作任务 6-2　联产品成本的核算

为了完成联产品成本的核算，我们需要学习和掌握哪些基本知识和技能？

任务描述

本任务是计算由同一种原料，经过同一个生产过程，生产出的两种或两种以上的不同性质和用途的联产品分离前的联合成本；对分离时的联合成本进行分配，并对分离后继续加工过程产生的费用进行归集和分配；最后，根据分离时的成本和继续加工的成本，计算企业同一生产过程中产生的联产品的成本。

任务实操

某企业同一生产过程同时生产出 A1、A2、A3 三种联产品。类别内产品成本材料费用采用系数法分配，A1 产品为标准产品，A 类产品中原材料费用系数按照定额费用确定，其他费用按照定额工时比例分配。月末在产品成本按照月初固定成本计算。当月 A 类产品成本计算单和产量、定额资料如下。

(1) 本月车间产量资料如表 6-20 所示。

表 6-20

本月车间产量资料

产品类别	产品名称	产量(件)	原材料单位定额(元)	工时单位定额(小时)
A 类产品	A1	9 600	20	4.0
	A2	7 200	18	3.2
	A3	8 000	24	4.4

(2) 各车间月初及本月费用资料如表 6-21 所示。

表 6-21

成本计算单

产品名称:A 类产品　　2019 年 10 月　　金额单位:元

摘　　要	直接材料	直接人工	制造费用	合　计
月初在产品成本	12 000	4 800	2 400	19 200
本月发生生产费用	44 000	19 200	18 400	81 600
生产费用合计				
完工产品总成本				
月末在产品成本				

要求:

(1) 补充完成对 A 类产品成本计算表,并登记 A 类产品生产成本明细账。月末在产品成本按照月初固定成本计算。

(2) 根据材料消耗定额和工时定额计算标准产量填入表 6-22 中。

表 6-22

标准产量计算表

产品类别	产品名称	产量(件)	直接材料费用			其他费用		
			分配标准量	系数	标准产量	分配标准量	系数	标准产量
A 类产品								
合计								

(3) 分配A类产品的联合成本,并计算各产品的成本,结转产品成本,填制相关记账凭证,登记明细账,如表6-23至表6-26所示。

表 6-23

联产品成本计算表

金额单位:元

项目	直接材料	直接人工	制造费用	合计
联产品总成本				
分配标准总量				
分配率				
A1				
A2				
A3				

表 6-24

记 账 凭 证

年 月 日　　　　记字第 号

摘 要	会计科目		借 方									贷 方									记账
	总账科目	明细科目	百	十	万	千	百	十	元	角	分	百	十	万	千	百	十	元	角	分	
附单据 张	合 计																				

会计主管:　　复核:　　记账:　　出纳:　　制单:

表 6-25

记 账 凭 证

年 月 日　　　　记字第 号

摘 要	会计科目		借 方									贷 方									记账
	总账科目	明细科目	百	十	万	千	百	十	元	角	分	百	十	万	千	百	十	元	角	分	
附单据 张	合 计																				

会计主管:　　复核:　　记账:　　出纳:　　制单:

表 6-26

生产成本明细账

第　页

账户名称：

年		凭证字号	摘　要	借方金额	贷方金额	借或贷	余　额	（借方）金额分析					
								直接材料	直接人工	燃料及动力	制造费用		
月	日			百十万千百十元角分	百十万千百十元角分		百十万千百十元角分	百十万千百十元角分	百十万千百十元角分	百十万千百十元角分	百十万千百十元角分	百十万千百十元角分	百十万千百十元角分

6-2-1 联产品基础知识

联产品是指用同一种原料,在同一个生产过程,生产几种地位相同,但性质和用途不同的产品。例如,石油工业原先以原油为原料,经过一定的生产工艺,加工汽油、煤油、柴油等各种燃料。联产品有以下特征:

(1) 联产品耗用同一原料,经过同一生产过程生产(即联合生产)。

(2) 都是企业的主要产品,各联产品地位相同。

(3) 联产品的“分离点”可以清晰辨认。“分离点”是指联产品的联合生产结束时,各联产品可以辨认的生产交界点,这是联产品成本计算的关键。

分离后的联产品既可以直接出售,也可以进一步加工后再出售。在分离点之前发生的成本称为联合成本或共同成本,在分离点之后发生的继续加工成本称为可归属成本或可分成本。

6-2-2 联产品成本的核算程序

联产品从原料投入到产品销售要经过三个阶段:分离前、分离时和分离后。联产品成本的计算包括分离前的联合成本的计算、分离时联合成本的分配及分离后的可归属成本的计算。分离前联合成本的计算和分离后可归属成本的计算应选用适当的成本计算的基本方法进行计算,联合成本在各个联产品之间分配的方法有:实物量分配法、系数分配法和售价分配法等方法。其程序如下:

(1) 将联产品归为同一类,以类别作为成本计算对象计算产品的联合成本。

(2) 采用一定方法,将联合成本在联产品之间进行分配。

(3) 计算分离后继续加工产品的可归属成本。

联产品成本计算程序如图 6-2 所示。

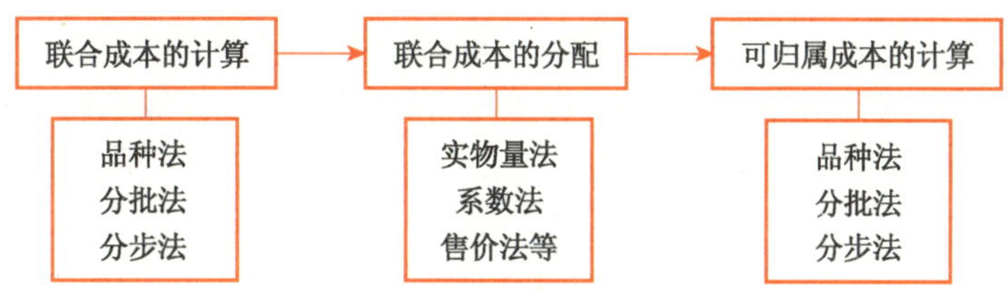

图 6-2　联产品成本计算程序

6-2-3 联产品联合成本的分配方法

1. 实物量分配法

采用实物数量法时,联合成本是以产品的实物数量为基础进行分配的。这里的实物数量可以是数量、重量等。实物数量法通常适用于所生产的产品的价格很不稳定或无法直接确定。

2. 系数法

采用系数分配法时，联合成本以标准产量为基础，各联产品跟标准产品相比折算出各产品的系数和标准产量，根据标准总产量分配联合成本。

3. 售价分配法

采用售价分配法时，联合成本以分离点上各产品的销售价格为基础进行分配。采用这种方法，要求各产品在分离点时的销售价格能够可靠地计量。联产品在分离点上可供销售的情况，可采用销售价格进行分配，如果产品尚需进一步加工后才可供销售，则需要对分离点上的销售价格进行估计。此外，也可采用可变现净值进行分配。

小小案例

松明公司有一个基本生产车间，在同一生产过程中生产出甲产品、乙产品和丙产品三种联产品，为了核算成本将三种产品归为A类。采用成本计算的基本方法计算出的甲、乙、丙产品的共同成本(联合成本)为100 000元。其中，甲产品、乙产品可以直接对外销售，丙产品分离后需要继续加工后销售，丙产品分离后的可归属成本为20 000元。

该公司2019年10月的相关生产资料如下。

本月各产品产量和售价资料如表6-27所示。

表6-27

联产品产量及售价资料

产　品	实际产量(吨)	售价(元/吨)
甲产品	30	20 000
乙产品	50	50 000
丙产品	80	30 000

要求：

根据资料，分别采用实物量分配法、系数分配法和售价分配法，分配联合产品的联合成本。

操作1:联产品的联合成本的核算[联合成本的计算同基本方法计算产品成本(略)]。

操作2:利用实物量分配法分配联合成本、可归属成本，计算结转各产品成本，如表6-28所示。

表6-28

产品成本计算表　　金额单位:元

产　品	实际产量(吨)	分配率	分配联合成本	可归属成本	产品总成本
甲产品	30	625	18 750		18 750
乙产品	50		31 250		31 250
丙产品	80		50 000	20 000	70 000
合　计	160		100 000	20 000	120 000

注:分配率=联合成本÷实际总产量
　分配金额=各产品实际产量×分配率
　产品总成本=分配联合成本+可归属成本

操作 3:利用系数分配法分配联合成本,计算各产品成本(以售价为分配标准),如表 6-29 所示。

表 6-29

产品成本计算表

金额单位:元

产　品	实际产量(吨)	售价	系数	标准产量	分配率	分配联合成本	可归属成本	产品总成本
甲产品	30	20 000	0.4	12	909.09	10 909.08		10 909.08
乙产品	50	50 000	1	50		45 454.50		45 454.50
丙产品	80	30 000	0.6	48		43 636.42	20 000	63 636.42
合　计	160			110		100 000	20 000	120 000

操作 4:利用售价分配法分配联合成本,计算各产品成本,如表 6-30 所示。

表 6-30

产品成本计算表

金额单位:元

产　品	实际产量(吨)	售价	销售收入	继续加工成本	销售净收入	分配率	分配联合成本	产品总成本
甲产品	30	20 000	600 000		600 000	0.018 2	10 920	10 920
乙产品	50	50 000	2 500 000		2 500 000		45 500	45 500
丙产品	80	30 000	2 400 000	20 000	2 420 000		43 580	63 580
合　计	160				5 520 000		100 000	120 000

6-2-4 联产品成本核算的账务处理

操作 1:联合成本的核算,如表 6-31 所示。

表 6-31

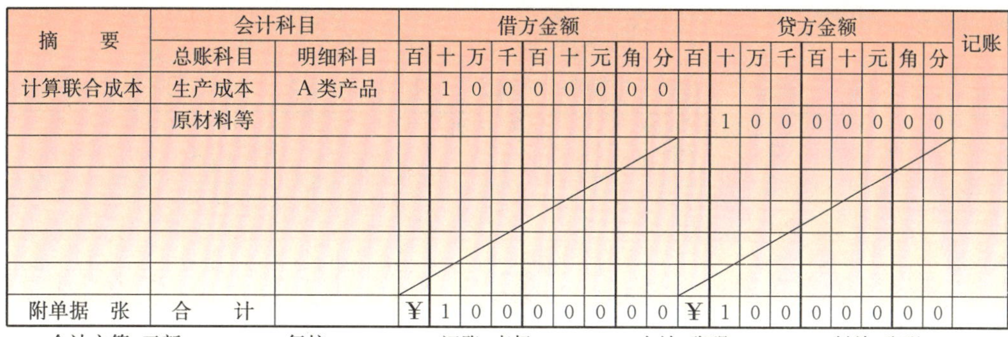

记　账　凭　证

2019 年 10 月 31 日　　　　记字第 009 号

摘　要	会计科目		借方金额									贷方金额									记账
	总账科目	明细科目	百	十	万	千	百	十	元	角	分	百	十	万	千	百	十	元	角	分	
计算联合成本	生产成本	A类产品		1	0	0	0	0	0	0	0										
	原材料等												1	0	0	0	0	0	0	0	
附单据　张	合　　计		¥	1	0	0	0	0	0	0	0	¥	1	0	0	0	0	0	0	0	

会计主管:王新　　复核:　　记账:李杨　　出纳:张强　　制单:张强

操作 2:联合产品分配(以实物量分配法为例),如表 6-32 所示。

表 6-32

记 账 凭 证

2019 年 10 月 31 日　　　　记字第 011 号

摘要	会计科目		借方金额									贷方金额									记账
	总账科目	明细科目	百	十	万	千	百	十	元	角	分	百	十	万	千	百	十	元	角	分	
联合成本分配	生产成本	甲产品			1	8	7	5	0	0	0										
		乙产品			3	1	2	5	0	0	0										
		丙产品			5	0	0	0	0	0	0										
	生产成本	A 类产品											1	0	0	0	0	0	0	0	
附单据　张	合　计		¥	1	0	0	0	0	0	0	0	¥	1	0	0	0	0	0	0	0	

会计主管：王新　　复核：　　记账：李杨　　出纳：张强　　制单：张强

操作 3：丙产品可归属成本，如表 6-33 所示。

表 6-33

记 账 凭 证

2019 年 10 月 31 日　　　　记字第 012 号

摘要	会计科目		借方金额									贷方金额									记账
	总账科目	明细科目	百	十	万	千	百	十	元	角	分	百	十	万	千	百	十	元	角	分	
丙产品归属成本	生产成本	丙产品			2	0	0	0	0	0	0										
	原材料等													2	0	0	0	0	0	0	
附单据　张	合　计			¥	2	0	0	0	0	0	0		¥	2	0	0	0	0	0	0	

会计主管：王新　　复核：　　记账：李杨　　出纳：张强　　制单：张强

操作 4：结转丙产品完工产品成本，如表 6-34 所示。

表 6-34

记 账 凭 证

2019 年 10 月 31 日　　　　记字第 015 号

摘要	会计科目		借方金额									贷方金额									记账
	总账科目	明细科目	百	十	万	千	百	十	元	角	分	百	十	万	千	百	十	元	角	分	
结转完工成本	库存商品	丙产品			7	0	0	0	0	0	0										
	生产成本	丙产品												7	0	0	0	0	0	0	
附单据　张	合　计			¥	7	0	0	0	0	0	0		¥	7	0	0	0	0	0	0	

会计主管：王新　　复核：　　记账：李杨　　出纳：张强　　制单：张强

任务小结

联产品成本的计算

基础知识	核算程序	账务处理
● 联产品的含义 ● 联产品的特点 ● 联合成本的概念 ● 联合成本的分配方法	● 以联产品类别作为成本计算对象计算产品的联合成本 ● 联合成本在联产品之间进行分配 ● 计算分离后继续加工产品的可归属成本	● 根据产品成本计算表填制记账凭证 ● 根据记账凭证登记相关账簿

工作任务6-3　副产品成本的核算

为了完成副产品成本的核算，我们需要学习和掌握哪些基本知识和技能？

任务描述

本任务是根据副产品是否直接出售，副产品价值量的大小特征，通过不同方法确定副产品的成本，或计算其分离前的联合成本；再对分离时的联合成本进行分配，最后计算企业同一生产过程中产生的副产品和主产品的成本。

任务实操

某企业在生产甲产品（主产品）的过程中同时生产出乙产品（副产品）的原材料——A原材料，A原材料经过继续加工后生产出乙副产品，乙副产品的成本按销售价格扣除继续加工费用、销售税金、销售费用后的余额计价，按成本项目比例从联合成本的各成本项目中扣除。本月共生产甲产品1 000件，但当月生产的A原材料全部耗用，生产乙产品200件，乙产品月初、月末无余额。本月的生产资料如表6-35和表6-36所示。

表 6-35

产品生产费用资料

金额单位:元

费用项目	产量(件)	成本项目			成本合计
		直接材料	直接人工	制造费用	
月初在产品成本		20 000	10 000	15 000	45 000
本月生产费用		100 000	20 000	35 000	155 000
乙产品继续加工费用		500	700	800	2 000

表 6-36

乙产品售价及相关费用资料

产品名称	产量(件)	单位产量有关成本费用(元/件)		
		销售价格	销售税金	销售利润率
乙产品	200	100	5	10%

要求:

计算A材料成本;计算主产品总成本和单位成本,并结转成本(填入表6-37至表6-39中)。

表 6-37

产品成本计算单

产品名称:甲产品　　2019年10月　　金额单位:元

摘　要	直接材料	直接人工	制造费用	合　计
月初在产品成本				
本月生产费用				
生产费用合计				
成本项目比重				
结转副产品成本				
甲产品总成本				
甲产品单位成本				

表 6-38

产品成本计算单

产品名称:乙产品　　2019年10月　　金额单位:元

摘　要	直接材料	直接人工	制造费用	合　计
可归属成本				
分配联合成本				
乙产品总成本				
乙产品单位成本				

表 6-39

记 账 凭 证

年 月 日 记字 第 号

摘要	会计科目		借方									贷方									记账
	总账科目	明细科目	百	十	万	千	百	十	元	角	分	百	十	万	千	百	十	元	角	分	
附单据 1 张	合 计																				

会计主管： 复核： 记账： 出纳： 制单：

知识搜索

6-3-1 副产品基础知识

副产品是指用同一种原料，在同一个生产过程生产主要产品过程中附带生产出的非主要产品。例如，肥皂厂生产肥皂时产生的甘油，炼油厂在炼油过程中产生的石焦油等。副产品有以下特征：

(1) 副产品是企业的次要产品，不是企业生产活动的主要目标。

(2) 销售价格较低，销售收入大大低于主产品，在企业总销售收入中所占的比重很小。

(3) 主副产品的区分并不是绝对的，甚至可以相互转化，原来的副产品，由于新的用途而提高售价，就可能从副产品上升为主产品。例如，焦炭与煤气就取决于企业的生产目标，以生产煤气为主的企业，煤气为主产品，焦炭为副产品；以生产焦炭为主的企业，则反之。

6-3-2 副产品成本的计算方法

副产品是次要产品，对企业的收入和利润都影响甚微，通常先确定副产品的成本，然后从联合成本中扣除，扣除后的余额就是主产品成本，所以副产品成本计算的关键是副产品的计价。

根据副产品是否直接对外出售，副产品跟主产品比较价值量的大小，副产品的成本计价也分以下几种情况。

1. 副产品不负担联合成本

如果副产品的价值相对主产品较低，副产品可以不分配联合成本，联合成本由主产品全部负担，副产品的销售收入直接作为其他业务利润处理。这种方法计算简便，但在一定程度上会影响主产品成本的准确性。

2. 副产品按一定标准作价扣除

先将副产品和主产品划为一大类，设置明细账归集生产费用，然后以副产品的销售价格扣除继续加工成本、销售费用、销售税金及合理利润后作为扣除价格，从联合成本中扣除；或副产品以计划成本计价，从联合成本中扣除。副产品成本既可以作材料费扣除，也可按照成本项目扣除。

3. 副产品只负担可分成本

副产品不负担联合成本，联合成本全部由主产品负担，副产品只负担继续加工过程中的可归属成本，副产品的收入列入其他业务收入，副产品继续加工成本列入其他业务支出，这种方法少计了副产品的部分成本，造成主产品成本偏高。

4. 联合成本在主副产品间分配

如果副产品还需继续加工，同时副产品在企业销售额所占比重较高，价值较大，比较重要，副产品和主产品成本的计算可以视同联产品分配联合成本，副产品所分配的联合成本加上继续加工成本就是副产品的成本。这种方法相对合理、准确。

小小案例

海天公司有一个基本生产车间，在同一生产过程中生产主要产品 A 的同时，附带生产出 B、C、D 三种副产品，主副产品归为甲类产品。B 产品分离后需进一步加工成为 E 产品才能出售。

三种副产品的计价方法分别为：

(1) B 产品按计划成本计价，从联合成本的“原材料”项目扣除。

(2) C 产品按销售价格扣除销售税金、销售费用后的余额计价，按比例从联合成本的各成本项目中扣除。

(3) D 产品价值较低，为简化成本核算不予计价。

A、C 产品采用在产品按定额成本计价法。E 产品生产费用分配采用不计算在产品成本法。

该公司 2019 年 10 月的相关生产资料如下。

(1) 有关产量、售价及相关成本费用如表 6-40 所示。

表 6-40

主产品、副产品产量及相关成本费用资料

产品名称		产量(吨)	单位产量有关成本费用(元/吨)			
			销售价格	销售费用	销售税金	计划成本
主产品：A 产品		1 000				
副产品	B 产品	200				200
	C 产品	600	150	40	20	
	D 产品	1				

(2) 有关甲类产品(主副产品)的产品成本及月初、月末成本资料如表 6-41 所示。

表 6-41

主产品、副产品月初及月末相关成本费用资料　　金额单位：元

项　　目			直接材料	直接人工	制造费用	合　计
甲类产品(主副产品)联合成本			300 000	50 000	150 000	500 000
B产品分离后可归属成本				3 000	7 600	10 600
在产品定额成本	A产品	月初	13 200	2 400	8 400	24 000
		月末	46 000	8 000	29 000	83 000
	C产品	月初	3 500	660	1 840	6 000
		月末	1 100	180	580	1 860

要求：

根据资料，计算副产品成本、主产品成本。

操作 1：编制本月甲类产品(主副产品)成本分离计算表，如表 6-42 所示。

表 6-42

本月甲类产品(主副产品)成本分离计算表　　金额单位：元

项　目	甲类产品(主副产品)成本分离前的联合成本		分离副产品成本		分离主产品成本
	金额	比重	B产品	C产品	A产品
	①	②	③=200×200	④=②×54 000	⑤=①-③-④
直接材料	300 000	60%	40 000	32 400	227 600
直接人工	50 000	10%		5 400	44 600
制造费用	150 000	30%		16 200	133 800
合　计	500 000	100%	40 000	54 000	406 000

注：① B产品按计划成本计价，从材料费直接扣除。

② C产品按销售价格扣除销售税金、销售费用后的余额计价，按比例从联合成本的各成本项目中扣除。

C产品成本=600×(150-40-20)=54 000(元)

直接材料=54 000×60%=32 400(元)

直接人工=54 000×10%=5 400(元)

制造费用=54 000×30%=16 200(元)

③ D产品不计价。

操作 2：根据上述资料计算 A 产品成本，编制 A 产品成本计算表，如表 6-43 所示。

表 6-43

A产品(主产品)成本计算表　　金额单位：元

摘　要	产量(吨)	直接材料	直接人工	制造费用	合　计
月初在产品成本		13 200	2 400	8 400	24 000
本月生产费用		227 600	44 600	133 800	406 000
生产费用合计		240 800	47 000	142 200	430 000
完工产品成本		194 800	39 000	113 200	347 000
单位成本		194.8	39	113.2	347
月末在产品成本		46 000	8 000	29 000	83 000

操作 3：根据上述资料编制 E 产品成本计算表，如表 6-44 所示。

表 6-44

E产品(副产品)成本计算表　　金额单位：元

摘　要	产量(吨)	直接材料	直接人工	制造费用	合　计
本月生产费用	200	40 000	3 000	7 600	50 600
完工产品成本		40 000	3 000	7 600	50 600
单位成本		200	15	38	253

注：E产品由B原材料(B副产品)继续加工而成。

操作 4:根据上述资料编制 C 产品成本计算表,如表 6-45 所示。

表 6-45

C 产品(副产品)成本计算表　　　　金额单位:元

摘　　要	产量(吨)	直接材料	直接人工	制造费用	合　计
月初在产品成本		3 500	660	1 840	6 000
本月生产费用		32 400	5 400	16 200	54 000
生产费用合计		35 900	6 060	18 040	60 000
完工产品成本		34 800	5 880	17 460	58 140
单位成本		58	9.8	29.1	96.9
月末在产品成本		1 100	180	580	1 860

6-3-3　副产品成本核算的账务处理

操作 1:根据本月甲类产品(主副产品)成本分离计算表填制记账凭证,如表 6-46 所示。

表 6-46

记　账　凭　证

2019 年 10 月 31 日　　　　记字第 009 号

摘　要	会计科目		借方金额									贷方金额									记账
	总账科目	明细科目	百	十	万	千	百	十	元	角	分	百	十	万	千	百	十	元	角	分	
分配甲类产品成本	生产成本	A 产品		4	0	6	0	0	0	0	0										
		C 产品			5	4	0	0	0	0	0										
	原材料	B 产品			4	0	0	0	0	0	0										
	生产成本	甲类产品											5	0	0	0	0	0	0	0	
附单据 1 张	合　　计		¥	5	0	0	0	0	0	0	0	¥	5	0	0	0	0	0	0	0	

会计主管:王新　　复核:　　记账:李杨　　出纳:张强　　制单:张强

操作 2:根据 A 产品成本计算表填制记账凭证,如表 6-47、表 6-48 所示。

表 6-47

记　账　凭　证

2019 年 10 月 31 日　　　　记字第 012 号

摘　要	会计科目		借方金额									贷方金额									记账
	总账科目	明细科目	百	十	万	千	百	十	元	角	分	百	十	万	千	百	十	元	角	分	
结转完工成本	库存商品	A 产品		3	4	7	0	0	0	0	0										
	生产成本	A 产品											3	4	7	0	0	0	0	0	
附单据 1 张	合　　计		¥	3	4	7	0	0	0	0	0	¥	3	4	7	0	0	0	0	0	

会计主管:王新　　复核:　　记账:李杨　　出纳:张强　　制单:张强

表 6-48

生产成本明细账

第 页

账户名称：A 类产品

2019 年		凭证字号	摘要	借方金额									贷方金额									借或贷	余额									(借方)金额分析																										
																																直接材料									直接人工									制造费用								
月	日			百	十	万	千	百	十	元	角	分	百	十	万	千	百	十	元	角	分		百	十	万	千	百	十	元	角	分	百	十	万	千	百	十	元	角	分	百	十	万	千	百	十	元	角	分	百	十	万	千	百	十	元	角	分
10	1		期初余额																			借			2	4	0	0	0	0	0			1	3	2	0	0	0	0				2	4	0	0	0	0				8	4	0	0	0	0
10	31		材料成本		2	2	7	6	0	0	0	0										借		2	5	1	6	0	0	0	0		2	2	7	6	0	0	0	0																		
10	31		人工成本			4	4	6	0	0	0	0										借		2	9	6	2	0	0	0	0												4	4	6	0	0	0	0									
10	31		制造费用		1	3	3	8	0	0	0	0										借		4	3	0	0	0	0	0	0																				1	3	3	8	0	0	0	0
10	31	记 012	完工产品转出											3	4	7	0	0	0	0	0	借			8	3	0	0	0	0	0		1	9	4	8	0	0	0	0			3	9	0	0	0	0	0		1	1	3	2	0	0	0	0
10	31		本月合计		4	0	6	0	0	0	0	0		3	4	7	0	0	0	0	0	借			8	3	0	0	0	0	0			4	6	0	0	0	0	0				8	0	0	0	0	0			2	9	0	0	0	0	0

操作 3：根据 E 产品成本计算表填制记账凭证，如表 6-49 和表 6-50 所示。

表 6-49

记 账 凭 证

2019 年 10 月 31 日　　　　记字第 015 号

摘　要	会计科目		借方金额									贷方金额									记账
	总账科目	明细科目	百	十	万	千	百	十	元	角	分	百	十	万	千	百	十	元	角	分	
分配 E 产品成本	生产成本	E 产品			5	0	6	0	0	0	0										
	原材料	B 产品												4	0	0	0	0	0	0	
	应付职工薪酬	工资													3	0	0	0	0	0	
	制造费用														7	6	0	0	0	0	
附单据 1 张	合　计			¥	5	0	6	0	0	0	0		¥	5	0	6	0	0	0	0	

会计主管：王新　　复核：　　记账：李杨　　出纳：张强　　制单：张强

表 6-50

记 账 凭 证

2019 年 10 月 31 日　　　　记字第 012 号

摘　要	会计科目		借方金额									贷方金额									记账
	总账科目	明细科目	百	十	万	千	百	十	元	角	分	百	十	万	千	百	十	元	角	分	
结转完工成本	库存商品	E 产品			5	0	6	0	0	0	0										
	生产成本	E 产品												5	0	6	0	0	0	0	
附单据 1 张	合　计			¥	5	0	6	0	0	0	0		¥	5	0	6	0	0	0	0	

会计主管：王新　　复核：　　记账：李杨　　出纳：张强　　制单：张强

操作 4：根据 C 产品成本计算表填制记账凭证，如表 6-51 所示。

表 6-51

记 账 凭 证

2019 年 10 月 31 日　　　　记字第 013 号

摘　要	会计科目		借方金额									贷方金额									记账
	总账科目	明细科目	百	十	万	千	百	十	元	角	分	百	十	万	千	百	十	元	角	分	
结转完工成本	库存商品	C 产品			5	8	1	4	0	0	0										
	生产成本	C 产品												5	8	1	4	0	0	0	
附单据 1 张	合　计			¥	5	8	1	4	0	0	0		¥	5	8	1	4	0	0	0	

会计主管：王新　　复核：　　记账：李杨　　出纳：张强　　制单：张强

任务小结

副产品成本的计算

基础知识

- 副产品的含义
- 副产品的特点
- 副产品成本的计算方法

核算程序

- 以类别作为成本计算对象计算产品的联合成本
- 联合成本在主产品和副产品之间进行分配
- 计算分离后继续加工产品的可归属成本

账务处理

- 根据产品成本计算表填制记账凭证
- 根据记账凭证登记相关账簿

自我测评

一、单项选择题

1. 采用同样的原材料，经过相同的工序加工，同时生产出几种地位相同，但是用途不相同的主要产品是(　　)。
   A. 产成品
   B. 联产品
   C. 副产品
   D. 等级产品
2. 成本计算的分类法的特点是(　　)。
   A. 按产品类别计算产品成本
   B. 按产品品种计算产品成本
   C. 按产品类别归集生产费用，计算产品成本，同类产品内各种产品的间接计入费用采用一定方法分配确定
   D. 按产品类别归集生产费用，计算产品成本，同类产品内各种产品的费用采用一定的方法分配确定
3. 产品成本计算的分类法适用于(　　)。
   A. 品种、规格繁多的产品
   B. 可按一定标准分类的产品
   C. 大量大批生产的产品
   D. 品种、规格繁多并可按一定标准分类的产品
4. 在分类法下，计算同类产品内不同产品的成本时，对于类内产品发生的各项费用，(　　)。
   A. 只有直接费用才需直接计入各种产品成本

B. 只有间接计入费用才需分配计入各种产品成本
C. 无论直接计入费用，还是间接计入费用，都需采用一定的方法分配计入各种产品成本
D. 直接生产费用直接计入各种产品，间接生产费用分配计入各种产品成本

5. 分类法的适用范围与企业的生产类型(　　)。
A. 有关系
B. 有直接关系
C. 无任何关系
D. 无直接关系

二、多项选择题

1. 下列可以采用分类法进行成本计算的情况有(　　)。
A. 产品品种规格繁多，且可按一定标准分类的企业生产
B. 主副产品成本的计算
C. 各联产品成本的计算
D. 单一产品的成本计算

2. 类别内产品之间成本的分配标准有(　　)。
A. 定额耗用量
B. 定额费用
C. 产品的售价
D. 产品的体积、重量等

3. 采用系数法分配时，选为标准产品要具备(　　)。
A. 产量较大
B. 生产比较稳定
C. 规格比较适中
D. 产量较小

4. 副产品的主要特征有(　　)。
A. 副产品是企业的次要产品，不是企业生产活动的主要目标
B. 副产品基本没有成本
C. 销售价格较低，销售收入大大低于主产品，在企业总销售收入中的比重很小
D. 副产品没有销售收入

5. 副产品的主要特征有(　　)。
A. 联产品耗用同一原料，经过同一生产过程生产
B. 各联产品地位相同
C. 各联产品的售价都一样
D. 联产品的"分离点"可以清晰辨认

三、判断题(正确的打"√"，错误的打"×")

1. 分类法可以单独使用计算产品成本。(　　)
2. 分类法与产品的生产组织类型没有直接关系，因此不同生产类型的企业都可以采用分类法。(　　)
3. 采用分类法计算产品成本，只需计算产品的联合成本和可归属成本，无需对联合成本分配。(　　)
4. 采用系数法分配联合成本，应先选择某一种产品作为标准产品。(　　)

5. 成本还原只改变产成品成本的成本项目构成,不改变成本总额。（ ）

6. 联产品的地位相同,所以成本可以平均分配。（ ）

7. 主产品和副产品的地位不同,应该采用合适的方法先计算副产品成本,再计算主产品成本。（ ）

项 目 7

成本报表的编制和分析

能力目标

专业能力：能够了解成本报表的分类，熟练掌握成本报表的编制和成本报表分析方法。

方法和学习能力：锻炼对复杂信息的分析和处理能力；提高对事务的逻辑分析能力，有利于培养耐心、细致、严谨的学习态度。

个人和社会能力：强化与相关方的沟通协调能力，培养团队合作意识。

技能要求

1. 能了解成本报表及成本报表的分类。
2. 能熟练编制成本报表。
3. 能熟练进行成本报表分析。

工作任务7　成本报表的编制和分析

为了完成成本报表的编制和分析的相关工作任务，我们需要学习和掌握哪些基本知识和技能？

任务描述

本任务是根据项目中企业的成本数据生成成本报表，并对成本报表进行分析和说明，为企业管理部门提供成本决策。

任务实操

根据广东思源方便面厂2019年12月生产过程中生产资料及历史成本资料，编制该厂成本报表。

【任务7-1】 根据本月成本费用资料编制12月产品成本资料表，如表7-1所示。

表7-1

各产品产量及成本资料表

2019年12月　　　　金额单位：元

成本项目	油炸方便面实际产量　件		非油炸方便面实际产量　件	
	总成本	单位成本	总成本	单位成本
直接材料				
直接人工				
制造费用				
合　计				

【任务7-2】 根据本月成本费用资料编制12月制造费用明细表，如表7-2所示。

【任务7-3】 根据因素分析法测算各个因素变动对综合经济指标的影响（见表7-3、表7-4）。

【任务7-4】 对计划成本完成情况按成本项目分析（见表7-5、表7-6）。

表 7-2

制造费用明细表

2019 年 12 月 31 日　　金额单位:元

费用项目	金　额	费用项目	金　额
人工费		保险费	
办公费		水电费	
折旧费		劳动保护费	
修理费		机物料消耗	
运输费		其　他	
租赁费		合　计	

表 7-3

因素分析

产品名称:油炸方便面

项目	单位	计划数	实际数	替代第一因素	替代第二因素	替代第三因素	产量增加导致	单位消耗降低导致	材料价格升高导致	各因素综合影响
产品产量	件	55 000	60 000							
单位产品面粉消耗量	千克	2.11	1.98							
面粉单价	元	3.28	3.38							
面粉费用总额	元									

表 7-4

因素分析

产品名称:非油炸方便面

项目	单位	计划数	实际数	替代第一因素	替代第二因素	替代第三因素	产量增加导致	单位消耗降低导致	材料价格升高导致	各因素综合影响
产品产量	件	95 000	90 000							
单位产品面粉消耗量	千克	1.76	1.78							
面粉单价	元	3.28	3.38							
面粉费用总额	元									

表 7-5

产品成本计划完成情况分析表

产品名称:油炸方便面　　2019 年 12 月　　单位:元

成本项目	实际产量总成本		与计划比		
	本年计划	本年实际	成本降低额	成本降低率(%)	降低率构成(%)
直接材料	227 800	236 032			
直接人工	362 500	363 500			
制造费用	203 800	167 276			
合计	794 100	766 808			

表 7-6

产品成本计划完成情况分析表

产品名称:非油炸方便面　　2019 年 12 月　　单位:元

成本项目	实际产量总成本		与计划比		
	本年计划	本年实际	成本降低额	成本降低率(%)	降低率构成(%)
直接材料	556 500	568 424			
直接人工	311 000	311 824			
制造费用	124 930	122 952			
合计	992 430	1 003 200			

知识搜索

7-1 成本报表的作用

成本报表是根据日常成本核算资料及其他有关资料编制的,反映企业一定时期内产品成本和费用构成及其变动情况,并据以分析企业成本执行结果的报告文件。

成本报表属于内部报表,其反映的成本信息是企业的商业机密。由于成本报表不对外公开,其编制格式、内容、报送时间等完全根据企业需要决定,具有相当的灵活性。

成本报表是为企业内部管理需要而编制的,对加强成本管理,提高经济效益有着重要的作用:

(1) 编制成本报表能将企业日常分散的成本核算资料进行系统、全面的总结,并分析考核成本计划的执行情况。

(2) 提供企业在一定时期内的产品成本水平及费用支出情况。

(3) 挖掘成本节约潜力,有效控制生产耗费,为成本预、决策提供重要依据。

7-2 成本报表的分类

1. 按成本报表反映的内容不同进行分类

(1) 反映企业生产经营过程中费用水平及其构成情况的报表,主要有制造费用明细表、管理费用明细表、销售费用明细表、财务费用明细表等。

(2) 反映企业产品成本水平及其构成情况的报表,主要有产品成本销售成本表、商品产品成本表、主要产品单位成本表等。

2. 按报表编制的时间分类

成本报表按其编制的时间,可以分为年度报表、半年度报表、季度报表、月报及旬报、周报、日报和班报。

【知识小提示】

根据企业的需要，成本报表的种类及格式是千变万化的。但无论怎样变化，成本报表的行一般是需要分析的项目或产品名称，而列一般是前期数据、当期数据和计划数据。

7-3 成本报表的结构和编制方法

1. 成本费用报表的结构和编制方法

（1）制造费用明细表的结构，如表7-7所示。

表7-7

制造费用明细表

编制单位：　　　　　　年　　月　　　　　　金额单位：元

序　号	项　目	本年计划数	上年同期实际数	本月数	本年累计数
1	工资				
2	福利费				
3	住房公积金				
4	社保费				
5	折旧费				
6	水电费				
7	修理费				
8	物料消耗				
9	保险费				
10	劳动保护费				
11	停工损失				
12	其他				
13	合　计				

（2）管理费用明细表的结构，如表7-8所示。

表7-8

管理费用明细表

编制单位：　　　　　　年　　月　　　　　　金额单位：元

序　号	项　目	本年计划数	上年同期实际数	本月数	本年累计数
1	工资				
2	福利费				
3	住房公积金				
4	社保费				
5	折旧费				

（续表）

序　号	项　目	本年计划数	上年同期实际数	本月数	本年累计数
6	水电费				
7	差旅费				
8	办公费				
9	招待费				
10	房产税				
11	其他				
12	合　计				

(3) 销售费用明细表的结构，如表 7-9 所示。

表 7-9

销售费用明细表

编制单位：　　　　年　　月　　　　金额单位：元

序　号	项　目	本年计划数	上年同期实际数	本月数	本年累计数
1	工资				
2	福利费				
3	住房公积金				
4	社保费				
5	广告费				
6	水电费				
7	差旅费				
8	办公费				
9	招待费				
10	展览费				
11	其他				
12	合　计				

(4) 财务费用明细表的结构，如表 7-10 所示。

表 7-10

财务费用明细表

编制单位：　　　　年　　月　　　　金额单位：元

序　号	项　目	本年计划数	上年同期实际数	本月数	本年累计数
1	利息收入				
2	利息支出				
3	汇兑损益				
4	手续费				
5	其他				
6	合　计				

(5) 成本费用报表的编制方法:①“本年计划数”根据有关计划资料填列;②“上年同期实际数”根据上年实际有关资料填列;③“本月数”根据相关科目明细账当期实际发生额填列;④“本年累计数”根据相关科目明细账年初至当期实际累计发生额填列。

通过以上报表的编制,可以理解企业在一定期间内费用支出总额及构成情况,可以了解费用支出的合理性和支出变动的趋势。有利于企业高层正确制作费用预算,控制费用支出,考核部门各费用项目指标的合理性。

2. 产品成本报表的结构和编制方法

1) 产品成本报表的结构和编制方法

(1) 产品成本报表的结构,如表 7-11 所示。

表 7-11

产品成本报表(按成本项目编制)

编制单位: 年 月 金额单位:元

项 目	行次	上年实际数	本年计划数	本月数	本年累计数
生产费用:					
期初原材料、燃料及动力	1				
本期购进原材料、燃料及动力	2				
期末原材料、燃料及动力	3				
1. 直接材料 4=1+2−3	4				
2. 直接人工	5				
3. 制造费用	6				
4. 其他直接费用	7				
生产费用合计 8=4+5+6+7	8				
加:在产品、自制半成品期初余额	9				
减:在产品、自制半成品期末余额	10				
产品生产成本合计 11=8+9−10	11				
加:产成品、库存商品期初余额	12				
减:产成品、库存商品期末余额	13				
产品销售成本合计 14=11+12−13	14				

(2) 产品成本报表的编制方法:①“上年实际数”根据上年相关报表实际资料填列;②“本年计划数”根据本年计划相关资料填列;③“本月数”根据相关科目明细账当期实际发生额、期初或期末余额填列;④“本年累计数”根据相关科目明细账年初至当期实际累计发生额、期初或期末余额填列。

2) 商品产品成本表的结构和编制方法

(1) 商品产品成本表的结构,如表 7-12 所示。

表 7-12

商品产品成本表(按产品种类反映)

编制单位：　　　　　　　　　　　年　　月　　　　　　　　　　　金额单位:元

产品名称	计量单位	实际产量		单位成本				本月总成本			本年累计总成本		
		本月	本年累计	上年实际平均	本年计划	本月实际	本年实际平均	按上年实际平均单位成本计算	本年计划单位成本计算	本月实际	按上年实际平均单位成本计算	按本年计划单位成本计算	本年实际
		1	2	3	4	5	6	7=1×3	8=1×4	9=1×5	10=2×3	11=2×4	12
可比产品合　计													
其中甲产品													
乙产品													
不可比产品合　计													
其中丁产品													
丙产品													
产品总计													

(2) 商品产品生产成本表的编制方法:①“实际产量”根据有关产量统计资料填列;②“单位成本”应根据上年和本年生产费用明细账(或产品成本计算单),以及有关产品的计划、定额成本经济技术资料填列;③“本月总成本”“本年累计总成本”根据实际产量和单位成本相关数据计算分析填列。

3) 主要产品单位成本表的结构和编制方法

(1) 主要产品单位成本表的结构,如表 7-13 所示。

表 7-13

主要产品单位成本表

编制单位：　　　　　　　　　　　年　　月　　　　　　　　　　　金额单位:元

产品名称			本月实际产量			
规格			本年累计实际产量			
计量单位			销售单价			
成本项目	行次	历史先进水平	上年实际平均	本年计划	本月实际	本年累计实际平均
		1	2	3	4	5
直接材料	1					
直接人工	2					
制造费用	3					
产品生产成本						

(2) 主要产品单位成本表是分别按每一种主要产品进行编制的,表中主要反映产品名称、规格、计量单位、产量、销售单价,按成本项目反映单位成本的构成和水平。

7-4 成本报表的分析方法

1. 对比分析法

对比分析法也称比较法，是将两个以上同类经济指标进行数量对比，通过分析指标之间的差距了解经济活动的成绩和问题。

常用的比较标准有纵向对比，如本企业的实际指标与计划指标对比、本企业的当期指标与前期指标对比；横向对比，如本企业指标与同类型其他企业指标对比。

【知识小提示】

对比分析法只适用于同质指标的对比，即要注意对比指标的计算口径、计价基础、时间单位等应保持一致。

2. 比率分析法

比率分析法通过计算各种经济指标的比率，据以分析成本活动的质量、水平和结构等。如产值成本率、销售成本率、成本利润率、人工成本占总成本的比率、今年与去年同期相比比率等。

3. 因素分析法

因素分析法也称连环替代法，即把综合经济指标分解为各个影响因素，然后分别测定各个因素变动对综合经济指标的影响程度。

小小案例

某企业2019年7月有关材料成本数据，如表7-14所示。

表7-14

有关材料成本数据

项　目	单　位	计划数	实际数
产品产量	件	100	108
单位产品消耗量	千克	10	9.5
材料单价	元	20	18
材料费用总额	元	20 000	18 468

根据以上资料，用因素分析法计算如下：

计划指标 = 100 × 10 × 20 = 20 000(元)
替代第一因素 = 108 × 10 × 20 = 21 600(元)
替代第二因素 = 108 × 9.5 × 20 = 20 520(元)
替代第三因素 = 108 × 9.5 × 18 = 18 468(元)

分析各因素对材料费用的影响程度如下：

由于产品产量增加导致：21 600－20 000＝1 600(元)。

由于单位产品材料消耗量下降导致：20 520－21 600＝－1 080(元)。

由于材料价格下降导致：18 468－20 520＝－2 052(元)。

各因素对材料费用的综合影响：18 468－20 000＝－1 532(元)。

【知识小提示】

运用因素分析时，要注意以下几个问题：

(1) 构成因素的相关性，即构成经济指标的因素必须要有经济意义，如材料费用＝工人人数×每人消耗材料费用，这一等式是没有任何经济意义的。

(2) 替代计算的顺序性，替换顺序不同所得到的影响结果是不同的，替换顺序的正确性直接影响分析结果，正确的替换顺序应是：先数量因素，后质量因素，先实物因素，后价值因素，先主要因素，后次要因素。

(3) 计算程序的连环性，除第一次替换外，每一次替换都是在第一次替换的基础上进行的。

7-5 主要成本报表的分析

1. 按成本项目反映的商品产品成本表的分析

商品产品成本表按成本项目可以反映报告期内全部产品生产费用的支出情况和各种费用的构成情况；将本表本年实际生产费用及产品生产成本与本年计划数和上年实际数相比，可以考核和分析年度生产费用及产品生产成本计划执行情况及本年比上年生产费用及产品生产成本的升降情况。

小小案例

按成本项目反映，某公司产品生产成本，如表 7-15 所示。

表 7-15

产品生产成本表(按成本项目反映)

企业名称：××公司　　2019 年 12 月　　金额单位：千元

成本项目	上年实际	本年计划	本月实际	本年实际
生产费用				
直接材料	480 000	500 000	40 485	485 875
直接人工	360 000	362 500	30 302	363 625
制造费用	378 500	387 500	32 062	384 750
生产费用合计	1 218 500	1 250 000	102 849	1 234 250
加：在产品、自制半成品期初余额	16 000		1 200	18 500
减：在产品、自制半成品期末余额	18 500		1 500	20 350
产品生产成本	1 216 000		102 549	1 232 400

对按成本项目反映的产品生产成本表的分析常采用对比分析法、构成比率分析法和相关指标比率分析法，如表 7-16 所示。

表 7-16

产品成本计划完成情况分析表(按成本项目分析)

企业名称:××公司　　2019 年 12 月　　金额单位:元

成本项目	实际产量总成本		与计划比		
	本年计划	本年实际	成本降低额	成本降低率	降低率构成
直接材料	500 000	485 875	14 125	2.825%	1.13%
直接人工	362 500	363 625	−1 125	−0.310 3%	−0.09%
制造费用	387 500	384 750	2 750	0.709 7%	0.22%
合　计	1 250 000	1 234 250	15 750	1.26%	1.26%

2. 按产品品种反映的商品产品成本表的分析

按产品品种反映的产品生产成本表反映企业在报告期内生产的全部商品产品总成本和各种主要商品总成本及单位成本。利用按产品品种反映的产品生产成本表，可以揭示企业生产一定数量产品所付出的成本是否到了预期的要求，可以考核和分析企业产品生产成本计划执行情况以及可比商品成本降低计划的执行情况，对企业的成本管理作出评价。

小小案例

按产品品种反映，某公司产品生产成本，如表 7-17 所示。

表 7-17

产品生产成本表(按产品品种反映)

企业名称:××公司　　2019 年 12 月　　金额单位:千元

产　品	计量单位	计划产量	实际产量	单位成本			成本降低任务			
				上年实际	本年计划	本年实际	计划降低额	计划降低率	实际降低额	实际降低率
可比产品										
甲产品	件	540	625	1 200	1 164	1 158				
乙产品	件	252	250	1 000	980	982				
合　计							24 480	2.72%	30 750	3.075%

$$可比产品成本计划降低额 = \sum[计划产量 \times (上年实际单位成本 - 本年计划单位成本)]$$

$$可比产品成本计划降低率 = \frac{可比产品成本计划降低额}{\sum(计划产量 \times 上年实际单位成本)} \times 100\%$$

$$可比产品成本实际降低额 = \sum[实际产量 \times (上年实际单位成本 - 本年实际单位成本)]$$

$$可比产品成本实际降低率 = \frac{可比产品成本实际降低额}{\sum(实际产量 \times 上年实际单位成本)} \times 100\%$$

3. 主要产品单位成本表的分析

主要产品单位成本表是按每种主要产品分别编制，其结构可分为两个部分：第一部分为基本部分，除反映产品名称、规格、计量单位、产量、售价等之外，主要是按成本项目反映单位成本的构成和水平及各项主要技术经济指标；第二部分为补充资料，反映上年和本年的经济指标。

主要产品单位成本分析内容包括主要产品单位成本计划完成情况和按成本项目逐项分析。

1）单位产品成本计划完成情况分析

小小案例

某公司 2019 年 12 月 A 产品单位成本，如表 7-18 所示。

表 7-18

主要产品单位成本表

企业名称：××公司　　　　2019 年 12 月　　　　金额单位：千元

产品名称	A		本月计划产量		6	
规　格	HP		本月实际产量		8	
计量单位	台		本年累计计划产量		90	
销售单价	165		本年累计实际产量		100	
成本项目	历史先进水平		上年实际平均	本年计划	本月实际	本年实际平均
直接材料	98		102	100	104	108
直接人工	20		22	22	25	23
制造费用	12		19	16	14	14
产品生产成本	130		143	138	143	145
主要技术经济指标	单位	耗用量	耗用量	耗用量	耗用量	耗用量
1. 材料甲	千克	10	10.5	10	11	10.25
2. 材料乙	千克	20	21	21	22	21.5
3. 工　时	小时	8	9	8	8.5	8.2
补充资料						
项　目		上年实际			本年实际	
成本利润率						
净产值率						
流动资金周转次数						
职工工资总额						
全年平均职工人数						

编制 A 产品单位成本分析表，如表 7-19 所示。

表 7-19

A 产品单位成本分析表

金额单位:元

项　目	上年实际平均	本年计划	本年实际平均	本年实际比上年实际		本年实际比本年计划	
				升降额	升降率/%	升降额	升降率/%
	(1)	(2)	(3)	(4)=(3)-(1)	(5)=(4)/(1)	(6)=(3)-(2)	(7)=(6)/(2)
直接材料	102	100	108	6	5.88%	8	8.00%
直接人工	22	22	23	1	4.55%	1	4.55%
制造费用	19	16	14	-5	-26.32%	-2	-12.50%
合　计	143	138	145	2	1.40%	7	5.07%

2）成本项目分析

(1) 直接材料成本项目分析。影响单位材料成本的因素主要有单耗因素和材料单价因素：

$$单耗变动对单位材料成本的影响 = \sum[计划单价 \times (实际单耗 - 计划单耗)]$$
$$单价变动对单位材料成本的影响 = \sum[实际单耗 \times (实际单价 - 计划单价)]$$

小小案例

根据前例数据，并补充单价数据资料，如表 7-20 所示。

表 7-20

A 产品单位材料成本资料

材料名称	本　年　计　划			本年实际平均		
	单耗/千克	单价/元	材料成本/元	单耗/千克	单价/元	材料成本/元
材料甲	10	5.8	58	10.25	5.503	56.41
材料乙	21	2	42	21.5	2.4	51.60
合　计			100			108.01

计算分析 A 产品单位材料成本变动情况如下：

$$单位产品材料成本变动额 = 108.01 - 100 = 8.01(元)$$
$$\begin{aligned}单耗变动对单位材料成本的影响 &= (10.25 - 10) \times 5.8 + (21.5 - 21) \times 2 \\ &= 1.45 + 1 = 2.45(元)\end{aligned}$$
$$\begin{aligned}单价变动对单位材料成本的影响 &= 10.25 \times (5.503 - 5.8) + 21.5 \times (2.4 - 2) \\ &= -3.044 + 8.6 = 5.56(元)\end{aligned}$$

(2) 直接人工成本项目分析。影响单位产品人工成本的因素主要有单位产品生产工时和小时工资率：

$$\begin{matrix}单位产品工时变动对单\\位产品人工成本的影响\end{matrix} = \begin{matrix}计划小时\\薪酬率\end{matrix} \times \left(\begin{matrix}单位产品\\实际工时\end{matrix} - \begin{matrix}单位产品\\计划工时\end{matrix}\right)$$

$$\frac{\text{小时薪酬变动对单位}}{\text{产品人工成本的影响}} = \frac{\text{单位产品}}{\text{实际工时}} \times \left(\frac{\text{实际小时}}{\text{薪酬率}} - \frac{\text{计划小时}}{\text{薪酬率}} \right)$$

小小案例

根据前例数据，并补充数据资料如表 7-21 和表 7-22 所示。

表 7-21

A 产品产量、工时、工资总额资料

项　　目	本年计划	本年实际	差　异
产品产量(件)	9 000	9 987	987
总工时(小时)	72 000	81 894	9 894
工资总额(元)	198 000	229 703	31 703

表 7-22

A 产品单位产品人工费用分析资料

项　　目	本年计划	本年实际	差　异
单位产品工时(小时)	8	8.2	0.2
小时薪酬率(元/小时)	2.75	2.805	0.055
单位产品人工成本(元/件)	22	23	1

单位产品工时变动对单位产品人工成本的影响 $= (8.2-8) \times 2.75 = 0.55$(元)

小时薪酬变动对单位产品人工成本的影响 $= 8.2 \times (2.805 - 2.75) = 0.45$(元)

(3) 制造费用成本项目分析。影响单位产品制造费用成本的因素主要有单位产品生产工时和小时费用率：

$$\frac{\text{单位产品工时变动对单}}{\text{位产品制造费用成本的影响}} = \frac{\text{计划小时}}{\text{费用率}} \times \left(\frac{\text{单位产品}}{\text{实际工时}} - \frac{\text{单位产品}}{\text{计划工时}} \right)$$

$$\frac{\text{小时费用率变动对单位}}{\text{产品制造费用成本的影响}} = \frac{\text{单位产品}}{\text{实际工时}} \times \left(\frac{\text{实际小时}}{\text{费用率}} - \frac{\text{计划小时}}{\text{费用率}} \right)$$

小小案例

根据前例数据，并补充数据资料，如表 7-23 所示。

表 7-23

A 产品单位产品制造费用分析资料

项　　目	本年计划	本年实际	差　异
单位产品工时(小时)	8	8.2	0.2
小时费用率(元/小时)	2	1.71	−0.29
单位产品制造费用(元)	16	14	−2

单位产品工时变动对单位制造费用的影响 = (8.2 − 8) × 2 = 0.4(元)

小时费用率变动对单位产品制造费用的影响 = 8.2 × (1.71 − 2) = − 2.4(元)

任务小结

成本报表的编制与分析

基础知识

- 成本报表的作用
- 成本报表的种类
- 成本报表的编制
- 成本报表的分析方法

常用报表分析

- 商品产品成本表的分析
- 主要产品单位成本表的分析

任务剖析

- 根据核算后的成本数据编制企业成本分析所需的成本报表
- 选用适当的分析方法对成本报表进行分析

自我测评

一、单项选择题

1. 在按产品种类反映的产品生产成本表中，应反映上年成本资料的产品是(　　)。

   A. 主要产品　　B. 非主要产品　　C. 可比产品　　D. 不可比产品

2. 在因素分析法中，替代顺序第一的是(　　)。

   A. 质量因素　　B. 数量因素　　C. 实物因素　　D. 价值因素

3. 成本报表对比分析法适用于(　　)。

   A. 同质指标的对比　　B. 计算口径不一致的对比

   C. 计价基础不一致的对比　　D. 时间单位不一致的对比

4. 比率分析法计算经济指标不包括(　　)。

   A. 产量成本率　　B. 销售成本率

   C. 成本利润率　　D. 人工成本占总成本的比率

5. 下列不是成本报表的分析方法的是(　　)。

   A. 对比分析法　　B. 比值分析法

   C. 因素分析法　　D. 连环替代法

二、多项选择题

1. 按成本报表反映的内容不同，成本报表分为(　　)。

   A. 制造费用明细表　　B. 管理费用明细表

   C. 销售费用明细表　　D. 财务费用明细表

2. 反映企业产品成本水平及其构成情况的报表有(　　)。

A. 产品成本销售成本表　　B. 商品产品成本表

C. 主要产品单位成本表　　D. 制造费用明细表

3. 按报表编制的时间分类,可分为(　　)。

A. 年度报表　　B. 半年度报表　　C. 季度报表　　D. 月报

4. 成本报表的分析方法有(　　)。

A. 对比分析法　　B. 比率分析法　　C. 因素分析法　　D. 替代法

5. 成本费用报表的结构一般包括(　　)。

A. 本年计划　　B. 上年同期实际数

C. 本月实际　　D. 本年累计实际数

三、判断题(正确的打"√",错误的打"×")

1. 成本报表对比分析法适用于任何指标的对比。(　　)
2. 影响单位产品制造费用成本的因素主要有单位产品生产工时和小时费用率。(　　)
3. 主要产品单位成本分析内容包括主要产品单位成本实际情况和按成本项目逐项分析。(　　)
4. 按产品品种反映的产品生产成本表,可以考核和分析企业产品生产成本计划执行情况以及可比商品成本实际成本的趋势,对企业的成本管理作出评价。(　　)
5. 商品产品成本表按成本项目只能反映报告期内部分产品生产费用的支出情况和各种费用的构成情况。(　　)
6. 对比分析法常用的比较标准有纵向对比和横向对比。(　　)
7. 成本报表属于外部报表,有标准的格式和填写要求。(　　)
8. 成本报表是为企业内部管理需要而编制,可以挖掘成本节约潜力,有效控制生产耗费,为成本预、决策提供重要依据。(　　)
9. 因素分析法替换顺序不同所得到的影响结果是不同的,替换顺序的正确性直接影响分析结果。(　　)
10. 连环替代法正确的替换顺序应是:先数量因素,后质量因素,先实物因素,后价值因素,先主要因素,后次要因素。(　　)